国情教育研究书系

田慧生◎主编 曾天山◎副主编

中国民族教育发展报告 *2013*

吴霓 等 著

教育科学出版社
·北京·

丛书编委会

主　　编：田慧生

副 主 编：曾天山

编委会成员（按姓氏笔画排序）：

于发友	马晓强	王　素	王　燕	田慧生	刘　芳
刘占兰	刘明堂	刘建丰	刘贵华	刘俊贵	刘晓楠
孙　诚	孙智昌	李　东	李晓强	杨润勇	吴　键
吴　霓	张男星	张敬培	陈如平	所广一	单志艳
孟万金	郝志军	姚宏杰	高宝立	彭霞光	葛　都
曾天山	赖　立				

[丛书总序]

为打造具有国家水准、国际视野的教育科研成果，更好地服务于办好人民满意的教育，服务于全面建成小康社会，在中央级公益性科研院所基本科研业务费专项基金的支持下，我院开展了对国内外重大教育理论与现实问题的系统研究，形成了"国情、国视、国菁、国际"四大书系。

"国情"教育研究书系以年度发展报告的形式，全面反映我国各级各类教育的成就、经验和挑战，对全国各省（自治区、直辖市）教育发展和政策进行区域比较，对我国各级各类教育的发展水平进行国际比较，力求对我国教育的规模、结构、质量和效益做出科学判断。

"国视"教育研究书系聚焦社会关注的教育热点难点，着眼于基础性、长远性、前瞻性问题，以了解事实、回应关切、提供政策建议为主要目的，探索教育发展规律。

"国菁"教育调研书系专门研究大中小学生的学习生活状态，涉及学校生活、家庭生活、社会生活、网络生活等，通过调查研究，了解当代学生的思想情感和行为特点，为研究如何促进学生的身心健康发展提供科学依据。

"国际"教育研究书系分为著作和译作两类，主要反映国际教育改革发展动态，回顾国际教育的历史进程，跟踪国际教育的改革动态，把握国际教育的发展趋势。

四大书系既各自独立又相互联系，在保持各书系特点的同时，力求做到：

一、"从事实切入"。"事实"是"事件真实的情形"，是在过去和现在被验证且中立的信息。在科学研究中，事实是指可证明的概念，是研究的起点。客观的事实是逻辑的基础和内容，逻辑是事实的理论再现。从实际对象出发，从实际情况出发，能够提高研究问题的针对性和实效性。

二、"用数据说话"。数据是研究和决策的基础。四大书系力图建立在数据和事实的基础之上，通过对数据的搜集、提炼、整合、分析，发现问题，探索规律。

三、"做比较分析"。没有比较就没有鉴别。四大书系力求通过国别比较、区域比较、类型比较、结构比较，找到差距，发现真知，提供卓见。

四、"搞协同创新"。协同创新是提高创新效率和创新水平的战略要求。四大书系研究调动院内外、系统内外、国内外资源，注重人员交叉、学科交叉、方法交叉，力求有所创新、有所突破。

五、"靠政策影响"。建言献策是智库研究的最终目的。四大书系以教育公共政策为研究对象，以影响政府决策为研究目标，以公共利益为研究导向，以社会责任为研究准则，建可信之言，献可行之策。

四大书系的编辑出版是我院全面提高教育科研水平的一项整体努力，也是建设国家一流教育智库的客观要求。在研究和编写过程中，书系得到了相关机构和同仁，特别是教育部相关司局及有关部委的大力支持，前期成果也受到了广大读者的欢迎，在此一并致谢！我们将以此为起点，不懈努力，加快中国特色新型智库建设，为推动中国教育事业科学发展发挥不可替代的重要作用。

中国教育科学研究院

2014 年 11 月

目 录
CONTENTS

民族教育是民族团结进步事业的基石。发展民族教育，是实现民族平等、缩小教育区域发展差距、扩大教育公平的主要内容。新中国成立后，尤其是改革开放以来，党和政府把发展民族教育作为提高国民素质、促进民族地区经济发展和社会进步的基础工程，放在了突出的战略地位，有力地促进了民族教育的大幅发展。本报告总论部分接续《中国民族教育发展报告 2012》，继续对民族教育发展的总体状况进行描述性统计分析；同时，专题聚焦少数民族高层次人才培养，通过对民族高等院校、非民族高等院校在培养少数民族高层次人才中的成就、特色及案例剖析，呈现我国民族高层次人才发展的独特历程。

一、各级各类民族教育总体发展迅速

党的十六大以来，在党中央、国务院的亲切关怀和正确领导下，民族地区自力更生，东中部地区、高校和企业大力支持，我国民族教育事业取得了历史性成就，跃上了新的台阶。民族教育为保障少数民族和民族地区人民群众受教育的权利、提高少数民族和民族地区人民群众科学文化素质、促进民族地区经济社会发展、传承各民族优秀文化、促进民族团结和维护国家统一做出了重要贡献。2012 年，国家进一步加大了民族教育的投资力度和改革力度，各个类型的民族教育都获得了长足的发展。

（一）学前教育推进步伐加快

2010 年以来，国家组织实施的学前教育三年行动计划、农村学前教育推进工程以及各地实施的学前教育发展项目极大地促进了民族地区学前教育发展，尤其是学前双语教育重视程度不断提高，推进步伐不断加快，成效十分显著。据 2012 年统计数据，少数民族学前教育学生总量不断增长，占学生总数的比重也在不断上升。2011 年少数民族学前教育学生人数进一步增加，突破了 250 万人，达到了 250.73 万人；2012 年继续大幅度增加，达到 283.82 万人；占学生总数的比重也从 2011 年 7.32% 上升到 7.70%，上升了 0.38 个百分点。

（二）义务教育全面普及，教育质量稳步提升

2012 年，民族地区建立健全了义务教育经费保障新机制，全面实施了"两免一补"政策，建立了农村中小学校舍维修改造长效机制和农村中小学教师工资保障机制。农村义务教育学生营养改善计划惠及了大部分民族地区。民族地区义务教育阶段教育质量稳步提升，入学率不断增长，辍学率逐渐降低。县域内义务教育差距逐渐缩小，教育资源配置趋于合理，义务教育的保障体系逐步建立。

（三）普通高中教育质量逐步提高，课程改革有序进行

2012 年是我国少数民族高中阶段教育具有里程碑意义的一年，无论是在校学生的总数，还是占学生总数的比例都明显增加。2012 年普通高中少数民族学生数进一步增长，突破了 200 万人，达到 200.97 万人，占到学生总数的 8.15%。民族地区普通高中教育稳步推进，示范性高中建设进一步加强，建立健全了困难学生资助政策，新课程改革有序进行，教育质量逐步提高。

（四）职业教育特色进一步彰显

职业教育吸引力进一步增强，适应产业发展需要的职业教育体系逐步建立，形成了高中阶段教育普职比大体相当的格局。新建、改扩建了一批适应地方特色产业需求的中等职业学校，建设了一批服务地方主导产业发展的实训基地。发展了一批面向民族优秀传统文化、工艺、现代农牧业等方面的特色专业。职业院校学科专业调控和特色优势专业建设初见成效。农牧区的职业教育发展起色明显，职业教育服务当地经济社会发展的能力进一步提升。

（五）高等教育条件逐渐改善、教育质量有所提升，服务社会的能力进一步增强

高等学校办学条件不断改善、师资队伍的数量不断增加、质量稳步提升、重点学科和重点科技创新平台建设有所突破，高等学校人才培养水平、科技创新能力、社会服务能力和优秀文化传承创新能力进一步增强，已成为民族地区经济社会跨越式发展和长治久安的智力源泉。另外，国家还进一步扩大了高校少数民族预科班规模，努力满足少数民族群众接受优质教育的需要，继续实施少数民族高层次骨干人才培养计划，启动了少数民族高端人才计划。

（六）特殊教育获得了较快的发展

2011 年特殊教育少数民族学生数为 1.18 万人，到 2012 年增长到 2.76 万人，增加了 1.58 万人。2011 年特殊教育学生所占学生总数的比重为 2.97%，2012 年上升到 7.28%，上升了 4.31 个百分点。少数民族特殊教育需求得到较大提升。

（七）双语教育在数量和质量上均得到巩固和提升

新建了一批双语教师培养培训基地，学前和中小学双语教师数量得到补充，教师素质显著提升。各学段相互衔接的双语教育体系逐步建立。民

汉合校、民汉学生混合编班，各民族相互学习的氛围逐渐形成。双语教学研究、双语教材和教学资源建设稳步推进且初见成效。

在党的十八大精神的指引下，国家教育主管部门和民族主管部门把科学发展观落实到民族教育改革发展各方面、各领域、各环节，以努力办好各族人民满意的教育为宗旨，以实现与全国教育协调发展为主题，以推进民族教育改革发展为主线，以民族团结教育、双语教育为抓手，有力地促进了民族教育质量的进一步提升。

二、民族高层次人才培养彰显特色

（一）民族高层次人才培养经历了由小到大、由弱到强的历程

1. 民族院校是党和国家为解决国内民族问题而设立的以招收少数民族学生为主的综合性普通高校

自抗日战争时期中国共产党人创办第一所少数民族干部学校延安民族学院以来，历经新中国成立初期、全面建设社会主义时期、改革开放以来数个时期的大力发展，到21世纪初，我国形成了具有中国特色的民族高等教育体系。在不同历史阶段，民族院校分别承担着特殊的历史使命，形成了鲜明的教育理念和办学特点，为我国的革命和建设事业输送了大批优秀人才，做出了巨大贡献。

2. 新中国成立后，民族地区开始组建高等学校

民族地区高校的建立是一个长期的不断发展的过程。新疆、西藏、内蒙古、广西和宁夏等五个民族自治区高校的建立为民族地区培养了农业、工商业、医疗卫生、服务业以及社会公共管理等各方面的人才，基本上满足了民族地区对人才的需求。民族地区高校随着当地经济社会发展对人才需求的变化而不断发展变化。

3. 普通高等学校举办了少数民族预科班、民族班

普通高校举办内地民族班的政策历程，可划分为四个阶段：起步阶段

（1950—1965 年）、恢复阶段（1977—1983 年）、快速发展阶段（1984—1999 年）和制度化发展阶段（2000 年—　）。在国家一系列特殊政策的有力推动下，民族预科教育在培养少数民族各级各类人才方面发挥了重要作用，目前，我国 55 个少数民族都有了自己本民族的大学生，主要是通过高校举办预科班来实现的。民族预科教育已成为造就少数民族高层次人才的金色桥梁。

4. 实施了"少数民族高层次骨干人才计划"

新中国成立以来，党中央、国务院十分关心和重视少数民族人才的培养和使用工作，采取一系列特殊措施培养了一大批少数民族党政干部和各类专业人才。特别是党的十一届三中全会以来，国家在大力扶持少数民族地区发展教育事业的同时，加大了为少数民族地区培养各类人才的工作力度。根据《中共中央国务院关于进一步加强人才工作的决定》、《国务院关于深化改革加快发展民族教育的决定》和第五次全国民族教育工作会议精神，充分认识少数民族人才培养工作在促进民族地区经济社会发展、增强民族团结和维护国家统一中的重要作用，国家五部委联合印发了《关于大力培养少数民族高层次骨干人才的意见》，启动实施少数民族高层骨干人才培养计划。

（二）民族高层次人才培养在新时期以来取得了较大的进展

1. 各类少数民族高层次人才数量不断增长

少数民族专科生人数及占学生总数比重稳步上升。普通专科少数民族学生总数从 2005 年的 38.11 万人，增加到 2012 年的 65.73 万人，少数民族学生占学生总数的比重从 5.35%增加到 6.82%。少数民族本科生人数快速增长，占学生总数比重逐年上升。普通本科少数民族学生从 2005 年的 57.21 万人，增加到 2012 年的 112.23 万人，少数民族学生占学生总数的比重从 6.74%增加到 7.86%。少数民族硕士生人数增长最快，占学生总数比重曲折上升。少数民族硕士生从 2005 年的 3.47 万人，增加到 2012 年的 8.46 万人，少数民族学生占学生总数的比重从 4.41%增加到 5.89%，其中 2008 年较 2007 年有所下降，为 4.72%，2010 年较 2009 年有所下降，为

5.04%。少数民族博士生人数缓慢增长，占学生总数比重有升有降。少数民族博士生从 2005 年的 7200 人，增加到 2012 年的 1.49 万人，少数民族学生占学生总数的比重从 3.78%增加到 5.23%，这其中 2006 年和 2007 年下降到 4.00%。

2. 民族高等院校是培养少数民族高层次人才数的重要基地

我国少数民族学生十分之一以上就读于民族院校。民族院校少数民族在校本、专科生数不断增加。基于数据可得的 31 所民族高校中的 13 所少数民族在校本、专科生数从 2005 年的 8.22 万人，增加到 2011 年的 11.45 万人。中央民族大学、中南民族大学、西北民族大学等民族院校在培养少数民族硕士生和博士生中发挥重要基地作用。从 2010 年至 2012 年，中央民族大学培养少数民族硕士生 2145 人、博士生达到 424 人；中南民族大学培养少数民族硕士生 3822 人、博士生 80 人；西北民族大学培养少数民族硕士生 463 人、博士生达到 45 人。西藏民族学院、西北民族大学少数民族毕业生绝大部分服务于民族地区。从 2010 年至 2012 年，西藏民族学院培养少数民族毕业生 3803 人，这些毕业生全部服务于民族地区；西北民族大学培养少数民族毕业生 7318 人，服务于民族地区的有 3967 人，占少数民族毕业生的 54.2%。

3. 非民族院校是培养少数民族高层次人才的主体

少数民族高层次人才 90%由非民族院校培养。非民族院校民族预科教育肩负培养少数民族人才的重要任务。截至 2011 年，全国 300 多所普通高校举办了少数民族预科班和民族班，累计招收培养少数民族学生 30 万余人。与此同时，非民族院校在培养少数民族高层次骨干人才中也发挥着重要作用，92.24%的少数民族高层次骨干人才由非民族院校培养。

三、民族高层次人才形成了独具特色的培养模式

为完成培养少数民族高层次人才的历史使命，我国采取了一系列创新性的教育政策和实践措施，形成了富有中国特色的少数民族高层次人才培养模式。

（一）构建了多样化的培养体系

目前我国已初步建立起包括内地民族班、少数民族预科教育、"9+3"职业教育、免费师范生教育、少数民族高层次骨干人才培养计划和高校对口支援计划为主的多样化培养体系，涵盖了从基础教育到高等教育等多个层次。逐步完善的内地民族班着力培养和造就一大批具有强烈事业心和高水平业务能力的少数民族优秀人才，自 1984 年，国家先后在全国各地举办了数目众多的内地西藏初中和高中班、内地新疆高中班、内地西藏中职班和内地新疆中职班；民族预科教育为更多的少数民族学生进入高等院校学习奠定了知识基础，在一系列政策和体制的保障下，全国大部分预科部先后转为预科教育学院，设立了少数民族预科教育基地，加强了少数民族预科教育的交流与合作，预科教育的规模和数量逐年增大；"9+3"职业教育模式为民族地区职业教育发展开启了希望之路，如今，这一模式已由四川进一步扩大到广西、贵州、云南、青海等边疆民族地区，并逐步推向全国；自 2007 年起，免费师范生教育成为培养少数民族教育人才的一项新举措，除教育部直属师范大学外，少数民族聚居的省、自治区、直辖市也在探索富有本地特色的免费师范生教育；稳步推进的"少数民族高层次骨干人才计划"培养了一大批具有较高学术造诣和创新能力的少数民族高层次骨干人才，为促进教育公平、民族平等以及民族地区经济社会跨越式发展添加了助力；不断增强的对口支援对于西部高校学科发展和高等教育质量的提升意义重大，也大大促进了民族高层次人才的培养进程。

（二）实施现代化的教学与管理

加强内地民族班、少数民族预科班和少数民族高层次骨干人才的教学与管理，不断创新学生培养和管理的模式，是我国培养少数民族高层次人才的一条有效途径。各内地民族班通过多种渠道落实学生的主体地位，建立和不断创新学生教育培养和管理的模式。少数民族预科班从民族地区的特点出发，通过多样化的学制设置满足民族地区人才培养需求，按照"突出重点、加强基础、兼顾专业"的原则开展教育教学，遵循"严、爱、细"的原则加强民族预科班管理工作。对于少数民族高层次骨干人才的教学与管理，一方面，强基固本，提高"少数民族高层次骨干人才"的教学质量；另一方面，明确职责，加强对"少数民族高层次骨干人才"的管理，取得了良好效果。

（三）开展规范化的督导评估

督导评估不仅为民族教育工作指明了方向，尤其为提高民族教育质量和水平，促进少数民族高层次人才的培养起到了保障作用。第一，通过高等院校本科教学水平评估提升民族高层次人才培养质量。"五年一轮"的高等院校本科教学工作水平评估进一步提升了承担民族高层次人才培养任务的高等院校的办学质量，在评估的过程中，这些高校遵循"以评促建、以评促改、评建结合、重在建设"的指导方针，扎实有效地落实评估整改工作方案，提高了学校的教学质量和办学水平。第二，通过内地民族班督导评估保障民族高层次人才培养质量。20 多年来，通过对内地民族班的督导评估，把各地学校办学的成功经验加以总结推广，保障了民族高层次人才的培养质量，有助于推动全国内地民族班工作再上新台阶。第三，加强对少数民族预科教育的督导评估。教育部先后出台了《普通高等学校少数民族预科班、民族班管理办法（试行）》和《普通高等学校少数民族预科班高层次骨干人才硕士研究生基础强化班管理办法》，要求建立民族预科教育评估制度和普通高等学校预科班、硕士基础强化班评估制度，进一步保障了民族高层次人才的培养质量。

（四）进行科学化的就业指导

就业是人才培养模式后期过程的关键环节。在促进少数民族高层次人才就业工作中，国家、地方政府和培养学校形成了一个多层次的就业指导体系，不断改进少数民族高层次人才就业的政策，加强少数民族高层次人才就业指导，全方位促进少数民族高层次人才自主创业。2013 年 4 月 17 日，教育部办公厅发布《关于加强高校毕业生就业信息服务工作的通知》，提出"把尚未就业的少数民族毕业生以及家庭经济困难、就业困难毕业生作为重点服务对象，有针对性地开展专场招聘活动，提供个性化的就业指导"。同时，各地方政府也进一步加强了少数民族高层次人才就业的政策引导：新疆把促进少数民族高校毕业生就业工作列入经济社会发展优先目标，作为全区重大民生工程全力推动，出台了一系列促进就业的政策；西藏为区内每一位应届毕业生发放《西藏自治区普通高校毕业生就业推荐函》，并积极和内地各高校联系，帮助西藏生源实现在内地就业；云南省设置相应岗位，优先选聘人口较少民族的大学生回原籍或到相应民族村任职；内蒙古实施以"三支一扶"、大学生村官、中小企业储备高校毕业生、民生工作志愿者、农村牧区特岗教师和西部志愿者 6 项计划，在少数民族地区的毕业生就业方面，全年选拔招募 11800 名毕业生到基层服务；吉林省将女性、少数民族就业困难高校毕业生列为"一对一"重点帮扶对象，实施"离校未就业高校毕业生就业促进计划"，建立信息管理系统，进行实名制管理。此外，国家和地方政府持续加大对少数民族高层次人才创业的政策优惠，并出台相关配套措施，全方位促进少数民族高层次人才自主创业。

四、涌现了一批民族高层次人才培养的典型

（一）发展预科教育，搭建民族人才起飞平台

中央民族大学自建校初期就开始在全国率先创办民族预科教育，在 60 年的办学实践中，预科教育学院认真贯彻党的教育方针和民族政策，与时俱进地探索和遵循普通高等教育的一般规律和民族预科教育的特殊规律，大大增加了少数民族学生进入高等院校，尤其是进入重点高校学习的机会，深受全国各族人民的重视和欢迎，被少数民族人民誉为"少数民族学士、硕士、博士的摇篮"，国家教育部和国家民委还将中央民族大学预科部列为民族教育重点学科之一。

吉首大学民族预科教育学院经过近 20 年的发展，已成为湖南省唯一的

民族预科教育基地，自 2009 年面向全国招生以来，发展速度迅猛，势头强劲。预科教育学院在深入调研的基础上，坚持"我们都是一家人"的办学理念，提出了"构建以完善知识结构为基础，提升学习能力为内容的民族预科教育的教学目标体系"，采取措施把预科教育当成一个窗口来建设、当成一个亮点来打造、当成一个特色来展示、当成一个优势来拓展。

作为全国预科教育人才培养基地的西南民族大学预科教育学院学科门类齐全，师资队伍雄厚，不断探索研究预科教育、教学管理的理论与实践。预科学院自成立以来进行了三个阶段的教育教学改革，即第一阶段 1951 年至 1979 年，预科阶段；第二阶段 1979 年至 2003 年，经国家民委批准为大学预科部；第三阶段 2003 年至今，经西南民族大学院系调整改革，更名为预科教育学院。学院在预科教育中采取了加大教学研究，做到因材施教；改革课程体系，做到求实创新；针对预科学生特点，有效地开展思想政治教育工作；加强制度建设，健全规章制度；充分发挥辅导员、班主任和团总支学生会的作用，积极开展第二课堂活动。

（二）创新培养机制，提升民族人才培养质量

新疆大学高度重视少数民族高层次人才培养，利用多项教育教学改革项目，积极探索少数民族教学模式改革。新疆大学开办少数民族科技班和社科班，至今科技班已举办 16 届；全面改革少数民族理工科人才培养模式，在培养过程上采取"少而精"及"稳步推进"的原则；改变实行多年的按招生专业分班教学的预科模式，将学生按入校时摸底测量的汉语水平分为初、中、高三个层次，然后进行分层教学和管理，同时积极推进核心基础课程分层教学。

北方民族大学贯彻以学生为中心的教育思想，引导学生进行研究性学习、主动实践和科技创新，开发学生潜能，探索创新教育，营造多学科交叉的创新教育生态环境，构建拔尖创新人才培养的新模式，以"一流的设备、一流的师资、倾斜的政策"开展创新创业教育。通过稳步制定教学改革方案，北方民族大学开创性地在宁夏创建大学生创业孵化园等，采取多种有效措施，努力构建学校创新创业教育体系，明显提高了北方民族大学

学生在实践教学或活动中的参与意识、实践动手能力和创新实践意识，为未来就业、走向社会和适应社会奠定良好基础。

中央民族大学思考与实践新的人才观和人才培养体制，即探索实践以学生为主体、素质与能力培养为核心，以分类指导、特色培养和整体推进相结合的人才培养方式、管理方式和评估方式，并以学校传统优势特色学科专业和社会亟需特别是民族地区亟需的理工类学科专业的人才培养模式改革为试点进行探索。具体措施有：构建开阔视野、触摸学科国际前沿的国际化培养模式；实施集多元文化背景、素养教育与"三语"能力培养于一体的中国少数民族语言文学专业人才培养模式改革；探索与实践以创新精神、实践能力、研究潜质培养为重点的理工类学科创新型人才培养方式；引导创新思维，全方位推动实践育人计划；深化教学管理机制改革，保障人才培养改革工作顺利进行。

（三）实施特色培养，满足民族地区人才需求

新疆师范大学作为自治区教师教育的重要基地，肩负着为自治区基础教育培养合格师资的重要使命。新疆师范大学在自治区高校中率先开展实习支教试点工作，其"沙雅"模式开创了自治区高等师范院校高年级学生到基层实习支教之先河。学校承担两期《新疆中小学少数民族双语教师培训工程》，成立"新疆师范大学双语师资培训中心"，在培训理念、培训模式、质量管理等方面发挥了在少数民族双语教师培训领域中的领军作用。

延边大学在多年的教育改革实践中，形成了拥有主流文化、少数民族文化、区域文化以及周边国家文化等丰富的多元文化办学资源。学校根据跨文化素质民族人才的培养目标，在构建多元文化交叉渗透的人才培养方案基础上，进行制度创新，改革教学管理机制，先后进行了四轮人才培养方案和教学计划的修订工作，修订了有关教务教学管理规章制度，实施了绩点学分制、三学期制、主辅修制、双学位制等，用制度的形式保证人才培养方案的顺利实施，促进多元文化教育的发展。

西北师范大学始终坚持"师范性、民族性、区域性"的办学方向，以"西北少数民族师资培训中心"为依托，探索形成了适应西部农村地区、

少数民族地区实际的师范教育办学模式。从 1993 年以来学校从民族地区与其他地区基础教育存在的差距入手，在全国高校中率先有计划分步骤地稳步推进了五期本科教学改革工程，使学校实现规模办学、质量立校，实现了跨越式发展，开始从传统的师范大学向以教师教育为主的高水平综合大学转型，在少数民族师资培养上达到了"招得来、下得去、留得住、用得上"的预期目标。近年来，学校在西部地区建立了一批基础教育研究实验基地和民族教育改革与发展实验区，更好地发挥了高等师范院校对基础教育的指导、示范和引领作用。

（四）提高民族人才思想政治素质，促进民族团结

位于陕西省咸阳市的西藏民族学院是西藏和平解放后党中央在内地为西藏创办的第一所高等学校，也是全国唯一的一所异地办学的高校。在半个多世纪的办学历程中，学院紧紧围绕西藏的实际，形成了大学生思想政治工作的优良传统，积累了具有个性特色的办学经验。学院通过构建"坚持一个中心，抓好三支队伍，打造六个阵地"思想政治教育工作体系，狠抓大学生思想政治教育工作，为实现培养社会主义新西藏的合格建设者和可靠接班人的育人工作目标夯实了基础。同时，学院通过推进学生公寓党员工作站、设立"民族团结进步宣传教育月"、开展"十大民族团结进步之星"评选活动等创新党建和民族团结教育工作载体，继续发扬思想政治教育工作优良传统。

大连民族学院作为国家唯一建在东北和沿海开放地区的民族高等学校，也是全国唯一以工科和应用学科为主的民族高等学校，不断创新学生思想政治教育方式，以全员育人的工作机制，拓展思想政治教育载体，把思想政治教育工作做实、做深、做细，实现了"德智合一"的教育功能。学院召开大学生思想政治教育工作会议，建立"民族院校大学生思想政治教育研究基地"，全面打造思想政治教育工作的育人格局，把思想政治教育与实际学习和生活问题相结合，紧扣时代脉搏实施思想政治教育工作质量工程，用思想政治教育为学生成长成才保驾护航。

西北民族大学建立健全了党委统一领导，党政齐抓共管，相关职能部

门各负其责，全校大力支持的领导体制和工作机制，设立了民族团结进步创建活动专项经费，确保民族团结进步创建活动各项任务落到实处。学校全面贯彻党的教育方针和民族政策，提升科学研究创新能力，服务民族地区经济社会发展，发挥学科专业优势，加强民族理论、民族问题调查研究，以社会主义核心价值体系为引领，突出思想政治教育实践特色，推进民族团结进步教育不断创新。学校始终坚持以民族团结促进学校发展和校园稳定，建立"平等、团结、互助、进步"的新型民族关系。

中央民族大学以民族团结教育工作夯实"平安校园"基础，学校党委始终把对学生的民族团结教育和校园稳定工作摆在工作中的首要位置，不断探索民族团结教育新模式、新方法，旗帜鲜明地深化民族团结教育，为校园安全稳定提供了有力的保障。学校加强民族团结教育，推进民族团结教育进课堂、进教材、进头脑、进网络、进公寓；创新民族团结教育模式，通过学生喜闻乐见的活动形式加强宣传教育力度，使民族团结理念深入到学生心中；推进各民族学生之间的相互交流，促进团结、友爱、互助的民族关系，扩大各民族文化的交流交融；充分发挥各民族干部教师和精英人物在民族团结教育中的骨干和表率作用，努力做到全员育人。

（五）加强章程建设，提升学校办学水平和人才培养质量

中南民族大学办学 60 多年来，着力加强制度建设，规范办学行为，尤其是进入 21 世纪后，随着高等教育国际化进程的加快，现代大学制度建设的要求越发紧迫。学校从章程建设情况概要、章程建设基本特点和章程建设的助推作用三个方面入手，在深入学习有关法律法规，研究借鉴国内外知名院校章程制定的成功典型的基础上，全面总结建校以来的办学经验，广泛深入抓好校内宣传动员，充分展现了中南民族大学对学校章程建设工作的重视，为章程制定及实施工作的不断推进打下了良好的基础。

贵州民族大学建校以来，一直重视制度建设和科学管理。学校高度重视章程对建设现代大学制度的架构性和基础性作用，长期以来学校坚持依法办学、依法治校，按照中央和省的要求，有计划逐步推进大学章程建设，并以此为契机推动学校改革发展，积极探索建立符合民族高等教育发

展需要的现代大学制度。

五、民族高层次人才培养的未来展望

（一）民族高层次人才培养还存在一定的不足

第一，由于民族院校起步晚、起点低、时间短、发展不均衡，不少院校处于起步阶段，不可避免地在发展过程中存在诸多问题。首先，民族院校存在盲目规划，不顾条件确定高目标，定位脱离民族地区实际，"民族特色"不断淡化。其次，长期以来，我国高等教育实行高度集中的办学体制，造成民族院校在人才培养的整体结构上与普通院校差别不大，人才培养目标相对单一。再次，民族院校学科专业建设门类虽然较为齐全，但是水平与质量和国内同类较强学校相比，存在差距。民族院校在办学过程中长期形成的人才培养的社会适应性与学科专业的结构性矛盾直接导致了人才的供给与市场需求之间的矛盾。最后，民族院校师资队伍总量稳步增加，但是缺乏国际知名学者，国内知名学者和顶尖的学科、学术带头人数量较少，师资结构尚不合理。

第二，民族地区高校人才培养存在的主要问题突出表现为两对矛盾，即人民群众对高质量的高等教育的要求同较低水平的高等教育资源之间的矛盾和民族地区高校对高质量的师资水平的要求同较低水平的教师队伍之间的矛盾。民族地区人才培养面临的主要挑战是高等教育人才培养模式不能适应当今经济社会快速发展变化对人才的需求。民族地区高校教育在创新型人才培养方面存在着办学定位不准、缺乏有效的管理协调机制等问题，在培养应用型人才方面还存在着人才培养目标比较模糊、课程结构不够合理、理论教学与实践环节相脱离等诸多问题，需要从明确人才培养定位、合理设置课程结构、加强师资队伍建设等方面着手，切实提高民族地区高校人才培养质量。

第三，预科教育在发展过程中也存在一些困难和问题，主要表现在民族高等教育规模偏小、发展速度不快，内地高校对招收预科班学生缺乏足够积极性，预科办学经费保障机制不健全，预科阶段学生身份不明等四个方面。

第四，"少数民族高层次骨干人才计划"人才培养在发展中存在的问题主要有：第一，个别地方教育工作部门对"少数民族高层次骨干人才计划"的宣传不够充分；第二，"少数民族高层次骨干人才计划"指标投放对经济相对落后和民族分布较广地区倾斜不够；第三，"少数民族高层次骨干人才计划"的专业分布与人才需求相脱节；第四，"少数民族高层次骨干人才计划"学科分布不合理，大量缺少理工科人才；第五，"少数民族高层次骨干人才计划"就业指导制度不完善；第六，"少数民族高层次骨干人才计划"的毕业生中出现部分学生违约现象，教育行政部门和高校对此缺乏约束力。

（二）完善和促进民族高层次人才培养可持续发展的政策措施

第一，创新人才培养模式，培养创新型人才，是新时期党和国家提出的重大任务，也是高等院校人才培养的重要目标。民族院校要以此为契机，加大改革步伐，实现跨越式发展，为国家，特别是为民族地区培养大批优秀人才。民族院校人才培养必须着眼于秉承独特办学理念，培养服务民族地区社会经济发展所需的复合型应用人才；必须明确民族院校定位，调整民族院校布局和结构设置；必须以优势学科和重点学科为基础，加快调整民族院校学科专业结构；必须全面加强教师队伍建设，提高教师综合素质和能力。

第二，切实深化教育领域综合改革，在民族地区高校教育经费投入机制、民族地区高校教育结构的调整、加强教师队伍建设、教育内容的改革和教学方式的转变等方面进行改革发展。

第三，民族预科教育以部属院校为重点，稳步扩大预科招生规模；完善经费保障措施，提高内地高校预科办学积极性。

第四，完善"少数民族高层次骨干人才计划"。首先，地方高校、教育行政部门应适当扩大"少数民族高层次骨干人才计划"招生规模，同时使计划的指标投放更加合理化；其次，在培养过程中，转变"少数民族高层次骨干人才计划"培养模式，进一步完善专业分布；再次，学校需建立健全就业指导制度，树立正确就业观念，加强对毕业人才的管理，加强诚信教育，提高违约成本；最后，建立各民族地区之间"少数民族高层次骨干人才计划"的人才交流制度。

第五，适时推行实施"少数民族高端人才培养计划"，系统选拔有一定文化基础和工作经验的少数民族学生出国攻读学位和进修，培养具有国际视野、掌握国际先进科技和管理水平、具有国际民族话语权的高端人才。

第一章

民族教育的新发展

2012 年，国家进一步加大了教育援藏、援疆工作力度，加强了内地西藏、新疆高中班和内地西藏、新疆中职班建设，以及民族地区教育基础薄弱县普通高中建设；进一步加大了民族地区技能型、应用型人才培养力度，适当扩大了高校少数民族预科班规模，继续实施少数民族高层次骨干人才培养计划，启动了少数民族高端人才计划。在党的十八大精神的指引下，国家教育主管部门和民族主管部门把科学发展观落实到民族教育改革发展各方面、各领域、各环节，以努力办好各族人民满意的教育为宗旨，以实现与全国教育协调发展为主题，以推进民族教育改革发展为主线，以民族团结教育、双语教育为抓手，有力地促进了民族教育质量的进一步提升。

一、2012 年民族教育发展概况

在党和国家的重视下，2012 年，我国民族教育发展迅速，民族教育质量显著提高，双语教育稳步推进，民族团结教育广泛开展，民族教育队伍与机构持续壮大，少数民族各级各类学生数量稳步增加。到 2012 年年底，全国各级各类学校中少数民族在校学生总数为 2384.48 万人，占学生总数的 9.27%。学前教育少数民族在校学生总数为 283.82 万人，占学生总数的

7.70%。义务教育学校少数民族在校生数达到 1515.46 万人，普通中学少数民族在校生占全国普通中学在校生总数的 9.39%，普通小学少数民族在校生占全国普通小学在校生总数的 10.7%。普通本专科少数民族在校生数达到 177.96 万人，占学生总数的 7.44%①。另外，少数民族职业教育、成人教育、特殊教育也获得了长足的发展，极大地推动了少数民族和民族地区经济、社会和文化大发展。

（一）民族地区教育公平取得更大进步

1. 学前教育少数民族学生总数及占学生总数的比重不断增加

2010 年以来，国家组织实施的学前教育三年行动计划、农村学前教育推进工程以及各地实施的学前教育发展项目极大地促进了民族地区学前教育发展，尤其是学前双语教育重视程度不断提高，推进步伐不断加快，成效十分显著②。从 2012 年的统计数据看，我国学前教育中少数民族学生总

	2011	2012
学前教育少数民族学生数（万人）	250.73	283.82
学前教育少数民族学生占学生总数的比重（%）	7.32	7.70

图 1-1 2011—2012 年学前少数民族学生数及所占学生总数的比重

【数据来源】教育部教育统计数据 2011—2012 ［EB/OL］. ［2014-12-05］. http://www.moe.goe.cn/publicfiles/business/htmlfiles/moe/s7567/201309/56878.html.

---

① 2012 年中国人权事业的进展 ［EB/OL］. ［2014-05-26］. http://news.xinhuanet.com/politics/2013-05/14/c_115758619.htm.

② 阿布都.民族教育：科学发展　成就辉煌——回顾十六大以来民族教育发展成就 ［J］. 中国民族教育，2012（10）：8.

的数量处在不断增长的状态，而且学前教育少数民族学生占学生总数的比重也在不断上升。2011 年，学前教育少数民族学生人数进一步增加，突破了 250 万人，达到了 250.73 万人；在国家一系列政策的指导下，2012 年，学前教育学生人数大幅度增加，达到了 283.82 万人。学前教育少数民族学生人数占学生总数的比重也从 2011 年 7.32% 上升到 7.70%，上升了 0.38 个百分点。

2. 普通小学少数民族学生总数有所减少，但占学生总数的比重稳步增加

在国家相关政策的指导下，我国义务教育发展取得了前所未有的成就，少数民族地区入学率不断增长，辍学率逐渐降低，普通小学少数民族学生占学生总数的比重不断增长。从总体上看，普通小学少数民族学生总数有所减少，2011 年普通小学少数民族学生总数为 1044.02 万人，2012 年为 1037.54 万人。但少数民族学生占学生总数的比重却在逐年增加，从 2011 年的 10.52% 增加至 2012 年的 10.70%，增加了 0.18 个百分点。

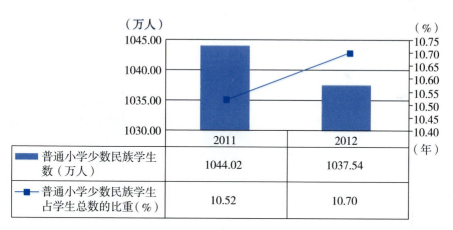

（万人）	2011	2012
普通小学少数民族学生数（万人）	1044.02	1037.54
普通小学少数民族学生占学生总数的比重（%）	10.52	10.70

图 1-2　2011—2012 年普通小学少数民族学生数及所占学生总数的比重

【数据来源】教育部教育统计数据 2011—2012 ［EB/OL］. http：//www.moe.goe.cn/publicfiles/business /htmlfiles/moe/s7567/201309/56878.html.

3. 中等教育少数民族学生总数及占学生总数的比重稳中有升

从单一的数据统计情况来看，各类中等教育少数民族学生人数出现了增加和减少不同的变化趋势，但综合分析这些数据发现，中等教育少数民族学生占学生总数的比重都不同程度地呈现出不断增长的发展态势。

（1）普通高中少数民族学生总数保持上升，占学生总数的比重稳步增加

党的十六大以来，国家稳步推进民族地区普通高中教育发展，加强示范性高中建设，加快基础薄弱校改造，全面实行新课程改革，启动实施基础教育薄弱县普通高中建设项目，建立健全了困难学生资助政策，教育质量逐步提高。从2011—2012年统计情况来看，普通高中少数民族学生数处在逐年增加的状态，所占学生总数的比重也在逐年上升。2011年普通高中少数民族学生数突破了190万人，达到191.45万人，占学生总数的7.80%；2012年，是我国少数民族高中阶段教育具有里程碑意义的一年，无论是在校学生的总数，还是占学生总数的比例都明显增加。2012年，普通高中少数民族学生数进一步增长，突破了200万人，达到200.97万人，占到学生总数的8.15%。近年来，随着我国民族地区义务教育的普及、义务教育均衡发展政策的不断深入和少数民族家长对教育重视程度的不断增加，将会有越来越多的少数民族学生接受普通高中教育。

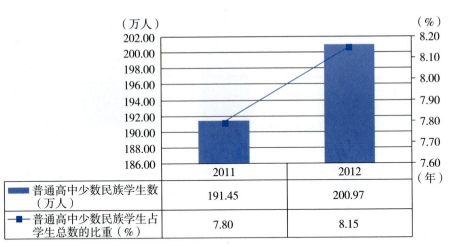

	2011	2012
普通高中少数民族学生数（万人）	191.45	200.97
普通高中少数民族学生占学生总数的比重（%）	7.80	8.15

图1-3 2011—2012年普通高中少数民族学生数及所占学生总数的比重

【数据来源】教育部教育统计数据2011—2012［EB/OL］. http：//www. moe. goe. cn/publicfiles/business/htmlfiles/moe/s7567/201309/56878. html.

（2）职业高中少数民族学生总数及占学生总数的比重明显增加

过去很长一段时间内，我国职业高中教育尤其是少数民族的职业高中教育的发展规模和发展速度都处在一个相当低的水平。"十一五"时期是

民族地区职业教育发展最快的时期。国家建立健全了职业教育体系，完善了办学机制，加大了经费投入，设立了国家助学金，并对农村家庭经济困难学生和涉农专业学生实行免费，先后组织实施了一系列职业教育基础能力建设工程、教师培养培训工程，有力地促进了民族地区职业教育特色发展。中央财政共安排 5 个自治区资金 21 亿元支持了 576 所职业学校建设。2010 年以来，我国少数民族职业高中教育规模和发展速度明显加快，2010 年，职业高中少数民族学生数为 37.92 万人，占学生总数的比例为 5.22%；2011 年，职业高中少数民族学生数为 38.33 万人，占学生总数的比例为 5.63%；2012 年，职业高中少数民族学生数占学生总数的比例达到了 5.99%，较之 2011 年的 5.63% 增加了 0.36 个百分点。

	2011	2012
职业高中少数民族学生数（万人）	38.33	37.33
职业高中少数民族学生占学生总数的比重（%）	5.63	5.99

图 1-4　**2011—2012 年职业高中少数民族学生数及所占学生总数的比重**

【数据来源】教育部教育统计数据 2011—2012 ［EB/OL］. http：//www. moe. goe. cn/publicfiles/business/htmlfiles/moe/s7567/201309/56878. html.

（3）普通中专少数民族学生总数有所下降，占学生总数的比重小幅增加

20 世纪我国少数民族普通中专发展速度和在校学生数长期以来处在一个相当低的水平。21 世纪以来，在国家相关政策的鼓励和支持下，少数民族普通中专在发展规模和速度方面都获得了前所未有的发展。但随着普通高中和职业高中少数民族学生总数的增加，普通中专少数民族学生总数有所下降。2011 年普通中专少数民族学生仅有 67.19 万人，2012 年减到了

65.51 万人。从普通中专少数民族学生占学生总数的比重来看，民族学生占学生总数的比重在逐年上升。从 2011 年的 7.86% 上升到 2012 年 8.06%，上升了 0.20 个百分点。

图 1-5　**2011—2012 年普通中专少数民族学生数及所占学生总数的比重**

【数据来源】教育部教育统计数据 2011—2012［EB/OL］. http：//www. moe. goe. cn/publicfiles/business/htmlfiles/moe/s7567/201309/56878. html.

（4）普通初中少数民族学生总数有所下降，但占学生总数的比重仍在增加

受人口出生率的影响，2000 年以后，我国普通初中在校人数在逐年减少，少数民族地区也不例外。从 2011—2012 年统计数据来看，2011 年普通初中少数民族学生为 492.22 万人，2012 年为 358.11 万人，较之上一年减少了 34.11 万人。但从普通初中少数民族学生占学生总数的比重来看，民族学生占学生总数的比重却在逐年上升。2011 年普通初中少数民族学生占学生总数的比重为 9.71%，2012 年上升到了 10.22%。

（5）职业初中少数民族学生总数减少，占学生总数的比重不断增加

从职业初中少数民族在校学生的总数统计情况来看，职业初中少数民族学生人数在逐年下降。2011 年在校学生为 0.91 万人，2012 年下降到 0.64 万人。但从职业初中少数民族学生占学生总数的比重来看，民族学生占学生总数的比重和普通小学少数民族学生占学生总数的比重却在逐年上

	2011	2012
■ 普通初中少数民族学生数（万人）	492.22	358.11
■ 普通初中少数民族学生占学生总数的比重（%）	9.71	10.22

图 1-6　**2011—2012 年普通初中少数民族学生数及所占学生总数的比重**

【数据来源】教育部教育统计数据 2011—2012［EB/OL］. http：//www. moe. goe. cn/publicfiles/business/htmlfiles/moe/s7567/201309/56878. html.

升。2011 年职业初中少数民族学生占学生总数的比重为 32.04%，2012 年达到了 34.06%。

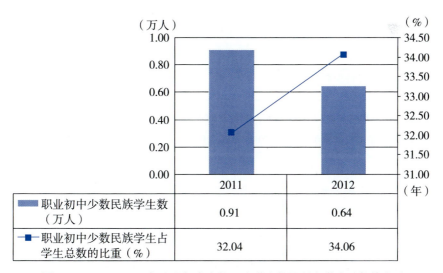

	2011	2012
■ 职业初中少数民族学生数（万人）	0.91	0.64
■ 职业初中少数民族学生占学生总数的比重（%）	32.04	34.06

图 1-7　**2011—2012 年职业初中少数民族学生数及所占学生总数的比重**

【数据来源】教育部教育统计数据 2011—2012［EB/OL］. http：//www. moe. goe. cn/publicfiles/business/htmlfiles/moe/s7567/201309/56878. html.

4. 高等教育少数民族学生总数及占学生总数的比重迅速增加

党的十六大以来，国家不断加强少数民族和民族地区高校应用型学科、特色专业建设，着力提升学校服务地方经济的能力。中央财政通过奖补等方式，加大了经费支持力度。高校家庭经济困难学生资助政策重点向少数民族和民族地区学生倾斜，确保了他们顺利入学并顺利完成学业。统计数据显示，普通本、专科少数民族学生人数近几年来增长最快，2005年普通本、专科少数民族学生人数为95.32万人，2006年普通本、专科少数民族学生人数突破了100万人，2010年人数又突破了150万人，2011年为168.84万人，2012年达到了177.96万人。高等教育少数民族学生占学生总数的比重也在逐年上升，从2011年的7.31%上升到了2012年的7.44%。

	2011	2012
▇ 普通本、专科少数民族学生数（万人）	168.84	177.96
■ 普通本、专科少数民族学生占学生总数的比重（%）	7.31	7.44

图1-8　**2011—2012年普通本、专科少数民族学生数及所占学生总数的比重**

【数据来源】教育部教育统计数据2011—2012［EB/OL］.http://www.moe.goe.cn/publicfiles/business/htmlfiles/moe/s7567/201309/56878.html.

5. 特殊教育少数民族学生总数及占学生总数的比重都大幅增加

受多种因素的影响，我国特殊教育事业发展较为缓慢，但国家历来非常重视特殊教育尤其是少数民族特殊教育的发展。统计数据显示，2011年特殊教育少数民族学生数为1.18万人，到2012年增长到2.76万人，增加了1.58万人。2011—2012年特殊教育学生所占学生总数的比重也大幅度上升，2011年特殊教育学生所占学生总数的比重为2.97%，2012年上升到7.28%，上升了4.31个百分点。随着国家特殊教育政策的不断推进和完善，特殊教育学生数占学生总数的比例还会继续上升。

图1-9　**2011—2012年特殊教育少数民族学生数及所占学生总数的比重**

【数据来源】教育部教育统计数据2011—2012［EB/OL］．http：//www.moe.goe.cn/publicfiles/business/htmlfiles/moe/s7567/201309/56878.html.

（二）各级各类少数民族专任教师不断增加

1. 学前教育少数民族专任教师人数增长较快，占教师总数的比重也在逐年稳步增长

近年来，在国家一系列政策的支持下，尤其是国家组织实施的学前教育三年行动计划以来，我国学前教育专任教师数量特别是民族地区学前教育少数民族专任教师数量增加较快。2011年学前教育少数民族专任教师数为7.08万人，到2012年就已达到8.61万人，增长了1.53万人。同时，学前教育少数民族教师占教师总数的比重也在逐年稳步增长，从2011年的5.38%递增至2012年的5.82%，增加了0.44个百分点。

	2011	2012
学前教育少数民族专任教师数（万人）	7.08	8.61
学前教育少数民族专任教师占教师总数的比重（%）	5.38	5.82

图 1-10　**2011—2012 年学前教育少数民族专任教师数占教师总数的比重**

【数据来源】教育部教育统计数据 2011—2012 ［EB/OL］. http：//www. moe. goe. cn/publicfiles/ business/htmlfiles/moe/s7567/201309/56877. html.

2. 普通小学少数民族专任教师人数变化不大，占教师总数的比重逐年提高

受普通小学少数民族在校学生人数减少的影响，近几年来，普通小学少数民族专任教师人数变化不大，稳定在 58 万人左右。2011 年、2012 年普通小学少数民族专任教师人数分别为：58. 36 万人、58. 56 万人。但从普

	2011	2012
普通小学少数民族专任教师数（万人）	58.36	58.56
普通小学少数民族专任教师占教师总数的比重（%）	10.41	10.48

图 1-11　**2011—2012 年普通小学少数民族专任教师数及所占教师总数的比重**

【数据来源】教育部教育统计数据 2011—2012 ［EB/OL］. http：//www. moe. goe. cn/publicfiles/ business/htmlfiles/moe/s7567/201309/56877. html.

通小学少数民族专任教师占学生总数的比重来看，和普通小学少数民族学生占学生总数的比重的情况一样，普通小学少数民族专任教师占学生总数的比重也在逐年上升，处在稳定增长的状态，从2011年的10.41%增长到2012年的10.48%。

3. 普通初中少数民族专任教师逐年小幅增加

普通初中和普通小学一样，专任教师呈现出小幅增加的趋势，2011年普通初中少数民族专任教师数为30.63万人，2012年增长到30.82万人。普通初中少数民族专任教师占教师总数的比重也在逐年稳定上升，从2011年的8.69%上升到2012年的8.80%。

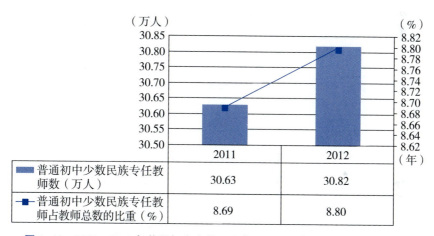

	2011	2012
普通初中少数民族专任教师数（万人）	30.63	30.82
普通初中少数民族专任教师占教师总数的比重（%）	8.69	8.80

图1-12 2011—2012年普通初中少数民族专任教师数及所占教师总数的比重

【数据来源】教育部教育统计数据2011—2012 ［EB/OL］. http：//www. moe. goe. cn/publicfiles/business/htmlfiles/moe/s7567/201309/56877. html.

4. 普通中专少数民族专任教师人数及占教师总数的比重稳步增加

普通中专少数民族专任教师数量不多，但一直处在不断增长的状态。2011年普通中专少数民族专任教师数为1.85万人，2012年为1.87万人。与普通中专少数民族专任教师数量稳定增长的态势一样，普通中专少数民族专任教师占专任教师总数的比重也有所增加，2011年普通中专少数民族专任教师占专任教师总数的比重为6.09%，2012年上升到6.12%。

	2011	2012
普通中专少数民族专任教师数（万人）	1.85	1.87
普通中专少数民族专任教师占教师总数的比重（%）	6.09	6.12

图 1-13　2011—2012 年普通中专少数民族专任教师数及所占教师总数的比重

【数据来源】教育部教育统计数据 2011—2012［EB/OL］. http：//www. moe. goe. cn/publicfiles/business/htmlfiles/moe/s7567/201309/56877. html.

5. 普通高中少数民族专任教师人数不断增加，占教师总数的比重上升明显

与普通初中相比，普通高中少数民族专任教师人数和普通高中少数民族学生数一样增长速度较快，从 2011 年的 10.75 万人增加到 2012 年的11.39 万人，增加了 0.64 万人。普通高中少数民族专任教师占专任教师总

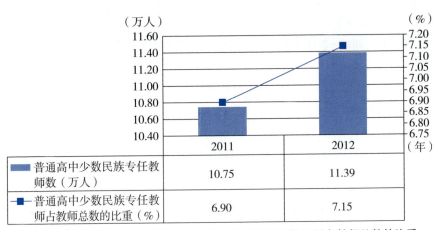

	2011	2012
普通高中少数民族专任教师数（万人）	10.75	11.39
普通高中少数民族专任教师占教师总数的比重（%）	6.90	7.15

图 1-14　2011—2012 年普通高中少数民族专任教师数及所占教师总数的比重

【数据来源】教育部教育统计数据 2011—2012［EB/OL］. http：//www. moe. goe. cn/publicfiles/business/htmlfiles/moe/s7567/201309/56877. html.

数的比重也在逐年上升，2011 年普通高中少数民族专任教师占专任教师总数的比重为 6. 90%，2012 年达到了 7. 15%，上升了 0. 25 个百分点。

6. 普通高校少数民族专任教师人数及占教师总数的比重均稳中有增

近年来，普通高校少数民族专任教师人数占专任教师比重增加不多，2011 年为 4. 93%，2012 年为 4. 97%。普通高校少数民族专任教师人数稳中有增，从 2011 年的 6. 86 万人增加到 2012 年的 7. 16 万人，增加了 0. 3 万人。

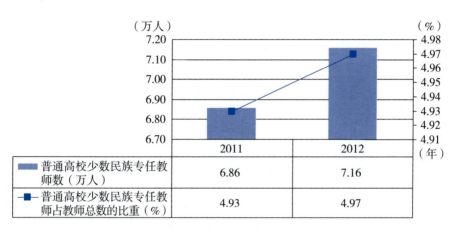

图 1-15　**2011—2012 年普通高校少数民族专任教师数及所占教师总数的比重**

【数据来源】教育部教育统计数据 2011—2012 ［EB/OL］. http：//www. moe. goe. cn/publicfiles/business/htmlfiles/moe/s7567/201309/56877. html.

二、民族教育的新发展和战略新部署

"十二五"时期，从国家少数民族事业规划、国家教育发展规划到各主要民族地区教育规划，都对民族教育发展进行了新的部署。

（一）国家少数民族事业"十二五"规划中的民族教育发展目标

国务院办公厅 2012 年发布的《少数民族事业"十二五"规划》指出："'十二五'期间要着力加大对少数民族文化事业的支持力度，进一步促进少数民族文化繁荣发展；着力加大少数民族干部和各类人才培养力度，努力建设高素质的少数民族干部和各类人才队伍。使少数民族优秀传统文化得到有效保护、传承和弘扬，适应各族群众需求的优秀文化产品更加丰富，少数民族基本文化权益得到切实保障，少数民族文化产业发展迈出较大步伐，在对外文化交流中发挥更大作用。"具体包括以下几个方面。

1. 学前教育

支持民族地区大力发展公办幼儿园，积极扶持普惠性民办幼儿园发展，优先将农牧区幼儿园纳入学前教育项目支持范围，构建"广覆盖、保基本"的学前教育公共服务体系。实施农牧区幼儿园建设工程。支持现有的乡镇和村幼儿园改善办学条件。优先在具备条件的农牧区小学增设附属幼儿园，在边远贫困地区开展学前教育巡回支教。积极扶持民办幼儿园发展。

2. 义务教育

推进民族地区义务教育均衡发展，深化基础教育课程改革和教学改革，提高教育教学质量。科学稳妥推进双语教育，加大双语人才培养力度。推进民族地区义务教育学校标准化建设，改善办学条件，巩固义务教育普及成果。加快农牧区寄宿制学校建设，逐步提高生均公用经费基本标准和家庭经济困难寄宿生生活费补助标准，加大对民族地区实施农村义务教育学生营养改善计划的支持力度。实施民族地区义务教育学校标准化建设工程。支持边境县和民族自治地方扶贫开发工作重点县义务教育学校校舍、体育场地、教学仪器设备、图书达到国家基本标准。实施民族地区双语教育推进工程。支持高校定向培养双语教师，建设双语教师培养培训基地。组织编译和开发优质双语教材、教辅、课外读物、课件和音像制品。

3. 师资队伍建设和高中教育

加强中小学师资队伍建设，鼓励支持高校毕业生到民族地区基层任教。支持民族地区发展现代远程教育，扩大优质教育资源覆盖面。支持民族地区加快普及高中阶段教育，推动普通高中多样化发展，提高普通高中办学质量。实施民族地区教育基础薄弱县普通高中建设工程。支持民族地区教育基础薄弱县加强普通高中基础设施建设，改善办学条件，扩大培养规模，提升普通高中教育发展水平和质量。

4. 职业教育

加快发展民族地区职业教育，办好一批适应当地经济发展方式转变和产业结构调整要求的职业院校，加大符合当地产业发展需求的优势特色专业建设支持力度，中等职业教育改革发展示范校建设项目、职业教育实训基地建设项目等国家实施的项目向民族地区倾斜。继续办好内地西藏班、新疆高中班和内地西藏、新疆中职班，鼓励和支持有关省区相对发达城市面向当地民族地区举办中职班。

5. 高等教育

加强民族院校和民族地区高校建设，中央财政支持地方高校发展的专项资金、工程和项目向民族院校和民族地区高校倾斜。推进学科专业调整和课程改革，重点加强应用型学科、特色学科建设。加大民族医药人才、民族文化人才及双语师资等民族地区急需人才的培养力度。继续办好高校少数民族预科班、民族班。继续实施少数民族高层次骨干人才培养计划，并逐步扩大办学规模。实施民族院校和民族地区高校教育质量提升工程。支持民族院校和民族地区高校硕士点、博士点建设，建设一批重点学科，在审批新增硕士点、博士点和重点学科时，给予政策倾斜。支持建设一批重点实验室和人文社科研究基地，构建一批优势互补、资源共享的科研平台。加强师资队伍建设的校际联合和对外交流，鼓励和支持培养引进一批教育教学骨干、学术骨干和学科带头人，建设一批高水平教学和科研团队。实施民族院校和民族地区高校学生锻炼平台搭建工程。搭建民族院校和民族地区高校学生寒暑假锻炼平台，充分利用现有资源，鼓励少数民族学生加强见习、实习和实训，提升就业能力。

（二）《国家教育事业发展第十二个五年规划》对民族教育进行了新部署

《国家教育事业发展第十二个五年规划》（以下简称《发展规划》）指出："十二五"时期，我国教育改革发展的基本思路是：更新教育观念，坚持改革创新，抓好工作落实，提升基础能力，促进协调发展，服务国家战略。优先解决人民群众当前最关心、社会反映最强烈的问题，办好让人民满意的教育。《发展规划》也明确提出了"十二五"期间我国民族教育发展的目标和任务，其内容包括以下四个方面。

1. 优先支持民族地区教育发展

提高义务教育普及巩固水平，2015年义务教育巩固率达到90%，少数民族人口青壮年文盲率下降到5%以下。加快民族地区学前教育发展，学前三年毛入园率达到55%，双语地区学前两年教育基本覆盖。以中等职业教育为重点，加快民族地区高中阶段教育普及，在教育基础薄弱民族地区改扩建、新建一批中等职业学校和普通高中，接收初中毕业未升入普通高中就学的学生进入中等职业学校学习。支持人口较少民族的教育发展。完善对口支援机制，指导和协调各省市加强对口支援西藏、新疆、青海教育工作。

2. 积极稳妥推进双语教育

在双语地区建立学前教育和中小学教育相衔接，国家课程为主体、地方课程为补充，师资和教学资源配套，教学模式适应学生学习能力的双语教育体系。加强双语幼儿园、义务教育寄宿学校、双语普通高中建设，根据实际推进各民族学生合校和"混班教学"。开发双语教育教材、课外读物、多媒体等教学资源，开展教学方法研究。建设一批双语教师培养培训基地，推进民族地区教师教育向培养双语、"双师型"教师转变。通过增加编制、定向培养、"特岗计划"、对口支援、加强培训等措施加强民族地区双语师资队伍建设，并在绩效工资发放、职务（职称）评聘等方面向双语教师岗位倾斜。建立双语教学质量评价与督导机制，完善与双语教学配套的升学考试、就业等政策措施。

3. 加快民族地区人才培养

根据民族地区特点和实际，推广"9+3"中等职业教育模式，在部分地区实行"二一分段"或"3+1"初中职业教育。联合文化、旅游等部门重点支持一批以保护传承民族文化艺术、民间工艺特别是非物质文化遗产为特色的职业院校和特色专业。扩大高等学校和职业院校面向民族地区招生规模，到2015年普通本专科少数民族学生占全国在校生的比例达到

8%。进一步完善内地民族班办学和管理体制，办好内地西藏、新疆班，提高民族预科班办学质量。启动实施少数民族高端人才培养计划，继续实施"少数民族高层次骨干人才培养计划"。积极支持民族地区高等学校和民族院校特色专业建设，培养民族地区留得住、用得上的各类人才。

4. 加强民族团结教育

在各级各类学校广泛深入开展民族团结教育。深入开展形式多样的民族团结主题活动，鼓励内地学校与民族学校开展"结对子"、"手拉手"活动。组织修订适合各学段特点的民族团结教育教材。在基础教育和中等职业教育课程中，将基本的民族常识和民族政策作为重要内容，因地制宜地将民族文化和民族团结活动纳入地方课程和综合实践活动中。在高等学校思想政治理论课中，加强马克思主义民族观教育，在民族院校和部分民族地区高等学校开设马克思主义民族理论与政策课程。

（三）部分民族省份教育发展的新政策

1. 新疆维吾尔自治区民族教育发展新政策

在国家一系列政策的支持和鼓励下，"十一五"期间新疆教育获得了前所未有的发展。各级各类学校的思想政治教育工作得到加强，双语教育取得突破性进展，"两基"攻坚任务圆满完成，免费义务教育惠及各族人民，高中阶段教育发展步伐加快，基础教育课程改革全面推进，职业教育规模逐年增长，高等教育层次和学科结构进一步优化。2010 年，全区有各类学校 7955 所，各类在校生 449.74 万人，学前三年教育毛入园率达59.59%，小学学龄儿童入学率达 99.78%，初中适龄少年入学率达97.15%，高中阶段教育毛入学率达 69.14%，高等教育毛入学率达24.99%。全区每万人口有小学在校生 896 人、普通初中在校生 465 人、高中阶段在校生 325 人、普通本专科在校生 116 人，15 岁以上人口平均受教育年限达 9 年，中等职业教育和高等教育向社会输送大中专毕业生 62 万人，有知识有文化的年轻一代已成为新增劳动力的主体，各族人民的科学文化素质有了明显提高。

在国家教育《发展规划》的指导下，结合新疆教育"十一五"取得的成绩和经验，新疆制定了《新疆维吾尔自治区教育事业"十二五"发展规划》（以下简称《新疆教育规划》）。《新疆教育规划》确定了"十二五"期间全区教育事业发展接近全国平均水平，教育服务跨越式发展和长治久安的能力显著增强的发展目标。从总的方面来说，《新疆教育规划》指出：2015年，全区学前三年幼儿毛入园率达70%，在园幼儿达74.3万人；义务教育阶段学龄儿童（少年）入学率和在校生巩固率达98%以上，小学、初中在校生达310.2万人；高中阶段教育毛入学率达88%左右，高中阶段在校生达86.3万人，普职比大体相当；高等教育毛入学率达32%，疆内院校就读的在校生达33万人，其中在校研究生1.8万人，在校普通本专科生31.2万人；普及残疾儿童少年的九年义务教育和高中阶段教育，青壮年非文盲率保持在97%以上，成人教育和多样化的继续教育进一步发展；主要劳动年龄人口平均受教育年限达10年，新增劳动力平均受教育年限达12年。具体来说包括以下几个方面。

（1）思想政治教育

《新疆教育规划》结合区情和不同年龄阶段学生的身心特点，构建大中小幼有效衔接的德育体系。把社会主义核心价值体系教育贯穿于教育教学的全过程。探索学校、家庭和社会合作的机制，充分发挥德育课程、学科教学、社会实践和校园文化建设的协同作用。以理想信念为核心，以爱国主义教育为重点，以公民道德教育为基础，建设优良的校风、教风、学风。坚持学校维稳工作常态化，深入开展意识形态领域反分裂、维护民族团结和社会稳定、维护社会主义法制和维护祖国统一等教育活动。积极推进思想政治工作改革，提高思想政治教育教学效果，加强学生党团组织、少先队和学生会建设，加强中华民族优秀文化传统教育、革命传统教育、国情、区情和形势政策教育，广泛开展丰富多彩的校园文化活动。积极发展学生社团，加强科普教育工作，丰富活跃校园文化生活，促进学生学习、生活、成长与社会实践有机结合。进一步加强和改进大中小学德育工作，落实国家新修订的中等职业学校德育大纲，加强和改进大学生思想政治教育，实施研究生思想政治理论课新方案，编写体现新疆特色的地方德育教材，支持学校开发特色鲜明、针对性强的校本课程，实现国家课程、地方课程与校本课程的有机衔接，实现中国特色社会主义理论、党的民族理论、民族政策进教材、进课堂、进头脑。创新高校网络思想政治教育，推广校园文化建设优秀成果，加强学校校园网络建设，强化校园网络的应用与管理。落实中小学班主任培训计划，建设大中专院校高素质的辅导员队伍，实施民族团结教育的覆盖项目，努力营造有利于青少年健康成长的良好环境，使各类学校成为引领先进文化的示范窗口和战略高地。

（2）双语教育

认真贯彻落实《新疆维吾尔自治区少数民族学前和中小学"双语"教育发展规划（2010—2020年）》，推进各民族学生学习和掌握国家通用语言文字，增强学生对祖国意识和对中华民族的认同感，促进学生的全面发展和终身发展，积极、稳妥、有效推进双语教育。构建各学段相互衔接的双语教育体系。从幼儿抓起、从教师抓起，按当地实际选择实施双语教育的模式，相应保留本民族语言文字为主的教学班，鼓励和倡导民汉合校、民汉学生混合编班，各民族相互学习。加强双语教学研究，开发双语教材和教学资源。健全双语教育工作成效评估制度，实施双语教学质量监测，完善与双语教育配套的考试、评价、就业等政策体系。2015年，基本普及少数民族中小学双语教育，接受中小学双语教育的少数民族学生占中小学少数民族学生的75%左右。建设一批双语教师培养培训基地，学前和中小学双语教师数量进一步满足教学需要，素质显著提升，合格双语教师比例2012年达50%左右，2015年达65%以上。加强双语幼儿园、中小学双语寄宿学校、双语普通高中建设。内地新疆高中班和区内初中班年招生规模分别达1万人，内地高校协作计划和内地新疆中职班规模逐步扩大。扩大区属中职学校招收南疆三地州学生的计划。完善少数民族本科预科教育制度，启动高职高专少数民族学生预科教育计划。

（3）学前教育

根据《国务院关于当前发展学前教育的若干意见》，实施《新疆维吾尔自治区学前教育三年行动计划》，按照政府主导、社会参与的原则，建立学前教育经费保障机制，形成以公办园为主体，公办民办并举的办园格局。坚持学前教育的公益性和普惠性，各级财政支持街道、机关、事业单位、企业举办公办或集体办幼儿园，支持社会力量举办普惠性幼儿园，形成"广覆盖、保基本、多形式"的学前教育公共服务体系。逐步推广社区早期教育，积极发展残疾幼儿学前康复教育，发挥县、乡中心幼儿园的示范与辐射作用，学前教育保教质量明显提高。加强幼儿园保教工作的管理，健全幼儿教育质量评价标准与督导评估制度。2012 年、2015 年全区学前三年幼儿入园率达 66%和 70%，城镇幼儿入园难、农村幼儿就近入园问题得到基本解决。明确学前教育资源配置标准和幼儿园布局要求，在实施农村双语幼儿园工程的同时，城区幼儿园建设与小区建设同步推进，农村幼儿园布点服务半径原则上不超过 3 公里、覆盖人口在 3000 人以上。充分利用闲置校舍扩大学前教育资源，配备幼儿园必要的教具、玩具、图书等器材。

（4）义务教育

坚持县级人民政府为主的管理体制，以缩小县域内义务教育差距为目标，以合理配置教育资源为重点，完善义务教育均衡发展的资源配置制度，依法建立公民平等接受义务教育的保障体系，促进教育资源向困难地区和薄弱学校倾斜。到 2015 年，全区 30%左右的县（市、区）基本实现县域内义务教育均衡发展目标，85%以上的义务教育学校达到《新疆维吾尔自治区义务教育学校办学基本标准》的要求。认真落实《自治区关于推进义务教育均衡发展指导意见》，按照定目标、定标准、定职责的要求，地、州、市编制义务教育学校标准化建设规划，加强学校基础设施建设，实施中小学标准化建设工程，城镇学校重点消除大班额现象，农村新建、改扩建一批寄宿制学校，完善寄宿学校生活设施的配置，提高教学仪器、图书、实验条件达标率。建立县域内优质学校结对帮扶薄弱学校制度，完善优质学校校长、优秀教师到薄弱学校交流政策，扩大优质教育资源覆盖面。启动教育强县创建工作，按照统一规划、分步实施的原则，确定创建教育强县目标：第一阶段实现中小学标准化建设和"两基"巩固提高目标；第二阶段实现义务教育均衡发展和"双高"普九目标；第三阶段实现县域内各类教育协调发展，各类教育发展水平、教育经费保障、办学条件改善等指标达到教育强县总目标。培养义务教育阶段学生体育技能和艺术特长，提高学生综合素质，陶冶高尚情操，让每位学生充分享受素质教育的阳光雨露。完善公共文化体育设施免费或优惠向学生开放政策，促进学生走进科研院所、社区、企业、农田，发挥科学家、企业家、工程师等各类人才对学校教育的作用。

（5）高中阶段教育

增加教育投资和广泛吸纳社会资源，以中等职业教育为突破口，扩大高中阶段教育规模。通过国家投资和对口支援省市的援建，加快南疆三地州高中阶段教育发展步伐。通过普通高中办学定位、办学体制改革等方面的探索，推进培养模式多样化，鼓励学校特色办学，形成一批科技、外（双）语、艺术和体育等特色鲜明的普通高中，以满足不同潜质学生的发展需要。改进普通高中教学方式，深化课程改革，强化实验教学、研究性学习和社会实践，努力提高学生的综合素质，培养学生自主学习和适应社会的能力。创造条件开设丰富多彩的选修课程，为学生提供更多选择，促进学生全面而有个性地发展。建立科学的教育质量评价体系，全面实施高中学业水平考试和综合素质评价。建立普通教育与中等职业教育相互沟通的机制，鼓励有条件的普通高中开设特色职业教育课程，为在校生和未升学毕业生提供职业教育。实施高中阶段学校标准化、信息化建设工程，推进普通高中多样化、特色发展项目，优化教育资源配置，逐步消除大班额现象，进一步扩大寄宿制规模。实行残疾学生高中阶段免费教育，改善特殊教育学校办学条件。

（6）职业教育

增强职业教育吸引力，建立适应产业发展需要的职业教育体系，形成高中阶段教育普职比大体相当的格局。加大职业院校学科专业调控力度，以特色优势专业为引领，制定学科专业布局和建设规划，按照市场对人才的需求科学设置专业。畅通职业院校毕业生深造的渠道，建立以实际技能和工作绩效为主的职业教育考试升学制度，扩大应用型研究生培养规模。完善产学研合作机制。以新型工业化为先导，以四大职教园区实训基地建设为突破口，以内地中职班为补充，为自治区培养紧缺中高级技能人才。按照现代农业、新型工业、现代服务业、石油石化、煤炭、纺织等产业发展要求，支持职业院校与企事业单位共建实习、科研基地，推进生产、教学过程的一体化。加强职业学校基础能力建设，支持示范性职业院校和精品专业、课程建设。加快发展面向农牧区的职业教育，促进农科教结合，提高职业教育服务当地经济社会发展的能力。开展面向人人的职业教育。按照先培训后上岗的原则，以培养学生的职业道德、职业技能和就业创业能力为重点，统筹中等和高等职业教育、区内和区外职业教育资源，不断提升职业学校的办学水平。大力开展民族特色专业的职业教育，完善中等职业教育学生资助政策，率先面向南疆三地州等地贫困家庭子女就读中等职业学校实行"三免一补"。实施富余劳动力转移培训工程，健全覆盖县、乡、村的职业教育培训网络，广泛开展农牧业生产技术和外出务工人员的技能培训。启动实施中等职业学校基础能力建设（二期）工程，重点支持好南疆四地州及喀什、霍尔果斯特殊经济开发区等地的8所职业学校建设。

（7）高等教育

加强高等学校基础条件、师资队伍、大学文化、重点学科和重点科技创新平台建设，推进高等教育体制机制改革，大力提升高等学校人才培养水平、科技创新能力、社会服务能力和优秀文化传承创新能力，充分发挥高等教育在跨越式发展和长治久安建设中的支撑作用。加强研究生学位授权单位和学位点建设，重点建设好一批一级学科博士点，积极发展专业学位研究生教育，优化三级学位授权体系。巩固发挥首府高等教育优势，加强高校之间的交流与合作，促进区域协调发展。按照成熟一个、建设一个的原则，启动新疆工程学院、新疆警官学院、新疆师范专科学校筹建工作，支持铁路等部门和哈密、吐鲁番、喀什地区发展高等职业教育；积极发展民办高等教育，增加高等教育总量。加强学籍管理，完善学籍学历电子注册制度，规范办学行为。深化教学改革，着力培养大学生创新思维能力、实践动手能力，增强大学生综合素质和就业创业能力，建立和完善毕业生就业服务体系。推进研究生培养机制改革，加强科学研究与技术创新工作，繁荣哲学社会科学，创新科研体制机制，促进科技成果转化，增强高等学校科技创新与社会服务能力。拓展高校办学空间，加强研究生示范基地、重点学科、重点实验室、公共实训基地建设。支持新疆大学"211"

工程建设，扶持师范、农业、医药、财经、艺术等特色鲜明的教学研究型院校的发展。实施天山学者高层次人才特聘计划、第二轮重点学科建设计划、第二轮紧缺人才专业建设计划、研究生教育创新计划和普通高校人文社会科学重点研究基地建设计划，全面推进高等教育发展。

（8）特殊教育

进一步加快特殊教育学校基础设施建设，完善特殊教育学校和残疾儿童随班就读为基本形式的保障体系。因地制宜发展残疾儿童学前教育，基本满足残疾儿童接受学前教育的需求。全面提高残疾儿童义务教育普及水平，加快发展以职业教育为主的高中阶段特殊教育，大力推进残疾人职业教育，提高残疾人的就业和创业能力。积极推进残疾人高等教育发展，加强特殊教育专业建设，配齐配足特殊教育学校合格教师。健全各级政府分担、各部门支持、多渠道筹措特殊教育经费保障机制，保障特殊教育学校良好运转和可持续发展。

（9）继续教育

以政府为主导统筹继续教育发展，行业主管部门或协会制定继续教育规划，初步建立起学校教育、家庭教育、职业技术教育和闲暇教育的继续教育体系。以网络技术为支撑，整合社会资源，理顺管理体系，鼓励学校、科研院所、企业等为学习者提供便利条件。办好远程和成人高等教育，实行继续教育学分积累与转换制度，推进不同类型教育之间的学分互认，实现不同类型学习成果的衔接。积极建设开放型大学，扩大自学考试的服务功能，加强继续教育资源库建设，建立全民终身学习平台。以新知识、新技能培训为重点，有计划、分层次开展继续教育。推进继续教育与工作考核、岗位聘任、职务职称评聘、职业注册等人事管理制度的衔接。大力发展非学历继续教育，稳步发展学历继续教育，广泛开展城乡社区教育。重视老年教育。进一步完善扫盲工作机制。

（10）教师队伍建设

到 2015 年，农牧区教师队伍整体素质明显提高，双语教师基本适应双语教育的需求，中小学教师的学历层次进一步提升，小学教师具有专科及以上学历达80％以上，初中教师具有本科及以上学历达65％以上，高中教师具有本科及以上学历达90%以上，其中具有硕士研究生学历的比例进一步提高。不断提升中等、高等院校教师的综合素质和学历层次，中等职业学校"双师型"教师达45%左右，高职、高专院校硕士及以上学位教师达35%左右，本科院校硕士及以上学位教师达65%左右，其中具有博士学位教师达20%左右。

完善师范生免费教育制度，调整师范教育专业设置和培养方向，加强师范生教学基本功训练，促进学科专业教育与师范专业教育的紧密结合。完善中小学教师培训制度，重点实施双语教师提升工程，继续实施中小学教师"国培计划"，完成新一轮中小学教师全员培训和35岁以下双语教师全员参训的任务。实施中小学"十百千名优骨干校长队伍建设工程"，重视辅导员和班主任培训。加强职业院校"双师型"教师队伍建设，以专业课教师为重点，完善职业教育教师培训基地建设，实施职业学校教师素质提升工程，开展职业学校管理人员培训，支持职业院校聘请能工巧匠、专业技术人员担任兼职教师。造就一批高等学校教学名师和学科领军人才的教学团队，实施高层次人才培养、引进工程，采取轮训、进修、挂职、海外研修或攻读学位等形式开展中青年教师培训，实施高层次特聘教授和"天山学者"计划，引进院士、"长江学者"和"国家杰出青年科学基金"人才，全面提升教师队伍的学历层次和综合素质。加强双语教师队伍建设，按照"增量补充、存量培训、定向培养、滚动推进"的方针，健全学前、中小学双语教师培养、补充机制，完善双语教师培养培训基地建设。增加教师编制，实施双语教师特设岗位计划，扩大大学生实习支教、志愿者支教和援疆支教等措施，多渠道补充合格双语教师。面向生源地采取定向就业、考核入编、返还学费等方式，为农牧区双语学校选派师范毕业生。

加强教师队伍管理，以忠诚党的教育事业、坚定正确的政治方向为目标，以维护民族团结、社会稳定、为学生做出表率作为师德考核的首要内容，把提高教育教学质量作为工作业绩评价的重要依据，加强师德、师风建设。完善中小学教职工编制标准，制定中等职业学校、高等学校编制标准，扩大"双师型"教师比例，健全各类学校岗位设置管理制度，实现人事管理由身份管理向岗位管理转变。深化教师职称制度改革，统一义务教育阶段教师职称序列，在小学设置副高级教师职称，在普通中学、职业学校设置正高级教师职称，单独设置职业院校教师职称评审系列。以结对帮扶为主要形式，健全县域内教师交流制度和优秀教师到薄弱学校轮岗制度。

2. 西藏自治区民族教育发展新政策

"十一五"时期，西藏自治区教育事业取得了新进展。2007年，如期完成"两基"攻坚任务。2009年，全区所有县（市、区）通过自治区"两基"评估验收，人口覆盖率达到100%。2010年年底，全区共有小学872所，教学点688个，小学在校生299408人，小学适龄儿童入学率达到99.2%；初中93所，在校生138992人，初中毛入学率达到98.2%。青壮年文盲率下降到1.2%。截至2010年年底，全区有高级中学29所（含完全中学9所），在校生40728人，高中阶段毛入学率达到60.1%。学前教育和特殊教育得到进一步重视和发展，学前在园幼儿23414人，毛入园率24.5%。全区15周岁以上人口人均受教育年限达到7.3年，人民受教育权利得到保障，受教育程度得到较大提高。职业教育快速发展，具有西藏特色的学历教育与职业培训并举的现代职业教育体系初步建立。2010年，全区6所中等职业学校校舍总面积达到19.5万平方米。在校生22613人，普职比达到6.43∶3.57。大力开展多种形式的职业技术培训，农村劳动力实用技术培训和职业技能培训人数每年达2.5万人。建立健全了中等职业教育免费政策和学生资助政策体系。高等教育稳步发展，已形成包括研究生教育、普通本专科教育、职业教育、远程教育和继续教育的多层次、多形式、覆盖11个学科门类的高等教育办学体系。高等学校综合实力不断增强，办学规模稳步扩大，6所普通本专科学校在校生已达31109人，高等教育毛入学率达到23.4%。建设国家级特色专业10个，教学团队2个，精品课程1门，人才培养模式创新试验区1个；自治区级特色专业20个，教学团队10个，精品课程60门。西藏大学进入国家"211"工程重点建设行列。3所本科院校顺利通过教育部本科教学工作水平评估。师资队伍不断壮大，结构进一步优化。2010年，全区教育系统正式教职工43715人，专任教师37081人。全面实施教师资格制度。改革教师任用办法，推行教师交流制度，鼓励教师到基层学校任教，实施"师资定向农村分配计划"。

建立教育基金和优秀教师表彰制度，实施教师"十百千工程"、优秀人才培养计划、学科带头人培养计划，促进教师队伍整体水平提高。到2010年，小学、初中、高中专任教师学历合格率分别达98.42%、98.34%、95.02%，其中小学专任教师大专以上学历达到83.18%，初中专任教师本科以上学历达到75.78%；普通高等学校具有研究生学历教师比例上升至40.64%，副教授职称以上教师比例达到28.38%。

在总结经验和深入分析现状的基础上，西藏自治区制定了《西藏自治区"十二五"时期教育事业发展规划》（以下简称《西藏教育规划》）。《西藏教育规划》提出"十二五"期间西藏教育的奋斗目标：加快发展学前教育，学前教育毛入园率达到60%；巩固提高义务教育，基本实现县域内均衡发展，小学入学率达到99.5%，初中毛入学率达到99%，义务教育巩固率达到90%；高中阶段毛入学率达到80%，基本普及高中阶段教育；大力发展职业教育，完善以中职为基础、高职为龙头，区内外办学相结合的职业教育体系，内地西藏中职班在校生达到15000人，普通高中和中职学校在校生比例力争达到4∶6；积极发展高等教育，增强高等教育服务跨越式发展和长治久安的能力，高等教育毛入学率达到30%；加大双语师资培养力度，双语教师合格率达到70%；扩大内地西藏班高中招生规模，高中在校生12000人；关心支持特殊教育，集中建设特殊教育学校；新增劳动力人均受教育年限将达到12年，主要劳动年龄人口人均受教育年限达到8.9年；建设标准化寄宿制学校，办学条件进一步改善；学校党建工作、大学生思想政治工作和中小学生思想道德建设明显加强。教育发展水平整体提升。

《西藏教育规划》还提出了西藏教育2020年远景目标：基本形成以提高全民学习能力和劳动者就业能力为核心、总量供给更加充足、结构更加合理、服务功能更加健全、有"中国特色、西藏特点"的现代教育体系。学前教育毛入园率达到80%，九年义务教育巩固率达到95%，高中阶段毛入学率达到90%，高等教育毛入学率达到全国平均水平。新增劳动力人口人均受教育年限达到13年以上，主要劳动年龄人口人均受教育年限达到10.2年。教师队伍整体素质全面提高。构建学习型社会，形成学历教育和非学历教育协调发展、职业教育和普通教育相互沟通、职前教育和职后教育有效衔接的终身教育体系，基本实现教育现代化。

为了实现这些目标，《西藏教育规划》从以下九个方面进行了规划和设计。

（1）学前教育

各级政府要把发展学前教育纳入经济社会发展规划、城镇发展规划和社会主义新农村建设规划，加快发展学前双语教育。农牧区实行学前两年双语教育，城市实行学前三年双语教育，推进学前教育基本普及。多种形式扩大学前教育资源，新建扩建托幼机构。编制学前双语教育发展规划，实施农牧区学前双语幼儿园建设工程。合理布局学前教育机构，地市、县独立设置学前三年双语幼儿园；乡镇以小学为依托，建设学前两年双语中心幼儿园；充分利用中小学布局调整后的富余校舍，在原有村小学和教学点积极发展学前双语教育；高寒、边远且人口分散地区可举办流动幼儿园、季节性幼儿园等。完善幼儿园工作规程和管理办法。遵循幼儿身心发展规律，坚持科学保教方法，保障幼儿快乐健康成长。制定学前教育办园标准和督导制度，加强学前教育管理，规范办园行为。加强幼儿教师队伍建设。将农牧区学前双语教育纳入公共财政保障体系，建立经费保障机制。对接受学前教育的农牧民子女实行补助政策。

（2）义务教育

高标准普及九年义务教育和扫除青壮年文盲，仍是今后一个时期西藏教育事业发展的主要任务。继续把义务教育摆在重要战略地位，全面推进义务教育普及、巩固和提高。制定寄宿制学校建设规划，推进义务教育阶段学校标准化建设，全面消除中小学危房。合理调整学校布局，实行适度集中办学，提高农牧区和偏远地区集中办学程度。积极推进义务教育均衡发展，建立健全义务教育均衡发展保障机制，均衡配置教师队伍、教学仪器设备、图书资料、远程教育等各项教育资源，在财政拨款、学校建设、教师配置等方面重点向农牧区倾斜，缩小城乡差距。加快薄弱学校改造，着力提高师资水平，切实缩小校际差距，解决城镇学校择校、大班额和学生课业负担过重问题。建立自治区义务教育质量基本标准和监测制度。深化教学改革，规范教育教学管理，严格执行义务教育课程标准，配齐音乐、体育、美术等薄弱学科教师，开齐开足规定课程。切实加强双语教学，提高义务教育质量。科学安排学生的学习、生活，保证学生睡眠时间，坚持开展每天一小时阳光体育艺术活动。实行合理膳食，改善学生营养状况，提高农牧区学生营养水平。在规模较大的学校配备医务室和医务人员。加强农牧区中小学教师周转房建设，改善教师居住条件。加大《义务教育法》和《未成年人保护法》的宣传和执行力度，杜绝义务教育阶段适龄儿童少年入寺当僧尼，确保每一个学生都能接受完整的义务教育，促进德智体美全面发展。

（3）高中阶段教育

加快高中阶段教育资源建设，最大限度地解决好初中毕业生升学问题。根据经济社会发展需要，统筹规划、合理确定普通高中和中等职业学校招生比例，今后一个时期普通高中和中等职业学校在校生比例力争达到在4∶6，促进高中阶段教育科学协调发展。注重学校内涵发展，推进办学模式多样化，鼓励高中阶段学校办出特色。在推进发展、扩大规模的同时，努力提高教育质量和办学效益。支持普通高中建设，改善办学条件，扩大优质教育资源。对农牧民子女实行"三包"政策。深入推进课程改革，全面落实课程方案，保证学生全面完成国家规定课程的学习，全面提高普通高中学生综合素质，促进学生全面而有个性的发展。建立科学的教育质量评价体系，实施高中学业水平考试和综合素质评价。

（4）职业教育

适应经济发展方式转变和结构调整要求，面向新兴产业和现代服务业加强专业建设，推动职业教育继续扩大规模、调整结构，加快职业教育特别是中等职业教育发展。加大职业技术培训力度，年培训城乡劳动者保持在3万人次以上。加强职业教育基础能力建设，推进中等职业学校标准化建设，满足职业教育规模发展和质量提高的需求。要把提高质量作为职业教育的工作重点。进一步深化教育教学改革，加强职业道德教育，加强学生实践能力和职业技能的培养，培养学生掌握必要的文化知识和熟练的职业技能。开展委托培养、定向培养、订单培养，开展工学结合、弹性学制、模块化教学等改革试点。继续实施教师素质提高计划，大力推进"双师型"教师队伍建设，完善培养培训体系，加强专业带头人和骨干教师培养。聘请有实践经验的行业专家、企业工程技术人员和社会能工巧匠担任兼职教师。在内地较发达省市 60 所国家示范或国家重点中等职业学校举办内地西藏中职班。依托内地有关省市所属院校和国有大型企业共建西藏"双师型"教师培养培训基地。强化地市、县级政府统筹职业教育发展的责任，加快发展面向农村的职业教育，加强县级职教中心建设，建立覆盖城乡的职业教育与培训网络。建立健全职业教育课程衔接体系，完善职业学校毕业生直接升学制度，拓宽毕业生继续学习通道。进一步完善职业学校招生、学籍、教学、资助、就业等管理制度。加强对职业教育的督导评估，建立健全职业教育质量保障体系，推动职业教育管理上水平。实行中等职业教育免费制度，实行农牧民家庭学生"三包"政策，增强职业教育吸引力。

（5）高等教育

全面实施"自治区高等学校教学质量与教学改革工程"，提高人才培养质量，增强学生就业创业能力。实施西藏高端人才培养计划，"十二五"期间培养高端人才 250 人、高水平人才 500 人。创立高校与科研院所、行业企业联合培养人才新机制，支持区内高校与内地高校、企业、科研院所、医疗卫生和科技推广机构等单位联合办学，培养应用型、复合型、技术型人才。支持高校创新体系建设，加大对重点科研基地、创新团队、科技创新平台建设的投入力度，加大对重要领域、重点学科、特色专业、重大项目的支持。建设高校科技园区，促进高校科研成果转化，努力提升高校科技服务社会能力。加强哲学社会科学教学、研究和基地建设，促进哲学社会科学繁荣发展。扩大西藏高校对内地招生规模，年招生达到 3000人；扩大内地高校在西藏招生规模，年招生达到 3500—4000 人。积极发展研究生教育，区内高校在校研究生 2015 年达到 2000 人，2020 年达到 4000人。调整优化高等教育学校学科专业机构，加快特色、优势学科和重点实验室建设，"十二五"重点建设 20 个特色学科、20 个重点实验室、100 个教学实验室、10 个科研平台，实现国家重点学科、博士学位授权单位的突破。加大对高等学校基础建设支持力度，改善办学条件，完善基础设施。发挥政策指导和资源配置的作用，引导高校合理定位，形成各自的办学理念和办学思路，提升内涵，办出特色。把西藏大学办成特色突出、西部先进、国际知名的综合性大学。继续推进西藏民族学院进入中西部重点建设地方高等学校行列。支持西藏藏医学院创新藏医药人才培养，力争使其达到国内先进水平。加强西藏职业技术学院、拉萨师范高等专科学校、西藏警官高等专科学校建设，提升高等学校自主创新能力和整体水平。认真实施"国家示范性高等职业学院"建设计划，继续对西藏职业技术学院给予重点支持。

（6）继续教育

加快各类学习型组织建设，促进学历继续教育、非学历继续教育、社区教育协调发展。大力发展教育培训服务，扩大继续教育资源。鼓励学校、科研院所、企事业等相关组织开展继续教育。加强城乡社区教育机构和网络建设，开发社区教育资源，促进学校教育、家庭教育和社会教育的有机结合。大力发展现代远程教育，建设以卫星、广播电视和互联网等为载体的远程开放继续教育及公共服务平台，为学习者提供方便、灵活、个性化的学习条件。促进各级各类教育开放办学，为学习者提供更多选择机会，满足个人多样化的学习和发展需要。改革和完善高等教育自学考试制度和成人考试制度。继续抓好扫盲教育。高度重视、积极推进国家通用语言文字普及工作。

（7）特殊教育

完善特殊教育体系，集中建设特殊教育学校。各级各类学校要接受残疾人入学，积极推进随班就读，提高残疾儿童少年义务教育普及水平，到2015年，残疾儿童少年入学率达到80%。重视残疾人职业教育。特殊教育学校生均公用经费和生均拨款标准应高于普通学校。研究开发适合残疾儿童少年实际的课程资源。加强特殊教育信息化建设，创新特殊教育手段。加强特殊教育教师专业培养培训，提高教师队伍素质。落实并提高特殊教育津贴，提高教师待遇。

（8）内地西藏班办学

积极推进内地办学布局、结构的调整和改革，适度扩大高中办学规模，提高教育教学质量，使内地办学规模、层次和结构更加适应西藏人才培养需要。进一步加大内地西藏班投入力度，进一步改善办学条件，提高内地西藏班办班经费补助标准。调整办学结构和学制，初中学制3年；高中年招生3000人，学制4年；增加散插班计划，积极推广混合编班和插班学习。从2010年起，在东中部地区举办内地西藏中职班，招生3000人，并逐年扩大招生规模，达到年招生5000人，加大技能型人才培养力度。建立完善内地西藏班（校）教育督导制度和教育教学质量监测评估制度。加强德育骨干教师培训，加强派出教师管理与考核。进一步加强内地西藏班思想政治教育、民族团结教育和法制教育，把内地西藏班办成坚决维护祖国统一、增强民族团结、促进西藏发展的坚强阵地。

（9）教师队伍建设

加强干部、教师、职工三支队伍建设，教师培养、培训、引进紧密结合。更加注重师德建设，更加注重教师教育观念更新，更加注重教师教育能力提升，更加注重教师队伍结构优化，更加注重教师队伍稳定，更加注重管理水平提高。严格教师资格准入制度和教师补充机制，严把教师入口关。强化教师思想政治建设和职业道德教育，严格教师管理，规范行为，端正教风。建立师德档案，加强师德师风考核，在职称评审、考核评优中实行师德师风一票否决制。将政治可靠作为选聘教师的首要标准，坚决将政治立场不坚定、师德师风败坏的人清除出教师队伍。将思想政治素质、品德修养和教书育人的工作实绩，作为教师考核评价的主要内容和重要依据。

完善教师培养培训体系和制度，做好培养培训规划，推行中小学教师全员培训，优化队伍结构，提高教师专业水平和教学能力。建设自治区教师培训中心和七地（市）教师培训基地，在区外高校建立骨干教师培训基地。实施中小学和学前双语教师全员培训。地（市）、县负责常规培训，自治区负责重点培训，内地教师培训基地负责骨干教师和学科带头人培训。重视和加强校本培训，着力提高教师的教育教学能力和信息技术应用能力。以农村教师为重点，提高中小学教师队伍整体素质。

加强中小学校长队伍建设，加大校长队伍培训力度，改革中小学校长选拔方式，建立校长资格准任制度，完善校长任职资格条件和专业标准。推行校长职级制，制定校长队伍管理制度，促进校长专业发展和合理流动。以"双师型"教师为重点，加强职业院校教师队伍建设。扩大"双师型"教师比例，注重专兼结合的专业教育团队建设，进一步完善兼职教师的聘用制度和管理办法。以中青年教师和创新团队为重点，建设高素质的高校教师队伍。大力提高高校教师教学水平、科研创新和社会服务能力，形成高水平教学和科研创新团队。创新人事管理和薪酬分配方式，引导教师潜心教学科研，鼓励中青年优秀教师脱颖而出。实施高端人才培养引进工程。不断改善教师的工作、学习和生活条件，提高教师地位和待遇，吸引优秀人才长期从教、终身从教。

设立农牧区基层学校中小学校长、班主任和教师岗位津贴，对条件艰苦特别是高寒偏远地区学校给予政策倾斜。对长期在农村基层和艰苦边远地区工作的教师，在工资、职称等方面实行倾斜政策。完善学费代偿机制，鼓励师范院校优秀毕业生到农牧区学校任教。加大农牧区学校教师周转房建设力度。健全教师管理制度，加强教师队伍管理。建立统一的中小学教师专业技术职务系列，在中小学设置正高级教师专业技术职务。探索在职业学校设置正高级教师专业技术职务。完善中小学教师资格考试和资格认定制度。加强教师编制管理，制定和完善幼儿园、中小学和中职学校教职工编制标准。创新基层教师补充机制。积极推进师范生免费教育，制定更加优惠政策，吸引更多优秀人才从教。加强学校岗位管理，完善激励机制，激发教师积极性和创造性。建立健全县、乡（镇）、村教师定期轮换制度，合理设置岗位，促进教师合理流动，优化城乡学校教师队伍结构。

3. 青海省民族教育发展的新政策

"十一五"期间，青海民族教育实现历史性突破。到 2010 年年底，全省各级各类民族学校 1170 所，在校生 56.06 万人，少数民族在校生总数比 2005 年增加 10.97 万人。全省民族自治州、县学龄儿童和少年入学率分别达到 99.38%、97.02%。办学条件得到较大改善，新建、改扩建了一批"硬件达标、管理规范、质量合格"的适合农牧区教育发展的寄宿制学校。

2011 年，青海省制定了《青海省"十二五"教育改革和发展规划》，提出了"十二五"期间民族教育的奋斗目标：认真贯彻落实中共中央、国务院《关于加快四川云南甘肃青海省藏区经济社会发展的意见》、国务院《关于加快青海等省藏区经济社会发展的若干意见》精神，抓住国家支持藏区社会事业发展的重大机遇，全力推进藏区学前幼儿教育发展；加强民族文字教材建设，进一步提高"配套建设、同步供书"水平，满足少数民族教育教学需求；转变民族教育发展方式，推进全省民族中小学校布局调整，优化教育结构；加强对外交流合作和教育对口支援工作，不断拓宽扶持民族教育发展渠道；继续实施"少数民族高层次骨干人才计划"。按照坚持原则，依法有序；因地制宜，稳步推进；遵循规律，尊重意愿；积极引导，创造条件的基本原则，在学好本民族语言文字的同时，加强国家通用语言文字教学，扎实推进双语教育工作，做到"双加强、双改革"，积极开展双语教学，为培养双语兼通人才打好基础，全面提高民族教育质量。

一是加强双语教材建设和资源开发。按照教育统筹发展的要求，建立双语教材体系，编译包括学前教育、九年义务教育、高中阶段教育在内的所有国家课程和地方课程的教材，重点围绕学科资源、双语资源、民族特色专题资源的开发，建成拥有一定数量和规模的双语教学资源库，为广大民族学生提供优质教学资源。支持民族地区发展远程教育，扩大优质教育资源覆盖面。"十二五"期间共编译民族文字教材 628 种。

二是依托青海师范大学，建设双语教师培养培训基地，在双语专业、课程与教材建设、教育教学研究、教师队伍等方面发挥引领作用，使基地成为五省（区）藏区藏汉双语师资的培养培训中心。依托现有资源广泛开展双语师资培训工作，以青南藏区为重点，实施双语教师培训计划，实行定期轮训制度，提高义务教育师资队伍素质和双语教学能力。"十二五"期间，共培训"双语"骨干教师累计达到 5000 人次。

三是加快高校"大预科"建设步伐。按照规模化、规范化的"大预科"思路，整合全省三所高校预科教育资源，把青海民族大学预科部建设成五省（区）藏区双语预科教育基地，进一步扩大办学规模，提高办学效益。

四是大力发展学前教育，早期过好汉语言关，推动民族地区标准化双语幼儿园建设进程。通过对口支援省、市援建等形式，建设一批具有示范、辐射带动作用的双语幼儿园。

4. 黑龙江省民族教育发展的新政策

《黑龙江省教育事业发展"十二五"规划》指出："十二五"期间要建立符合省情、保障民族教育优先发展的民族教育体制和运行机制；逐步完善规模适当、布局合理、结构优化、质量较高、协调发展的民族教育体系。到2015年，基本普及学前三年教育，所有少数民族义务教育学校完成标准化建设，少数民族高等教育毛入学率不低于全省平均水平。

一是促进各级各类民族教育协调发展。着力办好中心城市和民族地区单独设立的少数民族幼儿园和民族学校学前班；公共教育资源优先向人口较少民族和双语教学民族学校倾斜，加快民族学校标准化建设进程，大力推进各世居少数民族义务教育均衡发展；各市（地）政府（行署）要加大统筹力度，合理规划调整民族高中布局，加强薄弱民族高中建设，办好省、市两级示范性民族高中；大力支持民族职业高中发展，深化民族高中综合办学模式改革，提高少数民族高中阶段学生接受职业教育比例；办好黑龙江民族职业学院，适当扩大民族预科招生规模，招生范围扩大到省内所有少数民族。

二是加强少数民族"双语教学"工作。尊重和保障少数民族使用本民族语言文字接受教育的权利。坚持从实际出发，因民族、因地制宜的原则，深化双语课程教学改革，积极推进少数民族民族语文教学改革，探索实施少数民族汉语水平等级考试 MHK（简称"民族汉考"）改革，全面提高双语教学质量；加大对"双语教学研究"、课程教材建设的支持力度。优先支持民族地区发展现代远程教育，为民族学校提供丰富课程资源，扩大优质教育覆盖面。

三是加强双语师资队伍建设。加大与吉林省、内蒙古自治区对换招收培养师范生规模，加大省内定向培养民族教师工作力度，着力培养"回得来，留得住"的双语师资力量；实施双语教师队伍培训计划，2015年完成民族中小学双语教师和校长全员培训；有计划地安排民族中小学校长、教师到对口帮扶单位和内地优质学校挂职锻炼；"特岗教师计划"和"支教大学生计划"向民族学校倾斜，制定特殊政策吸引优秀大学生到民族学校工作。

四是加强民族团结教育和民族教育对口支援工作。贯彻落实国家《学校民族团结教育指导纲要（试行）》，逐步将民族团结教育内容纳入全省中小学考查、考试评价内容。落实援疆援藏教育规划项目和新疆班扩招任务。全面启动民族文化教育基地建设，到2015年完成30个基地建设任务。坚持继承民族文化与扩大开放交流相结合，坚持突出民族特色，继承和发扬本民族传统文化，学习传播中华各民族文化。

5. 内蒙古自治区民族教育发展的新政策

"十一五"期间，内蒙古自治区民族教育得到优先发展，民族教育体系更加完善。到2009年，全区民族幼儿园148所，在园人数4.11万人；民族小学、初中、高中和职业高中学校分别达到382所、159所、51所和18所，在校生分别为18.01万人、8.93万人、6.75万人和1.56万人；各类中小学少数民族学生72.77万人，其中蒙古族64.74万人；民族中小学蒙古语授课（含加授）学生22.97万人。全区民族中小学、幼儿园教师3.81万人，其中蒙古语授课教师2.58万人。33所普通高校开设了蒙古语授课专业和少数民族预科教育，少数民族在校学生近10万人，其中蒙古族8.73万人；少数民族在学研究生4158人，其中蒙古族3703人；高等学校少数民族教师6265人。

《内蒙古自治区教育事业"十二五"发展规划》指出，"十二五"期间，要继续贯彻优先发展方针，全面提高民族教育发展水平。在研究制定各类教育事业规划、组织实施各项教育工程中，优先安排民族教育项目，确保民族教育在与全区各类教育同质同步发展的基础上，适度超前发展。坚持推行"两主一公"办学模式，逐步提高民族学校助学金标准，改善民族学校寄宿条件，提高民族学校公用经费保障水平。公共教育资源向民族教育倾斜，自治区及各盟市财政设立民族教育专项补助资金，并随着财力的提高逐步增加。切实研究解决民族教育事业发展所面临的特殊困难和突出问题。大力提高民族教育办学水平。积极发展民族学前教育，全面提升义务教育阶段民族教育质量，高标准普及蒙古语授课高中阶段教育，支持民族中等职业教育的特色化建设，增强民族高等教育内涵发展能力。全面加强双语教育工作。积极推进少数民族语文和汉语文授课的双语教学，尊重和保障少数民族使用本民族语言文字接受教育的权利，大力推广国家通用语言文字。重视双语教师的培养培训。加大蒙古语言文字教材建设和现代远程教育资源的开发建设力度。组织开展民族教育领域内的教学研究、协作交流、对外开放和特色学校建设活动。推行"中国少数民族汉语水平等级考试"，启动并推行"自治区蒙古语文应用水平等级考试"工作。推进少数民族高层次人才培养。积极争取国家部属高校和内地高校为自治区增加少数民族预科班和民族班招生计划，扩大招收接受双语教学的高中毕业生比例。区内高校在办好招收蒙古语授课为主高中毕业生的民族预科班和民族班的同时，努力办好招收鄂伦春、鄂温克、达斡尔、俄罗斯族考生的民族预科班。继续推行并完善蒙古语授课高中毕业生考入区内高校减免学费的相关政策。认真组织实施国家少数民族高层次骨干人才培养计划。加快民族教育立法进程。研究制定《内蒙古自治区民族教育条例》和《〈内蒙古自治区蒙古语言文字工作条例〉实施细则》，依法保障、民族教育的改革创新与协调发展。

三、民族高层次人才培养成效显著

（一）民族高层次人才在民族地区社会发展中发挥重要作用

高层次人才是一个高度抽象的概念，目前尚未形成一个统一的定义。各个领域对高层次人才的认识和定义也没有形成统一的标准，大多从学历、职称、技能等级、岗位的关键性和重要性等角度来确定高层次人才的标准。纵观各个领域和各位学者关于高层次人才的界定，我们认为高层次人才是指在某一时间和空间范围内，在人才队伍各个领域中知识层次比较高、专业能力和创新能力比较强、社会贡献比较大、影响范围比较广，并正在发挥引领和带头作用的优秀人才。高层次人次应该具备创新性、示范性和引领性等特征。

我们的定义和国家职能部门的定义有某些相似处。少数民族高层次人才指民族地域某一行业领域中知识层次比较高、专业能力和创新能力比较强、社会贡献比较大、影响范围比较广、能够发挥引领和带头作用，拥护党的领导和社会主义制度、维护民族团结和国家统一、为民族地区或国家的发展乐于奉献、具有较高科学人文素质，起关键作用的特色民族人才①。少数民族高层次人才不仅具备高层次人才的特征，而且还应该具备民族特征和地域特征。

少数民族地区战略位置重要，资源丰富，发展空间大，关涉我国社会稳定和和谐发展的大局，需要大量的高层次人才施展才能、开发资源去促进少数民族地区经济社会的发展。然而，由于自然条件等方面的原因，人才匮乏尤其是高层次人才稀缺成为阻碍少数民族地区经济社会发展的最大障碍。以西部地区为例，我国西部 12 个省、自治区、直辖市，面积 685 万平方公里，占全国总面积的 71.4%；2001 年，人口 3.64 亿人，占全国人口的 28.6%；国内生产总值 18245 亿元，占全国生产总值的 17.1%。西部地区与周边 14 个国家接壤，陆地边境线占全国的 85% 左右。我国 55 个少数民族中，有 50 个主要分布在西部地区，占全国少数民族人口的 75% 左右；全国 5 个民族自治区、30 个自治州、120 个自治县的 80% 都在西部地区。西部地区战略位置重要，资源丰富，发展潜力大。同时由于地域辽阔，自然环境恶劣，基础建设薄弱，经济发展相对落后，各民族群众的生活还比较困难，地区之间、民族之间存在着较大差距，仅仅依靠西部地区的力量和积极性难以实现"建设一个经济繁荣、社会进步、生活安定、民族团结、山河秀丽的西部地区"的战略目标。20 世纪 90 年代，党和国家

① 参阅：《教育部　国家发展改革委　国家民委　财政部　人事部关于大力培养少数民族高层次骨干人才的意见》[Z]（教民［2004］5 号）；《教育部等五部委关于印发〈培养少数民族高层次骨干人才计划的实施方案〉的通知》[Z]（教民［2005］11 号）.

为加快西部和少数民族地区的发展，根据邓小平同志关于我国现代化建设"两个大局"的战略构想，确定实施西部大开发战略。《国民经济和社会发展第十个五年计划纲要》强调指出，"加大支持力度，加快少数民族和民族地区经济与社会全面发展，重点支持……民族教育和民族文化事业的发展"。西部大开发战略的顺利实施，从根本上说取决于西部地区教育和科技的发展，归根结底是各类专门人才的培养。加快培养少数民族高层次骨干人才，不仅是一项紧迫的现实任务，也是一项长期的战略任务。

大力培养少数民族高层次骨干人才是贯彻党的民族政策、增强民族团结、维护祖国统一的现实需要。我国是多民族的社会主义国家，各民族共同团结奋斗、共同繁荣发展，是 21 世纪新阶段民族工作的主题，是我们党正确处理民族问题，大力发展平等、团结、互助的社会主义民族关系的行动指南。"冷战"结束以后，世界上不少国家由于陷入民族纷争，最终导致国家分裂，人民蒙受苦难，这一惨痛的教训，我们应深深思考，引以为鉴。当前，国际敌对势力利用民族问题、宗教问题，利用境内外民族分裂势力，对我国进行渗透颠覆，妄图实现其"西化"、"分化"我国的政治图谋；同时，他们又处心积虑，在境外大肆招揽国内各少数民族青年学生，进行高学历培养，以培植分裂势力，妄图与我争夺下一代，少数民族人才培养问题已在一定程度上成为一个复杂而敏感的政治问题。我们不仅要从教育的角度，更重要的是要从坚持党的领导、维护民族团结和国家统一的政治高度，充分认识培养少数民族高层次骨干人才的重要性、艰巨性和紧迫性。

大力培养少数民族高层次骨干人才是国家以科教兴国战略推进西部大开发战略的重大举措，是内地高校责无旁贷的政治任务。大力实施西部大开发战略是当前和今后相当一个时期我国经济和社会发展的战略重点。党的十六大根据新形势对加快实施西部大开发战略提出了新的要求。国家和内地用于支持西部地区经济、社会发展的资金和重大建设项目的投入力度不断加大。要使西部大开发战略得到顺利实施，达到预期目标，除了财力、物力的投入外，关键在于人才和智力的支撑。新中国成立以来特别是改革开放以来，我国整个民族教育事业和西部地区的教育得到了较快发展，取得了很大成就，奠定了进一步发展的良好基础。但是，由于众所周知的原因，少数民族和西部地区教育质量较低，现有人才的层次、结构不合理，特别是高层次人才的培养能力十分有限；而且在市场经济以及利益机制的影响下，民族地区素质较高的优秀人才不断向沿海和经济发展水平较高的内地流失，处于优秀人才入不敷出，培养难以为继的状况。总体上说，少数民族和西部地区教育发展程度和人才存量状况，很不适应西部大开发和全面建设小康社会的迫切需要。因此，根据党的十六大和党中央关于加快实施西部大开发战略的精神，以及《国务院关于深化改革加快发展民族教育的决定》要求，结合少数民族和西部地区人才现状和人才需求的实际，通盘规划民族教育事业的改革和发展。要大力加快"两基"步伐，积极推进"三教统筹"和"农（牧）科教"结合，不断增强教育为"三农"服务的功能，改革和发展少数民族地区职业教育和高等教育，大力培养适应当地需要的各类建设人才。同时迫切需要依托内地高校和科研院（所）的硕士、博士点等优质教育资源培养一大批少数民族的高层次骨干人才。

《国家中长期教育改革和发展规划纲要（2010—2020年）》指出："加快民族教育事业发展，对于推动少数民族和民族地区经济社会发展，促进各民族共同团结奋斗、共同繁荣发展，具有重大而深远的意义。"重视民族教育人才的培养是促进民族教育发展的有效途径。新中国成立以来，党中央、国务院十分关心和重视少数民族人才的培养和使用工作，采取一系列特殊措施培养了一大批少数民族党政干部和各类专业人才。特别是党的十一届三中全会以来，国家在大力扶持少数民族地区发展教育事业的同时，加大了为少数民族地区培养各类人才的工作力度。从20世纪80年代开始，在全国部分重点高校和有关省、自治区的高校开办高校民族班、预科班，从1984年起在内地举办西藏班（校），1987年起举办内地高校新疆民族班、预科班，从2000年起举办内地新疆高中班等，这些特殊的政策和措施极大地促进了少数民族地区的经济发展、社会进步，增进了各民族的大团结和凝聚力，保障了国家安全和边防巩固，体现了我国社会主义制度的优越性，在国内外产生了广泛而深远的影响。但由于社会、历史、自然等原因，与沿海和内地发达地区相比，少数民族地区的社会经济、科技教育和文化等各项事业的发展还有较大的差距，社会发展仍然比较缓慢，生产力发展水平还比较低，劳动者素质亟待提高，特别是博士、硕士毕业的高层次骨干人才严重匮乏，是制约当地经济建设和社会发展的重要因素。据有关资料统计，西部地区各类专业人才仅占全国总量的20.4%，高级专业技术人才只占13.6%，两院院士仅占8.3%，特别是少数民族院士更是凤毛麟角；少数民族地区专业技术人员中，工程技术人员和科学研究人员仅占15.4%和8.8%。少数民族人才尤其是高层次人才严重不足制约着少数民族各项事业的进一步发展。因此，采取特殊措施大力培养少数民族高层次骨干人才已成为关乎我国各民族共同繁荣发展、维护国家长远稳定统一的一项迫切的政治任务。为加强少数民族高层次骨干人才的培养，教育部、国家发改委、国家民委、财政部、人事部五部委2004年联合印发了《关于大力培养少数民族高层次骨干人才的意见》。2005年，五部委又联合印发了《培养少数民族高层次骨干人才计划的实施方案》。2006年开始实施，当年招生计划2500人，目前招生规模已扩大至5000人，其中硕士4000人、博士1000人。计划主要安排在清华大学、北京大学等国家重点大学和研究生培养单位，面向西部12省区直辖市和新疆生产建设兵团，兼顾享受西部政策待遇的民族自治地方和需要特别支持的少数民族散杂居地区及内地西藏班、新疆班、民族院校、高校少数民族预科培养基地的教师和管理人才，采取公开招考、适当降分、统一划线的政策单独录取。学生毕业后按照定向培养协议，全部回定向地区（单位）就业。此计划的实施，将为民族地区培养大批高层次人才，对于民族地区在21世纪的可持续发展具有基础性作用和重大意义。至2013年，"少数民族高层次骨干人才计划"累计计划培养博士研究生7000人、硕士研究生28100人[①]。

《国家教育"十二五"发展规划》进一步提出，"要启动实施少数民族高端人才培养计划，继续实施少数民族高层次骨干人才培养计划。积极

---

① 数据来源于历年（2006—2013）"民族骨干人才计划"各省（区、市）名额分配表统计结果。

支持民族地区高等学校和民族院校特色专业建设，培养民族地区留得住、用得上的各类人才"。《少数民族事业"十二五"规划》中就民族高等教育如何培养高级专门人才提出了一些重要的规划性意见：加强民族院校和民族地区高校建设；推进学科专业调整和课程改革，重点加强应用型学科、特色学科建设；加大民族医药人才、民族文化人才及双语师资等民族地区急需人才的培养力度；继续办好高校少数民族预科班、民族班；继续实施少数民族高层次骨干人才培养计划，并逐步扩大办学规模；加强民族地区科技基础设施和科技人才队伍建设。

（二）少数民族研究生数量迅速增加

21 世纪以来，在国家一系列政策的支持和鼓励下，少数民族研究生数量大幅度增加，2011 年，少数民族研究生总数为 9.36 万人，2012 年，少数民族研究生总数上升为 9.94 万人，比 2011 年增加了 0.58 万人。少数民族研究生占研究生总数的比重也在逐年上升，从 2011 年的 5.69%上升到 2012 年 5.78%，上升了 0.09 个百分点。

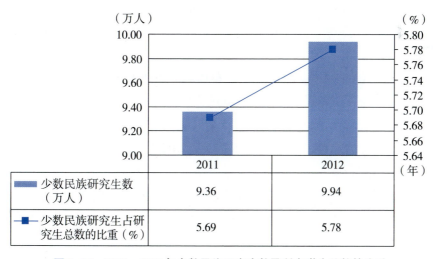

	2011	2012
■ 少数民族研究生数（万人）	9.36	9.94
■ 少数民族研究生占研究生总数的比重（%）	5.69	5.78

图 1-16　**2011—2012 年少数民族研究生数及所占学生总数的比重**

【数据来源】教育部教育统计数据 2011—2012 ［EB/OL］. http：//www. moe. goe. cn/publicfiles/business/ htmlfiles/moe/s7567/201309/56878. html.

在少数民族研究生中博士研究生的数量也呈现出快速增长的态势，2011 年少数民族博士研究生数量为 1.43 万人，2012 年增加到 1.48 万人。随着博士生总数的增加，少数民族博士研究生占博士研究生总数的比例有所下降，2011 年少数民族研究生占博士研究生总数的比例为 5.26%，2012 年下降为 5.23%。

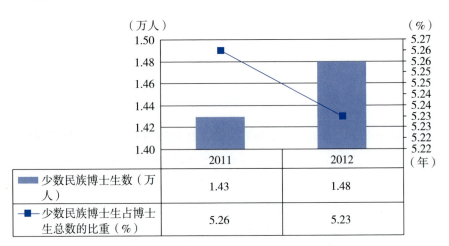

	2011	2012
■ 少数民族博士生数（万人）	1.43	1.48
■ 少数民族博士生占博士生总数的比重（%）	5.26	5.23

图 1-17　2011—2012 年少数民族博士生数及所占博士生总数的比重

【数据来源】教育部教育统计数据 2011—2012 ［EB/OL］. http：//www. moe. goe. cn/publicfiles/business/htmlfiles/moe/s7567/201309/56878. html.

与少数民族博士研究生一样，少数民族硕士研究生数量也处在不断增加状态，2011 年少数民族硕士研究数位 7.94 万人，2012 年增加到 8.46 万人，增加了 0.52 万人。少数民族硕士研究生占硕士研究生总数的比重也呈现出不断上升的态势，2011 年为 5.77%，2012 年上升到 5.89%，上升了 0.12 个百分点。

总体来说，少数民族研究生数量处在不断增加的状态，但与其他层次学生数量增加的幅度相比仍然增长较低，远不能满足少数民族经济社会发展对少数民族高层次人才的需求，亟须在政策和培养模式上面进行调整，突破体制机制的限制，加大培养规模，提升少数民族高层次人才的培养质量，真正发挥其在少数民族地区经济社会的发展的"智库"作用。

图 1-18   **2011—2012 年少数民族硕士生数及所占硕士生总数的比重**

【数据来源】教育部教育统计数据 2011—2012 ［EB/OL］. http：//www. moe. goe. cn/publicfiles/business/htmlfiles/moe/s7567/201309/56878. html.

第二章

民族高层次人才培养的历程和进展

一、民族高层次人才培养的历程

（一）创办民族院校

民族院校是国家设立的以招收少数民族学生为主的综合性普通高校，是我国高等教育体系的重要组成部分。办好民族院校，始终是我国民族工作和教育工作的重要内容。民族院校是培养少数民族高素质人才的重要基地，是研究我国民族理论和民族政策的重要基地，是传承和弘扬各民族优秀文化的重要基地，是展示我国民族政策和对外交往的重要窗口。长期以来，民族院校为少数民族和民族地区经济社会发展，为实现各民族共同团结奋斗和共同繁荣发展做出了重要贡献。

回顾既往，我国民族高等教育的历史可以追溯到光绪年间（1908 年）满蒙高等学堂的创建，但是，民族院校作为一种具有中国特色的民族高等教育形式，则为中国共产党的创举。

1937 年抗日战争爆发，日本侵略者妄图分裂中华民族，中国共产党号召全国人民建立抗日民族统一战线，全国各族有志青年纷纷奔向革命圣地

延安。出于培养各民族干部以实现党的民族平等和民族团结的民族政策和
抗日民族统一战线的需要，1941 年春，中共中央在陕北公学设民族部。
1941 年 9 月，又在陕北公学民族部基础上成立延安民族学院。

延安民族学院是中国共产党人创办的第一所少数民族干部学校，与历
史上以往民族教育机构一样，该校以少数民族学生（学员）为主要培养对
象，但是又显示出截然不同的特点。例如，该校根据抗战需要来办学，以
培养少数民族干部、建立全民族的抗日统一战线为办学宗旨，以 "教育要
为革命需要服务，与生产劳动相结合" 为教育方针，在教育方式上注重理
论联系实际，强调学生自主学习和相互研讨相结合等。通过延续 8 年的办
学，延安民族学院培养了近千名少数民族干部，为抗日战争、解放战争的
胜利输送了一批优秀的干部人才，为新中国的诞生做出了重要贡献。延安
民族学院的实践与发展，为新中国的民族高等教育形式留下了可资后人借
鉴的榜样和经验。

新中国成立初期，全国约 4.5 亿人口，其中少数民族人口 3000 余万。
由于历史和现实、自然条件和生产方式等多方面因素制约，各少数民族和
民族地区经济和社会发展水平整体偏低，文化教育发展滞后，迫切需要进
行社会和政治改革，实现民族平等，建立社会主义新型生产关系和民族关
系，解放和发展生产力。在此背景下，贯彻中国共产党的民族政策，做好
民族工作，培养一大批具有较高政治觉悟、政策水平和文化水平的少数民
族干部已成为当务之急。1949 年 11 月，毛泽东在给彭德怀和西北局的指
示中提出："要彻底解决民族问题，完全孤立反动派，没有大批从少数民
族出身的共产主义干部是不可能的。"[1] 1950 年 6 月在中国共产党七届三中
全会上，毛泽东结合当时的社会形势又指出："没有少数民族自己的干部，
就不能进行任何群众性的改革工作。"[2] 为落实毛泽东同志的指示精神，
1950 年 8 月，中央在甘肃兰州成立了新中国第一所为少数民族培养干部和
专业人才的高等学府——西北民族学院。当时，已有的少数民族人才培养

---

① 杨胜才. 中国民族院校特色研究 [M]. 北京：民族出版社，2007：71.
② 金炳镐. 民族纲领政策选编：第二编 [M]. 北京：中央民族大学出版社，2006：421.

规模远远无法满足革命和建设事业发展的需要，在 1950 年 11 月周恩来同志主持的政务院第 60 次会议上，颁布了《培养少数民族干部试行方案》和《筹办中央民族学院试行方案》。在《培养少数民族干部试行方案》中指出："为了国家建设、民族区域自治与实现共同纲领、民族政策的需要，从中央至有关省县，应根据新民主主义的方针，普遍而大量地培养少数民族干部。"[①] 民族院校的办学方针是以"培养普通政治干部为主，迫切需要的专业和技术干部为辅"。主要任务一是"为国内各少数民族实行区域自治以及发展政治、经济、文化建设培养高级和中级干部"，二是"研究中国少数民族问题以及各少数民族的语言文字、历史文化、社会经济，发扬并介绍各民族的优良历史文化"[②]。1950 年至 1952 年，我国共建立了 7 所民族院校，它们分别是：西北民族学院、贵州民族学院、中央民族学院、西南民族学院、云南民族学院、中南民族学院和广西民族学院。

从诞生之日起，民族学院就承担起培养各民族党政干部和专业人才、研究民族问题的基本任务。经过一段时间的发展，新中国民族院校初步形成以干部培训为主、以预科（文化班）和本专科教育为辅的三种层次的形式相结合的办学格局，建成一支包括一批著名专家、学者在内的具有自己特色和优势的教学科研队伍，形成了有各自特色的办学理念、办学原则、办学结构和管理模式。在短短几年内，向少数民族和民族地区培养、输送了 2.5 万余名少数民族人才，有效地支持了当地社会改革和经济、文化等方面的建设和发展，支持了党和国家民族工作的顺利推进。

1956 年，我国开始转入全面建设社会主义时期，并提出建设伟大的社会主义工业化国家的战略目标，党和国家的工作重点及时转移到技术革命和社会主义建设上来。1956 年 6 月，教育部召开了第二次全国民族教育工作会议，会议指出，民族院校作为培养少数民族人才的专门学校，以往的办学方针、培养目标、办学形式已很不适应形势发展的需要。随着形势的不断发展，教育部和国家民委于 1955 年、1958 年、1960 年、

---

① 吴仕民. 中国民族教育［M］. 北京：长城出版社，2000：423.
② 宗群. 回顾与展望：从延安民族学院到中央民族大学［J］. 民族教育研究，1994（2）.

1964 年召开了四次民族学院院长会议，总结民族院校办学经验，研究民族院校的办校方针、任务、教学、管理等问题。在一段时期内，民族院校在各方面都有了较大提升，办学质量也有显著提高，有力地促进了民族院校朝着正规化、专业化的方向发展。1956 年之后，分别成立了青海民族学院、广东民族学院（1998 年更名广东职业技术师范学院，2002年更名为广东技术师范学院）、西藏民族学院，到 1965 年，我国民族院校已增至 10 所。

1949 年至 1965 年期间，民族院校发展取得显著成绩，是民族院校从干部培训学校向正规的高等教育转轨并取得初步发展的重要时期。办学方针得到调整，从培养政治干部为主发展为在相当长的阶段以培养政治干部为主，同时培养专业人才；民族院校的办学层次、数量和质量已具相当规模，学科专业建设进入了起步阶段；从过去的推荐选拔招生制度转向参加全国高等院校统一高考招生制度；规范和完善了干训部和预科部等面向少数民族和民族地区的特殊教育。但是，受当时政治气候的影响，民族院校的发展也受到一些不利的影响和制约。1958 年后，由于受"左"倾思想的影响，不顾民族特点和民族形势，刮起了一股民族融合风，取消了民族语文教学和国家对民族学校在经费上的照顾，包括民族学生的公费待遇等，民族教育发展速度延缓，挫伤了少数民族学生学习积极性，政治上给民族团结带来负面影响。

"文革"十年，我国民族高等教育事业遭到严重破坏。受"极左"政策的影响，刚刚创立的民族院校人才培养机制毁于一旦，专业设置处于不正常的变动状态，民族院校的建设几近停滞，整个民族院校人才培养处于严重受挫时期。全国原有的 10 所民族院校仅剩下中央民族学院和广西民族学院两所，其余的民族院校不是被解散就是被合并掉了。

"文革"结束后，邓小平同志立即着手在教育领域开展拨乱反正工作，全力整顿和恢复教育工作秩序。1979 年，国家民委和教育部联合颁布了《关于民族学院工作的基本总结和今后方针任务的报告》（以下简称《报告》），总结了民族学院 20 多年的办学经验，很多正确的方针政策被重新确认。《报告》认为我国民族学院的性质和特点是："民族学院是培养少数民族政治干部和专业技术干部的社会主义新型大学。它既有培训政治干部的部分，又有培养各种专业技术人才的系、科。"民族学院在新时期的办学方针是："我国进入了新的历史时期，各民族学院必须把工作重点转移到社会主义现代化建设上来，坚决执行新时期党和国家对民族工作的任务，大力培养四化所需要的具有共产主义觉悟的政治干部和专业技术人才，为少数民族地区的社会主义现代化建设服务。"① 这些方针政策的正确制定和贯彻实施，使民族院校得到恢复和重建，重新步入正轨。

1992 年 3 月，国家教育委员会和国家民委联合召开了第四次全国民族教育工作会议，总结交流了民族教育工作经验，特别是党的十一届三中全会以来民族教育发展和改革的经验。在这次会议上制定的《全国民族教育发展与改革指导纲要》中指出："民族学院在历史上为培养民族干部发挥了重要作用。在新形势下要继续办好，当前除重点办好具有民族特色的学科、专业和对少数民族干部进行培训外，还要办好大学预科。民族院校现有的专业，要根据社会需要积极改善办学条件，深化改革，提高质量；民族地区急需的一些专业，要在统筹规划的基础上，努力创造条件，有计划的设置。"进一步明确了办好民族院校的目标任务和措施，以推进民族院校的继续改革和发展。

"文革"结束至 1992 年期间，是民族院校在恢复和改革中得到整体发展的重要时期。全国民族院校得到恢复和重建，学科专业建设取得显著进展，少数民族干部教育培训制度也逐步实施专业化的高等教育，研究生教育有了进一步发展，对外合作和交流迈出新步伐。经过这一时期的调整和改革，民族院校真正实现了从单一的政治教育向专业化教育的全面转轨，逐步发展成为学科门类齐全、结构合理的综合性民族高等院校，已成为普通高等教育体系的重要组成部分②。

1992 年 10 月，党的第十四次全国代表大会召开，会议做出三项具有深远意义的决策：一是抓住机遇，加快发展；二是明确我国经济体制改革

---

① 国家民委教育司. 新时期民族教育工作书册 [M]. 北京：中央民族学院出版社，1991：25.
② 吴仕民. 中国民族教育 [M]. 北京：长城出版社，2000：172.

的目标是建立社会主义市场经济；三是确立邓小平建设有中国特色社会主义理论在全党的指导地位[①]。为适应社会主义市场经济体制改革的需要，国家民委于 1994 年 11 月在云南昆明、1998 年 9 月在陕西咸阳，先后两次召开全国民族学院党委书记、院长会议，讨论新形势下民族学院改革与发展的问题。昆明会议的主要议题是社会主义市场经济与民族学院的改革与发展。会议指出民族学院传统的办学模式与市场经济的四种不适应，即教育投入与学校发展的实际需要不适应，专业设置、教育质量与经济发展不适应，招生、分配制度与社会要求不适应，应用科学研究与研究成果迅速转化为生产力的要求不适应。会议提出了加强改革力度、坚持育人宗旨、逐步建立主动适应国民经济和社会发展需要的有效机制、调整教育结构、推进学校内部管理体制改革、立足提高质量、加强科研工作、搞好校办产业、加强国际交流与合作、转变工作职能等十个方面的改革与发展的实施意见[②]。咸阳会议的主要议题是如何办好民族院校。会议肯定了民族院校办学成绩，同时也指出一系列亟须解决的问题：传统的办学模式要增强适应社会需要的内在活力；办学条件改善滞后；优秀学科带头人不足；学科建设需要加强；传统的特色优势学科——民族学科招生存在困难；教学改革相对落后，教学方法陈旧，等等。会议提出七项面向 21 世纪进一步办好民族院校的对策：高举伟大旗帜，用邓小平理论指导民族院校的改革和发展；坚持为少数民族培养人才服务，为民族地区的经济、社会发展服务的办学方向；突出特点，发挥优势，办好一批高水平的特色专业；坚持改革，提高民族院校的办学效益；加强少数民族干部培训工作；努力提高对民族院校的管理水平；把提高教育质量放在突出地位[③]。

1993 年，中央民族学院更名为中央民族大学，1999 年成为国家"211"工程重点建设大学。1994 年，西北第二民族学院经批准正式挂牌建

---

① 中国共产党第十四次全国代表大会在京举行 [EB/OL]. (1992-10-12) [2013-09-16]. http://cpc.people.com.cn/GB/64162/64165/70486/70498/4867842.html.

② 马建. 社会主义市场经济与民族学院改革与发展问题研讨会综述 [J]. 民族教育研究，1995（2）：50.

③ 丁月牙. 全国十三所民族学院党委书记、院校长座谈会议综述 [J]. 民族教育研究，1998（4）：8-11.

校。1997 年，筹建中的东北民族学院定名为大连民族学院。云南省人民政府常务会议将云南民族学院列为该省 5 所重点建设的大学之一。2000 年，由创建于 1958 年的原内蒙古民族师范学院、内蒙古蒙医学院和哲里木畜牧学院合并组建内蒙古民族大学。截至 2013 年年底，全国民族院校共有 31 所。其中国家民委所属的中央民族大学等高校 6 所，省级地方人民政府所属的广西民族大学等高校 9 所，另外还有地方所属的本专科高校 16 所（具体名单及分布详见第 89 页）。至此，具有中国特色的民族高等教育体系已经形成。

（二）建立民族地区高校

新中国成立后，民族地区开始组建高校。民族地区的高校的建立是一个长期的不断发展的过程。1984 年民族区域自治法颁布，指明民族自治地方的自治机关自主地发展民族教育，举办各类学校，根据条件和需要发展高等教育，培养各少数民族专业人才。此后民族地区高等教育发展步伐明显加快，更多的高校得以组建发展。民族地区高校的建立为民族地区培养了经济社会发展所需的人才，这些高校的发展变化也是为适应市场对人才需求的变化和发展。

1. 新疆高校的建立

截至 2013 年，新疆共有 33 所具有招生资格的普通高校（不含独立学院和分校办学点），其中本科院校 13 所，专科院校 20 所，基本上形成了涵盖第一、二、三产业发展需要的综合性与技术应用型相结合的人才培养格局（详见表 2-1）。

表 2-1 新疆高校名单

13 所本科院校	新疆大学，石河子大学，塔里木大学，新疆农业大学，新疆医科大学，新疆师范大学，新疆财经大学，昌吉学院，喀什师范学院，伊犁师范学院，新疆艺术学院，新疆工程学院，新疆警察学院

续表

20所专科院校	新疆维吾尔医学专科学校，乌鲁木齐职业大学，新疆轻工职业技术学院，和田师范专科学校，克拉玛依职业技术学院，新疆农业职业技术学院，新疆交通职业技术学院，新疆现代职业技术学院，伊犁职业技术学院，新疆天山职业技术学院，阿克苏职业技术学院，巴音郭楞职业技术学院，新疆职业大学，昌吉职业技术学院，新疆能源职业技术学院，新疆建设职业技术学院，新疆体育职业技术学院，新疆应用职业技术学院，新疆兵团警官高等专科学校，新疆石河子职业技术学院

新疆高校的建立经历了较长分分合合的历史过程，不少高校在新中国成立前就存在，新中国成立后才不断改组形成。这些学校的建立可以大致分为三类。

第一类是新中国成立前就存在，后经改组发展而成。如新疆大学前身是创办于1924年的新疆俄文法政专门学校，几经更名发展，于1950年10月更名为新疆民族学院。1953年11月，西北民族学院畜牧系兽医班并入新疆民族学院。1960年10月新疆民族学院正式更名成为新疆大学。1962年新疆大学与新疆师范学院合并，1979年新疆大学分出部分院系组建新疆师范大学。2000年12月30日，新疆大学与新疆工学院合并组建新的新疆大学。伊犁师范学院前身是1948年成立的新疆省立伊犁专科学校，此后几经更名，1980年5月经国务院批准升格为伊犁师范学院。2003年11月经自治区人民政府批准，原伊犁教育学院整体并入伊犁师范学院。

第二类是新中国成立后因需要而组建的学校。如新疆师范大学是1979年由新疆大学教师培训部等划出组建而成的。喀什师范学院前身是新疆喀什师范专科学校。1962年上半年，新疆对大专院校进行调整，决定将原新疆师范学院和新疆大学合并，从中抽调部分教职员工、图书资料和仪器设备，在喀什市组建新疆喀什师范专科学校。1978年8月，学校升格为本科院校，更名为喀什师范学院。新疆医科大学前身为始建于1954年新疆医学院，1998年经教育部批准由原新疆医学院与原新疆中医学院合并成立新疆医科大学。新疆财经大学的前身是1950年成立的新疆省人民政府干部培训班，1959 年升格为新疆财经学院；1962 年由于国家宏观形势变化和政策调整，新疆财经学院转制为新疆财贸学校；1980 年 5 月，恢复新疆财经学院建制；2000 年 12 月，新疆财经学院、新疆经济管理干部学院和新疆财政税务学校合并组建新的新疆财经学院；2007 年经教育部批准，更名为新疆财经大学。新疆艺术学院的前身是 1958 年成立的新疆艺术学校，1960 年升格为新疆艺术学院，1962 年又调整为新疆艺术学校，1987 年经原国家教育委员会批准恢复成立新疆艺术学院。昌吉学院前身是成立于 1959 年的昌吉师范学校，1985 年改为昌吉师范专科学校，2001 年 5 月经教育部批准升格为本科院校昌吉学院。新疆的大部分高校都是在 1949 年 10 月后为满足各类人才的需求而组建形成的，大部分专科院校是为培养满足新疆经济社会发展需要的技术应用型人才而设立的。

第三类是由为屯垦戍边而建立的学校发展而来。如石河子大学，最早可追溯于 1949 年 9 月人民解放军解放新疆的进军途中建立的石河子医学院。1996 年 4 月，石河子农学院、石河子医学院、兵团师专、兵团经济专科学校合并组建形成石河子大学。为了满足屯垦戍边和开发塔里木对各类人才的需要，于 1958 年创建塔里木农垦大学，2004 年 5 月经教育部批准更名为塔里木大学。新疆农业大学是为培养边疆各民族农业专门人才而创建，1952 年 8 月在中国人民解放军第二步兵学校的基础上创建的新疆八一农学院，1995 年 4 月 21 日更名为新疆农业大学。

2. 西藏高校的建立

截至 2013 年 6 月，西藏共有普通本专科学校 6 所，其中 3 所本科院校，3 所高职高专院校（见表 2-2）。

表 2-2　西藏自治区高校名单

3 所本科院校	西藏大学
	西藏藏医学院
	西藏民族学院

续表

3 所专科院校	拉萨师范高等专科学校
	西藏警官高等专科学校
	西藏职业技术学院

西藏的现代高等教育是和平解放西藏后才发展起来的，各高校也在此后建立发展。西藏大学的建立可追溯到 1956 年由西藏军区干部学校部分改建成的西藏地方干部学校，1961 年西藏地方干部学校更名为西藏行政干部学校，1965 年更名为西藏师范学校，1975 年升格为西藏师范学院，到 1985 年正式更名为西藏大学；2001 年西藏大学（医学专科学校）、西藏民族学院（医学系）、西藏农牧学院、西藏艺术学校并入西藏大学；2009 年西藏自治区财经学校并入西藏大学，形成了目前的西藏大学。

西藏藏医学院是由 1983 年创建的西藏自治区藏医学校发展而来，1984 年西藏大学（藏医系）创建，1989 年西藏大学（藏医系）更名为西藏大学（藏医学院），1993 年西藏大学（藏医学院）、西藏自治区藏医学校合并组建药王山藏医学院，2001 年药王山藏医学院更名为西藏藏医学院。

西藏民族学院是由 1958 年创建的西藏公学发展而来，1965 年西藏公学升格西藏民族学院，1969 年西藏民族学院撤销，1971 年西藏民族学院复校，1978 年西藏民族学院（林芝分院）改建为西藏农牧学院，现发展为西藏大学；2001 年西藏民族学院（医学系）并入西藏大学。

拉萨师范高等专科学校源自 1964 年创建的拉萨师训班，1966 年拉萨师训班停办，1972 年拉萨师训班复校，1975 年拉萨师训班更名拉萨师范学校，2006 年拉萨师范学校升格为拉萨师范高等专科学校。

西藏警官高等专科学校源自 1956 年创建的西藏公安训练班，1957 年改建为中央人民公安学院（西藏班），1960 年改建为西藏自治区公安学校，几经更名为西藏自治区人民警察学校，2004 年升格为西藏警官高等专科学校。

西藏职业技术学院由创建于 1975 年的西藏水电技工学校发展而来；1993 年西藏电力学校创建并与西藏水电技工学校合署办公；1999 年西藏电

力学校、西藏水电技工学校、西藏商业学校合并组建西藏自治区综合中专学校；2006 年西藏自治区综合中专学校、西藏自治区农牧学校、西藏自治区农业广播电视学校合并升格为西藏职业技术学院。

3. 广西高校的建立

广西壮族共有普通高校 71 所（含民办高校，不含成人高校），其中本科院校 36 所，专科院校 35 所（见表 2-3）。

表 2-3　广西普通高校名单

36 所本科院校	广西大学，广西科技大学，桂林电子科技大学，桂林理工大学，广西医科大学，右江民族医学院，广西中医药大学，桂林医学院，广西师范大学，广西师范学院，广西民族师范学院，河池学院，玉林师范学院，广西艺术学院，广西民族大学，百色学院，梧州学院，广西科技师范学院，广西财经学院，南宁学院，钦州学院，桂林航天工业学院，桂林旅游学院，贺州学院，广西警察学院，北海艺术设计学院，广西大学行健文理学院，广西科技大学鹿山学院，广西民族大学相思湖学院，广西师范大学漓江学院，广西师范学院师园学院，广西中医药大学赛恩斯新医药学院，桂林电子科技大学信息科技学院，桂林理工大学博文管理学院，广西外国语学院，北京航空航天大学北海学院
35 所专科院校	广西机电职业技术学院，广西体育高等专科学校，南宁职业技术学院，广西水利电力职业技术学院，桂林师范高等专科学校，广西职业技术学院，柳州职业技术学院，广西生态工程职业技术学院，广西交通职业技术学院，广西工业职业技术学院，广西国际商务职业技术学院，广西农业职业技术学院，柳州铁道职业技术学院，广西建设职业技术学院，广西现代职业技术学院，北海职业学院，桂林山水职业学院，广西经贸职业技术学院，广西工商职业技术学院，广西演艺职业学院，广西电力职业技术学院，广西城市职业学院，广西英华国际职业学院，柳州城市职业学院，百色职业学院，广西工程职业学院，广西理工职业技术学院，梧州职业学院，广西经济职业学院，广西幼儿师范高等专科学校，广西科技职业学院，广西卫生职业技术学院，广西培贤国际职业学院，广西金融职业技术学院，广西中远职业学院

广西大学创建于 1958 年，几经合并发展壮大。1961 年广西工学院、广西科技学院并入广西大学；1984 年广西工学院（全部资源）并入广西大学；1995 年广西农学院并入广西大学。

广西民族大学前身是创建于 1952 年的中央民族学院（广西分院），1953

年升格为广西省民族学院，1958 年广西省民族学院更名为广西民族学院；1960 年广西教师进修学院并入广西民族学院，1962 年南宁师范专科学校（部分）并入广西民族学院，2006 年广西民族学院更名为广西民族大学。

广西师范大学可追溯到 1928 年的广西省立广西大学，1949 年更名为广西大学，1953 年广西大学文理各系改建为广西师范学院，后几经拆并，发展壮大，于 1983 年更名为广西师范大学。

4. 内蒙古高校的建立

内蒙古共有高等院校 50 所，其中本科院校 15 所，高职（专科）院校 34 所，成人高校 1 所（见表 2-4）。

表 2-4　内蒙古高校名单

15 所本科学校	内蒙古大学，内蒙古科技大学，内蒙古工业大学，内蒙古农业大学，内蒙古医科大学，内蒙古师范大学，内蒙古民族大学，赤峰学院，内蒙古财经大学，呼伦贝尔学院，集宁师范学院，呼和浩特民族学院，河套学院，内蒙古大学创业学院（独立学院），内蒙古师范大学鸿德学院（独立学院）
34 所高职（专科）学校	内蒙古建筑职业技术学院，内蒙古丰州职业学院，包头职业技术学院，兴安职业技术学院，呼和浩特职业学院，包头轻工职业技术学院，内蒙古电子信息职业技术学院，内蒙古机电职业技术学院，内蒙古化工职业学院，内蒙古商贸职业学院，锡林郭勒职业学院，内蒙古警察职业学院，内蒙古体育职业学院，乌兰察布职业学院，通辽职业学院，科尔沁艺术职业学院，内蒙古交通职业技术学院，包头钢铁职业技术学院，乌海职业技术学院，内蒙古科技职业学院，内蒙古北方职业技术学院，赤峰职业技术学院，内蒙古经贸外语职业学院，包头铁道职业技术学院，乌兰察布医学高等专科学校，鄂尔多斯职业学院，内蒙古工业职业技术学院，呼伦贝尔职业技术学院，满洲里俄语职业学院，内蒙古能源职业学院，赤峰工业职业技术学院，阿拉善职业技术学院，内蒙古美术职业学院，内蒙古民族幼儿师范高等专科学校
1 所成人高等学校	内蒙古广播电视大学

内蒙古高校初期的建立具有明显的建设新中国的特征，内蒙古高校在新中国成立后，为适应建设社会主义新中国的要求和钢铁生产等经济需求而建立。

内蒙古科技大学等最具有时代烙印。1956 年包头钢铁工业学校和包头建筑工程学校分别建立，1958 年包头钢铁工业学校、包头建筑工程学校合并组建包头工学院，1960 年更名为包头钢铁学院，后改建为包头钢铁专科学校。1978 年升格为包头钢铁学院；1999 年内蒙古煤炭工业学校并入包头钢铁学院；2003 年包头钢铁学院、包头医学院、包头师范学院合并组建内蒙古科技大学，2004 年后两者独立运行，自此形成了今天的内蒙古科技大学。

内蒙古大学创建于 1957 年，先后有学校并入从而不断发展壮大。1987 年内蒙古艺术学校并入蒙古大学，2000 年呼和浩特交通学校并入，至 2005 年内蒙古农业学校并入，形成了今天综合性的内蒙古大学。

内蒙古民族大学则是于 1958 年创建的通辽师范专科学校，1965 年升格为通辽师范学院，1980 年通辽师范学院更名为内蒙古民族师范学院；2000 年哲里木畜牧学院、内蒙古民族师范学院、内蒙古蒙医学院合并组建成内蒙古民族大学。

内蒙古具有良好的矿物质资源，伴随着资源开采加工和经济社会发展需要，纷纷组建学校并发展壮大，形成以工业为主涵盖各行业的高等教育人才培养格局。

5. 宁夏高校的建立

宁夏共有 13 所普通高等学校，其中有 5 所本科院校，8 所专科院校（见表 2-5）。

表 2-5　宁夏高校名单

5 所本科院校	宁夏大学，宁夏医学院，北方民族大学，宁夏师范学院，宁夏理工学院
8 所专科院校	宁夏工业职业学院，宁夏职业技术学院，宁夏财经职业技术学院，宁夏司法警官职业学院，宁夏建设职业技术学院，宁夏民族职业技术学院，宁夏工商职业技术学院，宁夏大学新华学院

宁夏的高校同其他民族地区的高校一样，不断组建合并发展而来。以宁夏大学和北方民族大学为例：宁夏大学的发展是由宁夏师范学校发展而来，1958 年银川师范学校升格为宁夏师范学院，1962 年宁夏师范学院、宁

夏农学院、宁夏医学院合并组建成宁夏大学。1997 年宁夏工学院、银川师范高等专科学校、宁夏教育学院并入宁夏大学；2001 年宁夏农学院并入和 2003 年宁夏体育运动学校的并入使得宁夏大学不断发展成为综合性的大学。

北方民族大学源自 1952 年创建的宁夏民族公学，1984 年升格为西北第二民族学院，1994 年升格为西北第二民族学院；2001 年宁夏新技术应用研究所并入西北第二民族学院；2008 年西北第二民族学院更名为北方民族大学。

6. 其他民族地区高校的建立

青海省截至 2013 年共有 9 所高等院校。其中本科类院校 3 所，大专类院校 6 所。其中，青海大学源自 1971 年的青海工农学院，1993 年更名为青海大学；1997 年青海畜牧兽医学院、青海省物资职工中等专业学校并入青海大学；2000 年青海财经职业学院、青海农林学校、青海水利学校、青海省农科院、青海省畜牧兽医科学院并入青海大学；2004 年青海医学院和原青海省水利学校部分并入青海大学，形成目前的规模。青海民族大学源自 1949 年青海省青年干部训练班，几经更名发展为青海民族学院；1962 年青海师范学院、青海医学院、青海农牧学院并入青海民族学院；1970 年青海民族学院改建青海省民族师范学校；1971 年青海省民族师范学校升格青海民族学院；2000 年青海师范高等专科学校并入（合署）青海民族学院；2005 年西宁铁路司机学校并入青海民族学院；2009 年青海民族学院更名为青海民族大学。

甘肃省截至 2013 年具有招生资格的普通高校 42 所，其中本科院校 16 所，大专院校（含 5 所独立学院）26 所。兰州大学源自 1925 年的甘肃省立五旗学校，1950 年发展更名为兰州大学，1950 年国立西北农业专科学校部分系科并入兰州大学，1952 年西北大学经济、银行、会计系并入兰州大学，1961 年南开大学物理二系、甘肃师范大学、甘肃科技大学并入，1962 年兰州艺术学院并入，2002 年甘肃省草原生态研究所并入，2004 年兰州医学院并入，2013 年甘肃省联合中等专业学校、兰州护士学校并入兰州大学，形成了目前综合性的兰州大学。西北民族大学源自 1949 年创建的藏民问题研究班，1949 年研究班更名为藏民学校；1950 年改建成西北人民革命大学（兰州分校第三部），同年升格为西北民族学院；1952 年西北大学（民族学系）、兰州大学（少数民族语文系）并入西北民族学院；1970 年西北民族学院撤销，1973 年西北民族学院复校；2003 年西北民族学院更名为西北民族大学。

云南省截至 2013 年具有招生资格的高校共有 50 所，其中本科类院校 16 所，大专类院校 34 所。其中，云南大学可以追溯到 1922 年的私立东陆大学，1950 年更名为云南大学，1950 年私立五华文理学院、云南省立英语专科学校并入云南大学；1952 年重庆大学（有色专修科）并入；1953 年贵州大学（工学院）、西昌技艺专科学校（部分）并入；1961 年云南政治学院（部分）、滇南大学（文理科系）、滇西大学（文理科系）并入；1962 年云南省民族研究所并入；1965 年昆明师范学院（地理专业部分）并入；1997 年云南政法高等专科学校并入；2006 年云南省电子计算中心、云南省计算技术研究所并入云南大学，至此云南大学发展成为一所较为全面的综合性大学。云南民族大学源自创办于 1951 年的云南民族学院，主要是培训民族干部；1972 年开始招生，1984 年云南省民族研究所并入云南民族学院，2000 年云南省人民武装学校并入云南民族大学，2003 年云南民族学院更名为云南民族大学。

贵州省截至 2013 年共有具备招生资格的高校 50 所，其中本科院校 18 所，大专类院校（含独立院校）32 所。其中，贵州大学可追溯自 1941 年创建的国立贵州农工学院，1942 年更名为国立贵州大学，1950 年更名为贵州大学；1952 年川北大学（农艺系）并入贵州大学；1953 年贵州大学撤销，其农学院改建为贵州农学院，发展成为贵州大学；2004 年原贵州大学与贵州工业大学组建成新的贵州大学。贵州民族大学是由创建于 1951 年的贵州民族学院发展而来，1956 年贵阳师范学院（艺术科）并入贵州民族学院；1959 年贵州民族学院撤销，并入贵州大学，1974 年贵州大学（原贵州民族学院部分）复校为贵州民族学院；2005 年贵州省广播电视学校并入贵州民族学院，2012 年贵州民族学院更名为贵州民族大学。

民族地区高校的创建、拆并与组合等发展都与民族地区经济社会发展对人才的需求分不开。高校的建立为民族地区培养了农业、工商业、医疗卫生、服务业以及社会公共管理等各方面的人才，基本上满足了民族地区对人才的需求。

（三）普通高等学校举办民族班、民族预科班

在普通高校举办少数民族预科班、民族班，是党和国家加快培养少数民族地区人才的一项重要战略举措，对促进民族地区经济社会发展、维护祖国统一、增强民族团结具有十分重要的意义。

1. 起步阶段（1950—1965 年）

1949 年新中国成立初期，党和国家在教育改造和发展过程中开始创建民族院校和高校民族班。1950 年 11 月，政务院印发《筹办中央民族学院试行方案》，要求本科政治系以两年时间（水平较低者先入预科半年或一年）培养各民族的革命骨干。1951 年 10 月，政务院发布《关于改革学制的决定》，规定各种高等学校得附设先修班或补习班，以便少数民族学生入学。各民族学院成立后先后开设高校预科，部分内地高校也相继举办了相当数量的少数民族班。

2. 恢复阶段（1977—1983 年）

1977 年恢复高考制度后，国家对高校民族班的办学指导思想、方式、教学、招生、分配、管理和待遇等重新做了政策规定。1980 年 6 月，教育部印发《关于 1980 年在部分全国重点高等学校试办民族班的通知》，决定从当年开始，有计划、有重点地在部分全国高等学校举办民族班；当年，先在教育部所属五所重点高等院校试办少数民族班，共招生 150 人，除北京大学民族班是本科外，清华大学、北京师范大学、大连理工大学、陕西师范大学都是预科班，主要补习高中课程，特别是数理化，并提高汉语听课的能力；民族班招生从当年参加高考的少数民族考生中择优录取；除北京大学仍按全国重点高等学校最低录取分数线录取外，其他预科班招生如在全国重点高等学校最低录取分数线以上的考生不足计划数时，可适当降低录取分数线，但以降低总分 30 分为限；少数民族预科班学生经过一年或两年的补习，合格者根据少数民族地区的需要，直接升入本校本科有关专业学习，一般不单独编班。1980 年 12 月，教育部印发《关于 1981 年在内地部分高等学校继续办好民族班的几点意见》，拟增加西南师范学院、华中师范学院、华东师范大学、东北师范大学、中山大学等五所高等学校办民族班，十所高等院校共招生 360 人；民族班招生，应从参加高考的少数民族考生中择优录取，并应适当降低录取分数线，最多可降低到全国重点高等学校最低录取分数线以下三个分数线，少数民族考生成绩已达到重点高等学校录取分数线的，不宜招进少数民族班；预科学习期满后，经考查合格者升入本校本科有关专业学习；根据学生的学习成绩，可与汉族学生混合编班，也可单独编班学习，由学校掌握。1981 年 8 月，教育部《关于广西民族学院预科班问题的复函》指出：少数民族预科班学生应从当年报考高等院校本科落选的考生中择优录取，学制为一年，主要补习高中课程；预科班学生经结业考试合格，可直升本院本科有关专业学习，亦可重新报考其他高等院校；预科期间招生纳入当年少数民族预科招生计划，不纳入当年高等学校招生计划。1982 年 2 月，教育部《关于 1982 年继续在部分高等学校举办少数民族班的通知》指出：民族班录取新生，最多可降低到各有关高等学校在该省、自治区招生最低录取分数线以下 80 分。1982 年 3 月 3 日，教育部、国家民委印发《关于委托中央民族学院为清华大学、北京师范大学举办 1982 年民族预科班的通知》，具体事宜由三校协商解决。1982 年 3 月 3 日，教育部、国家民委《关于委托西南民族学院为华东师范大学举办 1982 年民族预科班的通知》，指出在西南民族学院预科学习期满后，于 1983 年秋季入华东师范大学本科学习有关专业；当年全国统一招生时，由华东师范大学负责派人到有关地区招生，然后入西南民族学院学习。1983 年 2 月 29 日，教育部《委托北京师范学院 1983 年为新疆举办少数民族班的通知》指出：从当年新疆参加高考的各少数民族学生中按标准录取 40 名，先在中央民族学院预科部补习两年汉语文和高中课程，预科结业后，经考核合格，1985 年秋季升入北京师范学院本科有关专业学习；民族班的经费由新疆支付。1983 年 6 月，卫生部、国家民委、教育部印发《关于全国重点高等医学院培养少数民族高级医学人才的意见》，要求自 1984 年起，北京、中山、四川医学院，上海第一医学院和北京中医学院，每校每年从内蒙古、广西、宁夏、新疆、西藏五个自治区各招收一定数量的少数民族学生，中央、西北、西南、中南四所民族学院，从 1983 年起各办一个医预班，为上述五所医学院培养预科学生；医预班学生列入各民族学院招生计划，预科结业转入医学院校本科时，列入医学院校当年招生计划。

3. 快速发展阶段（1984—1999 年）

1984 年和 2001 年修改的《中华人民共和国民族区域自治法》（以下简称《民族区域自治法》）规定：国家举办民族高等学校，在高等学校举办民族班、民族预科班，专门或者主要招收少数民族学生，并且可以采取定向招生、定向分配的办法，为民族班、民族预科的发展提供了法律保障。1984 年 8 月，教育部、国家民委印发《关于加强领导和进一步办好高等院校少数民族班的意见》，指出高等院校民族班分为预科、专科和本科三种；预科阶段主要任务是提高文化基础知识，加强基本技能训练，为在高等院校本、专科进行专业学习打下良好基础；本专科阶段主要任务是培养又红又专的少数民族各类专门建设人才；学习时间应根据学生的文化基础确定，一般为一年或两年；从当年起，民族班招生逐步面向边疆农村、山区和牧区，实行定向招生，定向培养，定向分配；高校民族班本、专科招生计划，应列入当年有关省、自治区和高等学校的招生计划；预科招生指标由学校主管部门（省、市）提出，报教育部、国家计委审批；专业分配应根据国家，特别是民族地区经济建设和社会发展的需要及学生德、智、体情况，结合学生志愿，在预科学习期满或者招生时，由学校同有关省、自治区教育行政部门协商确定，专业确定后，除特殊情况，一般不得变动；适当放宽民族班专任教师编制；教育部要组织力量，逐步制订出民族预科班的教学计划，确定课程设置，逐步编写出具有系统性、科学性的教学大纲和主要教材以及教学参考资料；有关高等学校应根据需要和可能，在校本部逐步设立专门机构或指定专人协调、管理民族班工作；建立和健全高校民族班的思想政治机构，加强对民族学生的思想政治工作；在必要的情况下，可由民族学生多的省、自治区临时选派 1 到 2 名本民族干部或教师，协助学校做好学生的思想政治教育和生活管理工作。1987 年 11 月，《国家教委关于 1988 年继续在部分高等院校举办少数民族班的通知》指出：举办民族班的院校，如属第一批录取学生的院校（以此类推），其民族班招生也在第一批录取；举办民族班，可先用 1 至 2 年时间办民族预科班。1992 年 11 月，《国家教委办公厅关于加强普通高等学校少数民族预科班工作的意见》指出：预科后的所学专业，应在预科招生时确定，除特殊情况外，一般不再变动；各高校应根据国家教委关于高校民族预科教学规定的要求和民族预科班学生的特点，制订适用的教学计划，编写预科各科教学大纲和教材；国家教委要组织力量，在"八五"期间内，编写预科主干课程教材，供各高校选用。1993 年 5 月，《国家教委办公厅关于普通高校少数民族预科班从 1993 年秋季开始使用统编教材的通知》指出：全国普通高等学校预科学生必须按照国家颁布的高校预科教学计划、教学大纲和《基础汉语》、《阅读与写作》、《数学》、《英语》四种主要教材的要求进行结业考试，各学校亦要按新的教学大纲要求和教材内容，有计划地对本校预科（班）教师进行培训，对教学情况进行评估。1999 年，国务院办公厅转发了《教育部等部门关于进一步加强少数民族地区人才培养工作意见的通知》，要求继续办好高等学校少数民族预科班，但总体规模不再增加，重点是逐步提高办班的层次与质量，逐步扩大在水平较高学校学习的人数比例，以现在的 2000 人基数，将其在中央部委所属高等学校学习的人数逐步扩大到 3000 人左右；为提高中央部委所属高等学校办少数民族预科班的积极性，改善相应的办学条件，中央财政对承担任务的中央部委所属高等学校，参照普通高等学校本科生标准，拨给正常的事业费，为民族预科教育的大力发展提供了政策措施和经费保障。

4. 制度化发展阶段（2000 年—   ）

进入 21 世纪，国家对进一步发展和办好民族班和民族预科教育提出了新要求。2000 年，《教育部关于下达 2000 年普通高等学校少数民族预科班招生计划的通知》指出：中央部委所属高等学校少数民族预科班招生人数扩大到 3000 人左右，办学重点是逐步提高办班的层次和质量；民族班学生为定向招生，毕业后一律回到原籍工作；要严格执行有关招生规定和招生计划，不得以少数民族预科计划招收非少数民族学生。2002 年，教育部、国家民委联合召开了第五次全国民族教育工作会议，国务院印发了《关于深化改革加快发展民族教育的决定》，强调要加强民族预科教育基地建设，深化预科教学改革，提高教育质量；进一步深化办学体制改革，改变民族教育办学主体单一、办学体制不活的局面，鼓励和支持社会力量办学，或者面向少数民族和西部地区在东、中部地区办学。2003 年 2 月，教育部办公厅印发《关于全国普通高等学校民族预科班、民族班招生、管理等有关问题的通知》，规定普通高等学校少数民族预科班、民族班招生计划由教育部统一下达，重点投放在培养民族地区师资和社会经济发展急需人才领域；少数民族本、专科预科和民族班录取标准不得低于各有关高等学校在该省、自治区、直辖市本、专科和本科相应批次提档分数线以下 80 分、60 分和 40 分；民族班直接进入本、专科学校学习；预科班招生时，招生学校可公布招生专业计划，但不确定学生录取专业，预科生结业转入招生学校的专业分配由招生学校在预科生结业前确定；民族预科班教学统一使用国家教委 1996 年颁布的普通高校少数民族预科教学大纲和统编少数民族预科教材组织教学，重点上好汉语文、数学、英语三门主要基础课；预科结业考核合格者升入高校本（专）科学习，不合格者可保留一年预科学籍，考核仍不合格者退回原籍；预科班学生结业转入本（专）科阶段学习占转入当年招生学校的本（专）科招生计划。2005 年 6 月，教育部印发《普通高等学校少数民族预科班、民族班管理办法（试行）的通知》，这是 1949 年以来由教育部印发的第一部关于预科教育管理工作的综合性规章，包括 9 章 48 条，对预科教育的性质、办学资格、招生、学制与教学管理、学生管理、收费、教职员队伍建设、办学经费和办学条件、教育教学评估等做出了明确规定，同时指出民族预科教育可进行学分制试点。2005 年，教育部印发《普通高等学校少数民族预科班、民族班招生工作管理规定》，对招生计划下达、民族成分确认、招生录取、录取标准、预科教学、结业、转入本（专）科的管理、收费、责任追究及有关工作要求做出了明确规定。2010 年 7 月，教育部印发《普通高等学校少数民族预科班高层次骨干人才硕士研究生基础强化班管理办法》，对办学条件、学制与教学管理、学生管理与学籍管理、校园安全稳定、教师和管理人员、收费、教育教学评估等做出了明确规定。

截至 2013 年，全国 510 多所高校招收民族预科 4.87 万人，其中 95 所部委所属高校招收 0.71 万人，420 所省属高校招收 4.16 万人。民族预科生源包括北京、天津、上海之外的 28 个省、区、市的各少数民族学生。其中新疆民族预科年招生规模扩大到近 0.7 万人。预科阶段培养任务采取预科基地、分省集中和高校自己培养三种模式，培养规模分别占 39%、30% 和 31%。

（四）实施"少数民族高层次骨干人才计划"

1. "少数民族高层次骨干人才计划"实施背景

党的十一届三中全会以来，国家在大力扶持少数民族地区发展教育事业的同时，加大了为少数民族地区培养各类人才的工作力度。根据《中共中央国务院关于进一步加强人才工作的决定》、《国务院关于深化改革加快发展民族教育的决定》和第五次全国民族教育工作会议精神，充分认识少数民族人才培养工作在促进民族地区经济社会发展、增强民族团结和维护国家统一中的重要作用，2005 年，教育部等国家五部委联合印发了《关于大力培养少数民族高层次骨干人才的意见》，启动实施少数民族高层骨干人才培养计划。

2. 实施"少数民族高层次骨干人才计划"的重要意义

由于社会、历史、自然等原因，与沿海和内地发达地区相比，少数民族地区在社会经济、科技教育和文化等事业上还存在较大差距。民族地区经济社会发展仍然比较缓慢，生产力发展水平还比较低，而劳动者素质亟待提高，特别是博士、硕士毕业的高层次骨干人才严重匮乏，是制约当地经济建设和社会发展的重要因素。据有关资料统计，西部地区各类专业人才仅占全国总量的 20.4%，高级专业技术人才只占 13.6%，两院院士仅占 8.3%，特别是少数民族院士更是凤毛麟角；少数民族地区专业技术人员中，工程技术人员和科学研究人员仅占 15.4% 和 8.8%。采取特殊措施大力培养少数民族高层次骨干人才，快速提升民族地区人力资本素质，已成为关乎我国各民族共同繁荣发展、维护国家长远稳定统一的一项迫切的政治任务。为发挥少数民族人才在促进民族地区经济社会发展、增强民族团结和维护国家统一中的战略作用，国家实施少数民族高层骨干计划，培养造就大批坚定拥护党的领导和社会主义制度、维护民族团结和国家统一、为西部大开发和民族地区的发展乐于奉献、具有较高科学人文素质和创新能力的少数民族高层次骨干人才，逐步缓解和扭转西部和民族地区少数民族高层次人才匮乏的状况，改善少数民族人才的层次结构，提升少数民族人才存量的综合水平，为我国民族团结进步事业和全面建设小康社会伟大目标的实现提供强有力的人才和智力支撑。

3. "少数民族高层次骨干人才计划"的主要内容

根据教育部、国家发改委、国家民委、财政部、人事部等五部委印发《关于大力培养少数民族高层次骨干人才的意见》，2005 年 6 月，教育部制定印发了《培养少数民族高层次骨干人才计划的实施方案》。从 2006 年起为西部培养一批少数民族高学历专业人才，培养学校为"211"以上重点大学，生源为西部省市区。按照"定向招生、定向培养、定向就业"的要求，采取"统一考试、适当降分"等特殊政策措施招收新生。被录取的少数民族硕士研究生先在基础培训点集中进行一年的强化基础培训，重点补修英语、大学语文（汉语）、计算机、高等数学等基础知识，兼顾其他专业理论知识，以及加强马克思主义民族和宗教理论的学习。基础培训结束经考核合格者，转入招生学校硕士阶段研究生课程教学。毕业生一律按定向培养和就业协议到定向地区和单位就业，硕士服务期限为 5 年，博士 8 年。经费享受中央级高校研究生的拨款政策。通过实施少数民族高层次骨干人才培养计划，加快了对少数民族研究生层次人才的培养。

2006 年根据《意见》和《方案》的有关精神，包括北大、清华等著名学府在内的 72 所部委所属高校和科研院所，面向西部十二省、自治区、直辖市，东北三省以及河北、海南省、湖南湘西自治州、湖北恩施自治州、新疆建设兵团等地区，公开招考 2000 名"骨干人才"硕士研究生（"骨干计划"招生包括硕士和博士研究生招生）。此后，"骨干计划"的招生规模和招考单位的范围逐年扩大，主要呈现如下特点：一是在招生范围方面，主要面向西部 12 个省、自治区、直辖市和新疆生产建设兵团招生，兼顾享受西部政策待遇的民族自治地方和需要特别支持的少数民族散杂居地区以及内地西藏班、内地新疆高中班、民族院校、高校少数民族预科培养基地和少数民族硕士基础培训基地的教师和管理人才，重点确保上述地区和单位教育、科技、医学和特色文化艺术、信息技术以及经济、公共事业管理等领域对少数民族高层次人才的需要。二是在招生计划方面，少数民族骨干计划的招生计划属于国家定向培养计划，纳入招生单位总规模。根据少数民族和西部地区对人才的需求，教育部单独下达指导性定向培养专项招生计划。招生计划的投放，按各省、自治区、直辖市少数民族人口总数确定招生计划的投放比例，同时兼顾国家重点扶持的民族地区的特殊需要。在考生综合素质达到基本要求的前提下，各有关招生单位按各少数民族在当地民族总人口中的比例安排复试和录取。汉族考生占各有关省、自治区、直辖市招生总数的 10%。定向省区合格考生不足时，将招生名额调剂到其他有需求的省区按规定录取合格考生。三是在招生组织方面，生源地区要根据当地国民经济和社会发展需要，制定少数民族高层次骨干人才需求规划和年度培养计划。每年 8 月底前将下一年度的招生建议计划、专业安排等报教育部。由教育部牵头与有关培养单位会商落实招生任务，编制招生计划方案，再商国家发改委和财政部，纳入年度中央级部属高校研究生招生计划，单独下达管理。各有关学校和单位根据国家下达的招生计划做好年度招生工作，于每年 6 月将招生计划的落实和招生录取的情况报教育部。四是在培养经费方面，硕士研究生（四年）和博士研究生的经费按国家统一标准由国家财政核拨，其中硕士基础培训阶段的经费核拨到承担基础培训任务的高校和单位；硕士、博士生攻读学位阶段的经费按标准核拨到培养学校；中国科学院、中国社会科学院和中国农业科学院承担培养任务所需经费，按标准从现行财政渠道解决。生源地区和定向单位对家庭经济困难学生给予适当的学习和生活费补助。

4. "少数民族高层次骨干人才计划" 的实施情况

从 2006 年开始主要面向西部民族地区的 "少数民族骨干人才培养计划"，年招研究生规模稳定在每年 5000 人，经费享受中央级高校研究生的拨款政策。截至 2014 年，"骨干计划" 招生计划共 40100 人（见表 2-6），为民族地区培养了大量少数民族高层次人才，对推动民族地区经济社会发展起到重要作用。

表 2-6　2006—2014 年"少数民族高层次骨干人才计划"招生计划（人）

年份	总计划	硕士生	博士生
2006	2500	2000	500
2007	3700	3000	700
2008	4200	3400	800
2009	4700	3700	1000
2010	5000	4000	1000
2011	5000	4000	1000
2012	5000	4000	1000
2013	5000	4000	1000
2014	5000	4000	1000
合计	40100	32100	8000

二、民族高层次人才培养的进展

随着我国高等教育规模的不断扩大，我国通过多种形式培养各类少数民族高层次人才，有效促进了民族地区经济社会的发展。

（一）各类少数民族高层次人才数量不断增长

普通高校在培养专科生、本科生、硕士研究生和博士研究生各层次少数民族高层次人才中发挥重要作用。普通高校少数民族专任教师在培养少数民族高层次人才中发挥引领作用。

1. 少数民族专科生人数及占学生总数比重稳步上升

2005 年，普通专科少数民族学生有 38.11 万人，到了 2006 年增加了 4.60 万人，达到 42.71 万人；2007 年较 2006 年增长了 3.51 万人，达到 46.22 万人；2008 年增加的人数较多，增加了 5.47 万人，达到 51.69 万人；2009 年较 2008 年又增加了 4.04 万人，达到 55.73 万人；2010 年较 2009 年增加的人数较少，增加了 2.10 万人，达到 57.83 万人；2011 年增长的人数最多，增加了 5.59 万人，达到 63.42 万人；2012 年，少数民族专科生达到了 65.73 万人，较 2011 年增加了 2.31 万人。2005—2012 年少数民族专科生增长了 1.73 倍。

近年来的统计数据显示，普通专科少数民族学生占学生总数比重不断增加，2005 年占 5.35%，到 2010 年所占比重达到 5.99%，比 2005 占提高了 0.70%；2010 年以后，普通专科少数民族学生占学生比重增长迅速，到 2012 年达到 6.82%，近两年的时间提高了 0.90%；2005—2012 年占学生总数的比重增加了 1.47%（见图 2-1）。

	2005	2006	2007	2008	2009	2010	2011	2012
普通专科少数民族学生数（万人）	38.11	42.71	46.22	51.69	55.73	57.83	63.42	65.73
普通专科少数民族学生占学生总数的比重（%）	5.35	5.37	5.37	5.64	5.78	5.99	6.61	6.82

图 2-1　2005—2012 年普通专科少数民族学生数及占学生总数的比重

【数据来源】教育部发展规划司. 中国教育统计年鉴 [M]. 2005—2011. 北京：人民教育出版社，2006—2013；

2012 年数据来源于教育部教育统计数据 [EB/OL].（2013-09-04）[2014-07-06]. http://www.moe.edu.cn/publicfiles/business/htmlfiles/moe/s7567/201309/156878.html.

2. 少数民族本科生人数快速增长，占学生总数比重呈逐年上升趋势

2005 年，普通少数民族本科生有 57.21 万人，到了 2006 年增加了 7.63 万人，达到 64.84 万人；2007 年较 2006 年增长了 4.29 万人，达到 69.13 万人；2008 年较 2007 年增加了 7.18 万人，达到 76.30 万人；2009

年人数增加较多，增加了9.01万人，达到85.32万人；2010年较2009年增加了7.67万人，达到92.99万人；2011年增长的人数最多，增加了12.43万人，达到105.42万人；2012年，少数民族学本科生达到了112.23万人，较2011年增加了6.81万人。从2005—2012年少数民族本科生增长了1.96倍。

统计数据显示，普通少数民族本科生占学生总数比重基本呈逐年不断增加趋势，2005年占6.74%，2006年占6.87%，2007年略有下降，但高于2005年，为6.75%，到2010年所占比重达到7.35%，比2005占提高了0.70%；2012年所占比重达到7.86%。从2005—2012年占学生总数的比重增加了1.12%（见图2-2）。

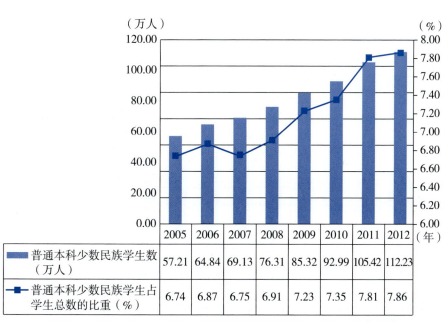

	2005	2006	2007	2008	2009	2010	2011	2012
普通本科少数民族学生数（万人）	57.21	64.84	69.13	76.31	85.32	92.99	105.42	112.23
普通本科少数民族学生占学生总数的比重（%）	6.74	6.87	6.75	6.91	7.23	7.35	7.81	7.86

图2-2　2005—2012年普通本科少数民族学生数及占学生总数的比重

【数据来源】教育部发展规划司.中国教育统计年鉴［M］.2005—2011.北京：人民教育出版社，2006—2013；

2012年数据来源于教育部教育统计数据［EB/OL］.（2013-09-04）［2014-07-06］.http://www.moe.edu.cn/publicfiles/business/htmlfiles/moe/s7567/201309/156878.html.

3. 少数民族硕士生人数增长最快，占学生总数比重曲折上升

2005年，少数民族硕士生有3.47万人，到了2006年增加了7800人，

达到 4.25 万人；2007 年较 2006 年增长了 5700 人，达到 4.82 万人；2008
年较 2007 年增加了 1200 人，达到 4.94 万人；2009 年人数增加较多，增加
了 9600 人，达到 5.90 万人；2010 年较 2009 年增加了 5500 人，达到 6.45
万人；2011 年增长的人数最多，增加了 1.49 万人，达到 7.94 万人；2012
年，少数民族硕士生达到了 8.46 万人，较 2011 年增加了 5200 人。从
2005—2012 年少数民族硕士生增长 2.44 倍。

统计数据显示，普通少数民族硕士生占学生总数比重曲折上升，2005
年占 4.41%，2006 年、2007 年连续两年稳步上升，达到 4.96%；2008 年
较 2007 年有所下降，为 4.72%，2009 年再次提高至 5.11%，2010 年下降
为 5.04%；2010 年以后，普通少数民族硕士生占学生比重增长迅速，到
2012 年达到 5.89%，近两年的时间提高了 0.85%；2005—2012 年少数民
族硕士生数占学生总数的比重增加了 1.48%（见图 2-3）。

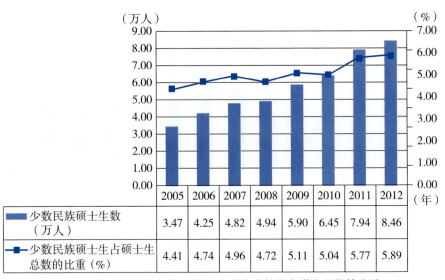

	2005	2006	2007	2008	2009	2010	2011	2012
少数民族硕士生数（万人）	3.47	4.25	4.82	4.94	5.90	6.45	7.94	8.46
少数民族硕士生占硕士生总数的比重（%）	4.41	4.74	4.96	4.72	5.11	5.04	5.77	5.89

图 2-3 2005—2012 年少数民族硕士生数及占学生总数的比重

【数据来源】教育部发展规划司. 中国教育统计年鉴 [M]. 2005—2011. 北京：人民教育出版
社，2006—2013；

2012 年数据来源于教育部教育统计数据 [EB/OL]. (2013-09-04) [2014-07-06]. http：//
www.moe.edu.cn/publicfiles/business/htmlfiles/moe/s7567/201309/156878.html.

4. 少数民族博士生人数缓慢增长，占学生总数比重先降后升

2005 年，少数民族博士生有 7200 人，到了 2006 年增加了 1700 人，达到 8900 人；2007 年较 2006 年增长了 400 人，达到 9300 人；2008 年较 2007 年增加了 200 人，达到 9500 人；2009 年较 2008 年增加了 1300 人，达到 1.08 万人；2010 年较 2009 年增加了 1300 人，达到 1.21 万人；2011 年增长的人数较多，增加了 2200 人，达到 1.43 万人；2012 年，少数民族博士生达到了 1.49 万人，较 2011 年增加了 600 人。从 2005—2012 年少数民族博士生数增长 2.07 倍。

统计数据显示，少数民族博士生占学生总数比重有升有降。2005 年，少数民族博士生占学生总数比重为 3.78%，2006 年增长到 4.65%，2007、2008 连续两年下降，下降到 4.00%，2009 年开始缓慢上升，到 2011 年增长到 5.26%，2012 年又开始下降，下降到 5.23%（见图 2-4）。

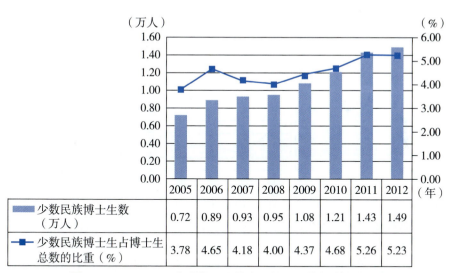

	2005	2006	2007	2008	2009	2010	2011	2012
少数民族博士生数（万人）	0.72	0.89	0.93	0.95	1.08	1.21	1.43	1.49
少数民族博士生占博士生总数的比重（%）	3.78	4.65	4.18	4.00	4.37	4.68	5.26	5.23

图 2-4　**2005—2012 年少数民族博士生数及占学生总数的比重**

【数据来源】教育部发展规划司. 中国教育统计年鉴 ［M］. 2005—2011. 北京：人民教育出版社，2006—2013；

2012 年数据来源于教育部教育统计数据 ［EB/OL］.（2013-09-04）［2014-07-06］. http：//www. moe. edu. cn/publicfiles/business/htmlfiles/moe/s7567/201309/156878. html.

5. 普通高校少数民族专任教师不断增加，在培养少数民族高层次人才中发挥引领作用

普通高校少数民族专任教师人数增加较多，2005 年为 4.65 万人，2006 年增加到 5.03 万人，2007 年较 2006 年又增加了 0.49 万人，达到 5.52 万人。2008 年普通高校共有少数民族专任教师 5.83 万人，2009 年达到 6.20 万人，2010 年较 2009 年又增加了 0.28 万人，达到 6.48 万人，2011 年达到 6.86 万人，2012 年较 2011 年又增加了 0.30 万人，达到 7.16 万人。从 2005—2012 年总计增长 2.51 万人。

统计数据显示，普通高校少数民族专任教师占教师总数的比重在 2005 年至 2008 年间上下小幅波动，最高的年度为 2005 年，少数民族专任教师占教师总数的比重为 4.81%，最低的年度为 2006 年，比重为 4.68%。2008 年开始，少数民族专任教师占教师总数的比重逐年上升，2009 年为 4.79%，2010 年为 4.83%，2011 年和 2012 年分别为 4.93% 和 4.97%（见图 2-5）。

	2005	2006	2007	2008	2009	2010	2011	2012
普通高校少数民族专任教师数（万人）	4.65	5.03	5.52	5.83	6.20	6.48	6.86	7.16
普通高校少数民族专任教师占教师总数的比重（%）	4.81	4.68	4.72	4.71	4.79	4.83	4.93	4.97

图 2-5　**2005—2012 年普通高校少数民族专任教师数及占教师总数的比重**

【数据来源】教育部发展规划司. 中国教育统计年鉴 [M]. 2005—2011. 北京：人民教育出版社，2006—2013；

2012 年数据来源于教育部教育统计数据 [EB/OL]. (2013-09-04) [2014-07-06]. http://www.moe.edu.cn/publicfiles/business/htmlfiles/moe/s7567/201309/156878.html.

（二）民族高等院校是培养少数民族高层次人才的重要基地

民族院校在我国高等教育体系中具有不可替代的特殊地位和作用，为培养少数民族高层次人才做出重要贡献，发挥着重要的基地作用。我国少数民族学生十分之一以上就读于民族院校[①]。截至 2013 年，我国有民族院校 31 所，其中本科民族院校 21 所，专科院校 10 所。21 所本科院校为：国家民委部属的 6 所，即中央民族大学、中南民族大学、西南民族大学、西北民族大学、北方民族大学、大连民族学院；由地方省级人民政府管理的省属的 9 所，即广西民族大学、云南民族大学、内蒙古民族大学、湖北民族学院、贵州民族学院、青海民族大学、西藏民族学院、四川民族学院、呼和浩特民族学院；6 所地方民族院校，即河北民族师范学院、右江民族医学院、广西民族师范学院、黔南民族师范学院、兴义民族师范学院、甘肃民族师范学院。10 所专科院校为：黑龙江民族职业学院、湘西民族职业技术学院、湖南民族职业学院、黔南民族医学高等专科学校、黔西南民族职业技术学院、黔南民族职业技术学院、黔东南民族职业技术学院、宁夏民族职业技术学院、辽宁民族师范高等专科学校、内蒙古民族幼儿师范高等专科学校。

1. 民族院校[②]少数民族在校本、专科生数量不断增加

2005 年，13 所民族院校少数民族在校本、专科生为 8.22 万人，2006 年增加了 0.46 万人，达到 8.68 万人；2007 年较 2006 年增加了 0.44 万人，达到 9.12 万人；2008 年，13 所民族院校少数民族在校本、专科生增长最快，较 2007 年，增长了 0.88 万人，达到 10.00 万人；2009 年较 2008 年增长了 0.65 万人，达到 10.65 万人；2010 年，13 所民族院校少数民族在校本、专科生增长最慢，仅增长了 0.24 万人，达到 10.89 万人；2011 年较

[①]　我国少数民族学生十分之一以上就读于民族院校 [EB/OL]. (2007-05-15) [2014-02-26]. http：//www.edu.cn/zong_he_news_465/20070515/t20070515_232521.shtml.

[②]　基于统计数据可得的情况，这里的民族院校包含 13 所，主要是省级及以上管理的院校，即中央民族大学、内蒙古民族大学、大连民族学院、中南民族大学、湖北民族学院、广西民族大学、西南民族大学、贵州民族学院、云南民族大学、西藏民族学院、西北民族大学、青海民族大学和北方民族大学。

2010 年增长了 0.56 万人，达到 11.45 万人。从 2005—2011 年，13 所民族院校少数民族在校本、专科生增长了 3.23 万人，增长比例达到 28.21%（见图 2-6）。7 年间，13 所民族院校总计培养少数民族学生达到 69.01 万人。

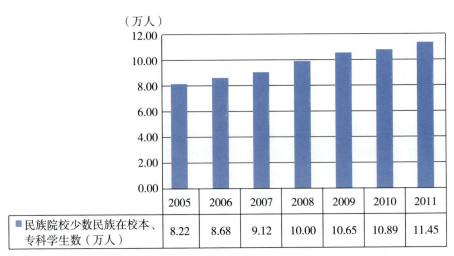

（万人）

	2005	2006	2007	2008	2009	2010	2011
■民族院校少数民族在校本、专科学生数（万人）	8.22	8.68	9.12	10.00	10.65	10.89	11.45

图 2-6　2005—2011 年 13 所民族院校少数民族在校本、专科生数

【数据来源】依据《中国民族统计年鉴 2012》和少数民族学生占比计算得出。

2. 中央民族大学、中南民族大学等民族院校在培养少数民族硕士和博士生中发挥重要基地作用

国家民委所属的中央民族大学、中南民族大学、西北民族大学等六所民族院校在培养少数民族硕士生和博士生中发挥重要的基地作用。

基于数据可得，中央民族大学 2010—2012 年培养少数民族硕士生人数为 2145 人，2010 年培养少数民族硕士生 646 人，2011 年增加到 747 人，2012 年增长至 752 人，3 年增长了 106 人，增长比例较快。中南民族大学自 2010—2012 年，培养少数民族硕士生人数最多，达到 3822 人。2010 年，培养少数民族硕士生 1252 人，2011 年增加到 1270 人，到 2012 年增加至 1300 人，3 年增长了 48 人。西北民族大学 2010—2012 年培养少数民族硕士生 463 人，2010 年为 149 人，2011 年为 148 人，到 2012 年增加至 166

人① （见图 2-7）。

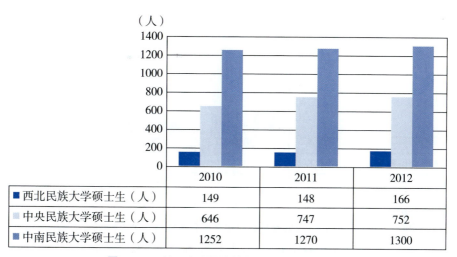

（人）	2010	2011	2012
■西北民族大学硕士生（人）	149	148	166
□中央民族大学硕士生（人）	646	747	752
■中南民族大学硕士生（人）	1252	1270	1300

图 2-7　3 所民族院校培养少数民族硕士生人数

【数据来源】依据中央民族大学、中南民族大学和西北民族大学上报数据计算得出。

　　基于数据可得，中央民族大学自 2010—2012 年，培养少数民族博士生人数最多，达到 424 人。2010 年，培养少数民族博士生 145 人，2011 年为 140 人，到 2012 年为 139，每年保持在 140 人左右。中南民族大学 2010—2012 年培养少数民族博士生 80 人，2010 年培养 22 人，2011 年增加到 27 人，2012 年增长至 31 人，三年增加了 9 人。西北民族大学 2010—2012 年培养少数民族博士生 45 人，2010 年为 24 人，2011 年为 13 人，到 2012 年为 8 人，呈递减趋势② （见图 2-8）。

　　3. 西藏民族学院、西北民族大学少数民族毕业生绝大部分服务于民族地区

　　基于数据可得，西藏民族学院和西北民族大学培养的少数民族学生中绝大部分毕业后服务于民族地区，为民族地区经济社会的发展贡献了力量。其中，西藏民族学院，自 2010—2012 年培养少数民族毕业生 3803 人，

---

　　①　数据由中央民族大学、中南民族大学和西北民族大学提供。
　　②　数据由中央民族大学、中南民族大学和西北民族大学提供。

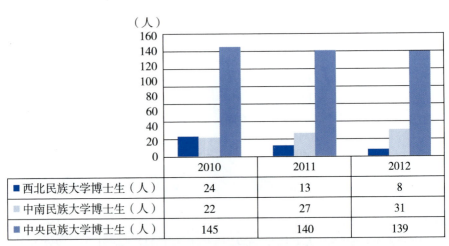

（人）

	2010	2011	2012
■ 西北民族大学博士生（人）	24	13	8
中南民族大学博士生（人）	22	27	31
■ 中央民族大学博士生（人）	145	140	139

图 2-8　3 所民族院校培养少数民族博士生人数

【数据来源】依据中央民族大学、中南民族大学和西北民族大学上报数据计算得出。

2010 年为 1359 人，2011 年为 1242 人，2012 年为 1202 人[①]，这些毕业生全部服务于民族地区。但需要说明的是，西藏民族学院少数民族毕业生三年成连续下降趋势（见图 2-9）。

西北民族大学自 2010—2012 年培养少数民族毕业生 7318 人，服务于民族地区的有 3967 人，占少数民族毕业生的 54.2%。其中，2010 年培养少数民族毕业生 2203 人，服务于民族地区的为 1323 人，占少数民族毕业生的 60.05%；2011 年培养少数民族毕业生 2452 人，服务于民族地区的有 1324 人，占少数民族毕业生的 53.10%；2012 年培养少数民族毕业生 2663 人，服务于民族地区的有 1320 人，占少数民族毕业生的 49.57%。2012 年比 2013 年培养少数民族毕业生人数增加了 460 人，但服务于民族地区的少数民族学生占比下降了 10.48%[②]（见图 2-10）。

4. 民族院校少数民族专任教师数量不断增长，在培养少数民族人才中发挥重要作用

随着民族院校的发展，民族院校少数民族专任教师数量不断增长，硕

---

① 数据由西藏民族学院提供。

② 数据由西北民族大学提供。

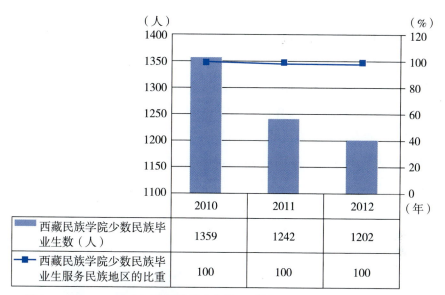

	2010	2011	2012
西藏民族学院少数民族毕业生数（人）	1359	1242	1202
西藏民族学院少数民族毕业生服务民族地区的比重	100	100	100

图 2-9 **2010—2012 年西藏民族学院少数民族毕业生服务民族地区人数及比重**

【数据来源】依据西藏民族学院提供数据计算得出。

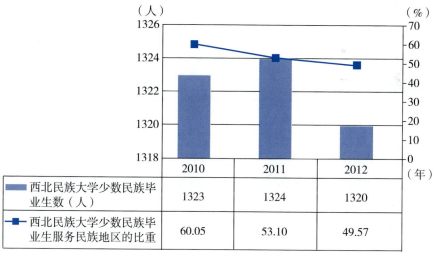

	2010	2011	2012
西北民族大学少数民族毕业生数（人）	1323	1324	1320
西北民族大学少数民族毕业生服务民族地区的比重	60.05	53.10	49.57

图 2-10 **2010—2012 年西北民族大学少数民族毕业生服务民族地区人数及比重**

【数据来源】依据西北民族大学提供数据计算得出。

士及以上学历少数民族教师比重不断增加，少数民族专任教师在培养少数民族高素质、高层次才人，传承、发展和创新少数民族优秀文化中发挥重要引领作用。

基于数据可得，2010—2012 年中南民族大学、西北民族大学、西藏民族学院少数民族专任教师数量不断增加。其中西藏民族学院少数民族专任教师由 2010 年的 70 人增加到 2012 年的 72 人；西北民族大学少数民族专任教师由 2010 年的 309 人增加到 2012 年 343 人，增加了 34 人；中南民族大学少数民族专任教师数量最多，增长速度也最快，由 2010 年的 478 人增加到 2012 年的 521 人，增加了 43 人；中央民族大学少数民族专任教师数量 2012 年比 2010 年减少了 8 人①（见图 2-11）。

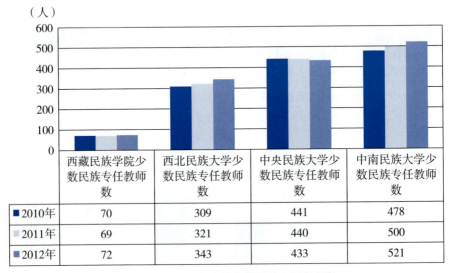

（人）

	西藏民族学院少数民族专任教师数	西北民族大学少数民族专任教师数	中央民族大学少数民族专任教师数	中南民族大学少数民族专任教师数
■ 2010年	70	309	441	478
2011年	69	321	440	500
■ 2012年	72	343	433	521

图 2-11　4 所民族院校少数民族专任教师数

【数据来源】由中南民族大学、西北民族大学、西藏民族学院和中央民族大学提供。

基于数据可得，从 2010—2012 年，西北民族大学、中南民族大学具有硕士及以上学历占少数民族专任教师的比重逐年增加。其中西北民族大学 2010 年少数民族专任教师具有硕士及以上学历的教师比重为 60.84%，2011 年达到 61.06%，2012 年增长到 62.39%，3 年增长了 1.55 个百分点；中南民族大学 2010 年少数民族专任教师具有硕士及以上学历的教师比重为

---

① 相关数据由中南民族大学、西北民族大学、西藏民族学院和中央民族大学提供。

75.10%，2011 年达到 78.73%，2012 年增长到 83.30%，3 年增长了 4.57 个百分点。而中央民族大学和西藏民族学院，2010—2011 年少数民族专任教师具有硕士及以上学历的教师比重有所增加，但到 2012 年又有所下降。其中中央民族大学 2010 年为 52.61%，2011 年增长到 61.36%，但 2012 年下降到 59.82%；西藏民族学院 2010 年为 27.14%，2011 年增长到 34.78%，但 2012 年下降到 33.33%①（见图 2-12）。

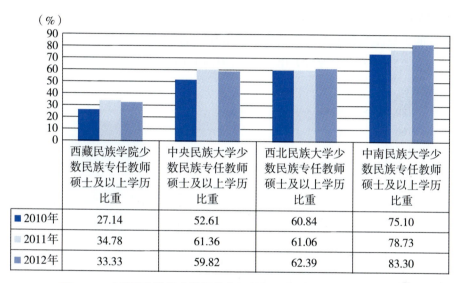

（%）	西藏民族学院少数民族专任教师硕士及以上学历比重	中央民族大学少数民族专任教师硕士及以上学历比重	西北民族大学少数民族专任教师硕士及以上学历比重	中南民族大学少数民族专任教师硕士及以上学历比重
2010年	27.14	52.61	60.84	75.10
2011年	34.78	61.36	61.06	78.73
2012年	33.33	59.82	62.39	83.30

图 2-12　4 所民族院校少数民族专任教师硕士及以上学历所占比重

【数据来源】依据中南民族大学、西北民族大学、西藏民族学院和中央民族大学提供数据计算得出。

（三）非民族院校是培养少数民族高层次人才的主体

为了培养少数民族高层次人才，我国在实施具有特色的民族高等教育的同时，也在非民族院校实施培养少数民族高层次人才，为各少数民族、民族地区培养了大量的少数民族人才，成为培养少数民族人才的坚强后盾。

---

①　相关数据由中南民族大学、西北民族大学、西藏民族学院和中央民族大学提供，并通过计算得出。

1. 少数民族高层次人才 90% 由非民族院校培养

截至 2012 年，我国全日制高等院校有 2442 所①，其中民族院校有 31 所，民族院校占全国普通高校的比例仅为 1.27%。而 2012 年全日制高等教育培养的少数民族学生达到 187.91 万人②，从 31 所民族院校中数据可得的 14 所学校在校生数为 30.87 万人，少数民族学生占民族院校在校生的平均比例为 50%③，据此可知，14 所民族院校培养的少数民族学生仅为 15.44 万人，占全国高等教育培养少数民族学生 8.22%。可见，大约有近 90% 的少数民族学生是由非民族院校培养。这表明，非民族院校在培养少数民族高层次人才中发挥着中流砥柱的作用（见图 2-13）。

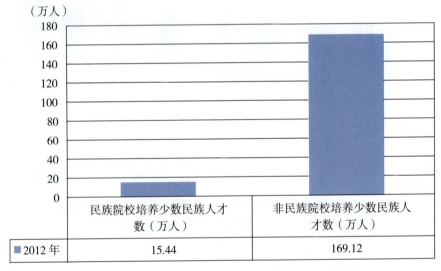

	民族院校培养少数民族人才数（万人）	非民族院校培养少数民族人才数（万人）
■2012 年	15.44	169.12

图 2-13 民族院校与非民族院校培养少数民族人才数量比较

【数据来源】民族院校数据由中央民族大学、内蒙古民族大学、大连民族学院、中南民族大学、湖北民族学院、广东民族学院、广西民族大学、西南民族大学、贵州民族学院、云南民族大学、西藏民族学院、西北民族大学、青海民族大学和北方民族大学提供。

---

①　教育部. 教育统计数据. 高等教育学校（机构）数［EB/OL］.（2013-09-04）［2014-07-06］. http：//www. moe. edu. cn/publicfiles/business/htmlfiles/moe/s7567/201309/156873. html.

②　教育部. 教育统计数据［EB/OL］.（2013-09-04）［2014-07-06］. http：//www. moe. edu. cn/publicfiles/business/htmlfiles/moe/s7567/201309/156878. html.

③　根据中央民族大学、内蒙古民族大学、大连民族学院、中南民族大学、湖北民族学院、广东民族学院、广西民族大学、西南民族大学、贵州民族学院、云南民族大学、西藏民族学院、西北民族大学、青海民族大学和北方民族大学 14 所民族院校少数民族学生所占比例计算得出。

2. 非民族院校民族预科教育肩负培养少数民族人才的重要任务

20 世纪 50 年代，我国就开始实行民族预科教育的特殊政策以帮助少数民族培养急需人才，但这一政策一度中断。1980 年，教育部颁布《全国重点高等学校试办少数民族班的通知》，民族班在重点高校重新开始。1998 年教育部发布的《普通高等学校招收少数民族预科生的通知》提出：教育部 11 所部属高校 1998 年招收少数民族预科班学生 570 名，中南林学院等 6 所高校招收 350 名，国家民委直属高校招收 807 名少数民族预科班学生①。2004 年，教育部实施《2003—2007 年教育振兴行动计划》，提出"支持高等院校扩大定向招收少数民族学生和建设民族预科教育基地。"初步建立了北京邮电大学、南昌工学院、北京理工大学秦皇岛分校、黄河科技学院、江西赣州职业技术学院等 6 所全国高校少数民族预科教育基地。

在一些普通高等学校设置民族预科班和预科教育基地是国家为加快培养少数民族人才而实施的一项重要教育政策。南昌工学院自 2003 年 11 月被教育部认定为华东地区唯一的"全国高校少数民族预科教育基地"以来，面向新疆、西藏、宁夏、云南、内蒙古等 28 个省、市、自治区招收并培养了维吾尔族、藏族、回族、哈萨克族等 49 个少数民族的少数民族本科预科、少数民族专科预科等各层次学生 15000 余人，2013 年在校民族学生近 6000 人②。北京邮电大学民族教育学院是由教育部民族教育司于 2003 年 11 月 25 日批准建立的全国高校民族预科教育基地，学院 2004 年首次招生，31 个少数民族、21 个省市自治区的高中毕业生走进了民族教育学院的大门；2006 年，民族教育学院又承担了研究生基础培训的任务。到目前为止，民族教育学院共为 47 所高校输送了民族预科生和少数民族骨干人才研究生基础培训生共计 6111 人③。北京理工大学秦皇岛分校，2004 年 9 月被教育部确立的全国六所民族预科教育培养基地之一，截至 2012 年，分校

---

① 教育部. 关于 1998 年普通高等学校招收少数民族预科生的通知［EB/OL］. (1998-04-17)［2015-06-19］. http：//www.chinalawedu.com/falvfagui/fg22598/17160.shtml.

② 学院简介［EB/OL］. (2013-07-05)［2014-07-06］. http：//www.ncgxy.com/html/mzykjy.html.

③ 学院简介［EB/OL］. (2013-07-05)［2014-07-06］. http：//seme.bupt.edu.cn/intro.htm.

已培养少数民族预科学生 4000 余名①。

为了更好地培养少数民族人才，民族预科教育得到快速发展。截至 2011 年，全国 300 多所普通高校举办了少数民族预科班和民族班，累计招收培养少数民族学生 30 万余人②。非民族院校开展的预科教育肩负了培养少数民族人才的重要任务。

3. 非民族院校在培养少数民族高层次骨干人才中发挥重要作用

"少数民族高层次骨干人才计划"实施以来，培养规模从最初 2006 年的 2000 名硕士、500 名博士，共计每年 2500 人，逐渐增加到 2014 年的 4000 名硕士、1000 名博士，共计每年 5000 人。相较于 2006 年，培养硕士和博士的规模增加了 100%（见表 2-7）。

表 2-7 少数民族高层次骨干人才年度招生计划 （人）

年份	总计划	硕士生	博士生
2006	2500	2000	500
2007	3700	3000	700
2008	4200	3400	800
2009	4700	3700	1000
2010	5000	4000	1000
2011	5000	4000	1000
2012	5000	4000	1000
2013	5000	4000	1000
2014	5000	4000	1000

从 2014 年呈现的数据来看，在 125 所招收少数民族高层次骨干人才的学校中，民族院校有 5 所，招生 388 人，其中博士生 51 人，硕士生 337 人；招生比例占总数的 7.76%，其中博士生占 5.1%，硕士生占 8.43%

---

① 郭强. 北京理工大学秦皇岛分校 [J]. 中国民族教育，2012（9）.

② 阿布都. 民族教育：科学发展 成就辉煌——回顾十六大以来民族教育发展成就 [J]. 中国民族教育，2012（10）：8.

（见图 2-14）。非民族院校招收 4612 人，其中博士生 949 人，硕士生 3663 人；招生比例占总数的 92.24%，其中博士生占 94.9%，硕士生占 91.58%①。可见，92.24% 的少数民族高层次骨干人才是由非民族院校培养，非民族院校在培养少数民族骨干人才中发挥重要作用。

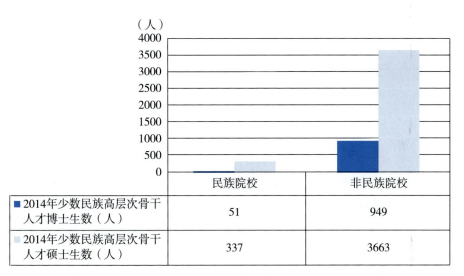

（人）	民族院校	非民族院校
■2014年少数民族高层次骨干人才博士生数（人）	51	949
■2014年少数民族高层次骨干人才硕士生数（人）	337	3663

图 2-14　2014 年民族院校和非民族院校招生少数民族高层次骨干人才数

【数据来源】2014 年"少数民族高层次骨干人才计划"（各院校）名额分配表［EB/OL］．（2014-02-07）［2014-07-06］．http：//www. eol. cn/html/shengdian/2014ggjh. shtml.

---

① 相关数据根据中国教育在线（http：//www. eol. cn/html/shengdian/2014ggjh. shtml）提供的数据计算得出。

第三章

民族高层次人才的培养模式

促进各民族的平等、团结和共同繁荣是党和国家民族政策的根本出发点，要实现共同繁荣这一艰巨的历史任务，就必须将培养少数民族高层次人才放在首位。"大力培养少数民族高层次骨干人才、努力培育少数民族优质人力资源是实现我国各民族人民文明富裕和强国安邦的重要国策。"①

中国社会主义建设的历史经验反复证明，大批少数民族专门人才，对于国家经济发展和各民族共同繁荣意义重大。因此，新中国成立以来，党和国家把发展民族教育、培养少数民族高层次人才作为一项特殊任务。《中华人民共和国宪法》第 122 条指出："国家帮助民族自治地方从当地民族中大量培养各级干部、各种专业人才和技术工人。"为完成培养少数民族高层次人才的历史使命，国家采取了一系列特殊的教育政策和实践措施，形成了多样化的少数民族高层次人才培养体系，以及现代化的教学管理方式、规范化的督导评估体系和科学化的就业指导方略，富有中国特色的少数民族高层次人才培养模式日趋完善。

---

① 特约评论员. 大力培养少数民族高层次骨干人才 [J]. 中国民族教育, 2004 (3): 1.

一、形成了多样化的培养体系

长期以来，为加速少数民族高层次人才的培养，党和政府高度重视对少数民族教育的领导和管理，努力构建多样化的人才培养体系。目前已初步建立起包括内地民族班、少数民族预科教育、"9+3"职业教育、免费师范生教育、少数民族高层次骨干人才培养计划和高校对口支援计划为主的多样化培养体系，涵盖了中等教育、职业教育、师范教育、研究生教育等多个层次，为少数民族高层次人才的培养奠定了重要基础。

（一）逐步完善的内地民族班办学

充分利用内地发达地区教育优势举办少数民族班是发展少数民族教育事业、加快我国边疆和民族地区人才培养的特殊举措，着力培养和造就一大批坚定地维护祖国统一，密切联系群众，具有强烈事业心和高水平业务能力的少数民族优秀人才。为了更好地帮助西藏、新疆培养人才，根据《民族区域自治法》第七十一条规定："国家在发达地区举办民族中学或者在普通中学开设民族班，招收少数民族学生实施中等教育。"自1984年始，国家先后在全国各地举办了数目众多的内地西藏初中和高中班、内地新疆高中班、内地西藏中职班、内地新疆中职班。

1. 创办内地西藏初中和高中班

1984年12月，教育部、国家计委发布《关于落实中央关于在内地为西藏办学培养人才指示的通知》指出："在内地创建西藏学校和举办西藏班，每年招收1300—1500名藏族学生，培养中等专业技术人才。"[①] 为此，北京、上海、天津等全国16个省（直辖市）筹办了普通中学西藏班。1985年，首届1300名西藏学生进入内地普通中学学习。1992年，首届内地普通高中西藏班学生毕业，国家继续安排他们在内地普通高等学校本、

---

① 吴仕民. 中国民族教育［M］.北京：长城出版社，2000：664.

专科院校深造①。

长期以来，国家将西藏内地班招生工作作为重点落实，同时不断加强支持力度，重视教育质量提高和规模效应。2000 年，为进一步提高内地班的办学质量，中央财政当年下达了 2000 万元经费用于改善办学条件，2002 年，国家拨付 8750 万元项目经费，用于内地西藏班扩招基建、改造基础设施和购置仪器设备。同时，承担办学任务的各省市也根据中央关于"继续办好内地西藏班，改善条件，提高质量"的精神，采取倾斜政策，切实加大投入力度。截至 2010 年，已在全国 20 个省市的 28 所学校开办内地西藏班，年招收规模由原来的初中 1300 人、高中 300 人和高校 300 人，分别扩大至 1800 人、3000 人和 1500 人，已有 3 万多名学生完成学业回西藏参加建设②。

2. 举办内地新疆高中班

为加快新疆实施科教兴国战略的步伐，培养和造就少数民族优秀人才，切实促进新疆经济发展和社会进步，进一步组织内地发达城市加大教育支援新疆的力度，2000 年 1 月 24 日，教育部发布《关于内地有关城市开办新疆高中班的实施意见》，确定在北京、上海、天津、南京、杭州、广州、深圳、大连、青岛、宁波、苏州、无锡等城市开办内地新疆高中班。内地新疆高中班学制四年（含预科一年），每年招收新疆应届初中毕业生 1000 人；2000 年 9 月，内地新疆高中班正式开始招收学生。

为贯彻落实中共中央办公厅、国务院办公厅《关于进一步加强新疆干部与人才队伍建设的意见》（中办发 ［2003］32 号）中关于"扩大内地新疆高中班规模，推行新疆高中班学生与内地学生混合编班"的意见，经国务院同意，从 2005 年起，在北京、天津、长春、哈尔滨、上海、扬州等 24 个内地城市扩大新疆高中班招生规模。扩招采取分步实施、逐年扩招的

---

① 教育部，中央编办，发展改革委，财政部，人事部．关于进一步做好教育援藏工作的意见 ［EB/OL］. (2004-01-14) ［2013-12-27］. http：//www.gov.cn/gongbao/content/2004/content_63142.htm.

② 石玉钢．西藏自治区"十二五"时期教育事业发展规划 ［G］//《中国民族年鉴》编辑部．中国民族年鉴 2012. 北京：人民教育出版社，2012：414.

办法。招生规模由 2004 年的 1540 人扩大到 2007 年的 5000 人。扩招后在校生总规模达到 20000 人，500 个班，中央对承担内地新疆高中班扩招任务的城市给予一次性基建和教学仪器设备、图书资料补助经费。同时，为保障新疆高中班学生在内地的学习和生活质量，国家相关部委多次出台政策文件，如 2011 年教育部办公厅、国家民委办公厅发布了《关于进一步加强内地新疆班清真食堂管理工作的通知》（教民厅［2011］6 号），要求各地教育、民族工作部门和办班学校要关心少数民族学生的生活，进一步提高对办好清真食堂重要性的认识，建立健全清真食堂管理制度，加大对清真食堂的监督检查力度，为新疆高中班学生的学习生活提供保障。

3. 举办内地西藏和新疆中职班

为贯彻落实中央第五次西藏工作座谈会、中央新疆工作座谈会以及中发［2010］4 号、［2014］9 号文件关于扩大内地西藏、新疆班高中阶段招生规模及举办内地西藏、新疆中职班的精神，教育部决定逐步举办西藏和新疆内地中等职业教育班。2010 年，内地西藏中职班开班。西藏中职班在天津、河北、辽宁、吉林、上海、江苏、浙江、福建、江西、山东、湖南、广东等 12 省市的 42 所国家重点中等职业学校开办，年招生 3000 人，涉及 10 个专业类别、33 个专业方向①。2011 年，国家继续启动"内地新疆中等职业教育班"计划，每年在新疆招收 3300 名初中毕业生赴内地就读。根据教育部相关政策，内职班学生在校学习期间实行免费教育，办学所需经费来自于中央财政、承办学校所在省市财政部门及西藏、新疆当地教育行政部门。

创办内地西藏、新疆中职班是国家利用内地优质职业教育资源，为西藏、新疆培养一大批职业技能型人才和高素质劳动者的有力举措，是中央继续加大对西藏、新疆职业教育的支持力度的体现。2011 年，内地西藏中职班在校生 5800 名，分布在 12 个省、直辖市的 46 所办班学校；内地新疆中职班在校生 3300 人，分布在 9 个省、直辖市的 31 所办班学校。按照国

① 丁生东，王振岭．异地办班工作［G］//《中国教育年鉴》编辑部．中国教育年鉴 2008．北京：人民教育出版社，2008：872.

家办学规划，2013 年之后，内地西藏中职班招生规模将稳定在 5000 人，2015 年，在校生规模将稳定在 1.5 万人；内地新疆中职班招生规模为每年 3300 人，到 2013 年在校生规模达到并稳定在 1 万人左右。西藏、新疆内地中职班的大力开办对于实施西部职业技能型人才储备战略，实现西藏、新疆跨越式发展和长治久安具有深远意义。

（二）不断发展的少数民族预科教育

民族预科教育是党和国家支持和加快少数民族、民族地区发展的又一项重要教育举措。"预科教育对提高少数民族学生的文化基础知识，使更多的少数民族学生进入高等院校学习起了很大的推动作用，成为主要为少数民族学生举办的独具特色的办学形式，是民族教育的重要组成部分。"[1]《民族区域自治法》规定："国家举办民族院校，在高等学校举办民族班、民族预科、专门招收少数民族学生。"[2] 民族预科的对象是当年参加普通高等学校招生全国统一考试、适当降分、择优录取的民族学生，是一种包含高等学校本、专科（高职）预备性教育的一种办学形式。

20 世纪 50 年代，国家就开始实行民族预科教育的特殊政策以帮助少数民族培养急需人才，但这一政策由于特定历史原因一度中断。1980 年，教育部在《全国重点高等学校试办少数民族班的通知》中提出，为了更好地为少数民族培养人才，在教育部所属部分全国重点高等学校举办少数民族班。这标志着民族预科班的再次恢复。1983 年，教育部和国家民委在《关于加强领导和进一步办好高等院校少数民族预科班的意见》（以下简称《意见》）中规定：民族班分成预科、专科和本科三种，可适当降分录取新生。并对民族班的招生、分配、教学、经费等做了重新规定。《意见》指出，"实践证明，根据边疆地区的实际需要，在高等院校举办民族班（分预科、专科和本科），是全面贯彻党的教育方针，加速民族高等教育的

---

① 滕星，马效义. 中国高等教育的少数民族优惠政策与教育平等 [J]. 民族研究，2005（5）：10.

② 全国人民代表大会常务委员会办公厅. 中华人民共和国第六届全国人民代表大会第二次会议文件汇编 [M]. 北京：人民出版社，1984：96.

发展和进一步落实党的民族政策，增强民族团结的重要步骤"，"是建设具有中国特色的社会主义高等教育的组成部分，是发展民族高等教育必要的、有效的步骤，要长期坚持下去"。

进入 21 世纪，随着我国现代化建设步伐的加快，小康社会的建设和西部大开发战略的实施，民族地区越来越需要更多的高层次人才。为了适应并满足这一需求，党和国家专门出台了进一步发展民族预科教育的意见和建议，有关部门采取切实有效的措施，加大了民族预科教育工作的力度。2002 年，国务院颁布《关于深化改革加快发展民族教育的决定》，提出"做好高校民族班和民族预科班的招生工作，以上学年招生规模为基数，并按上学年全国普通高等学校本科招生平均增长比例，确定当年国家部委及东中部地区所属高等学校民族班和民族预科班的招生规模"，"预科生的经费按本科生标准和当年实际招生数，分别由中央和地方财政核拨；加强民族预科教育基地建设，深化预科教学改革，提高教育质量"。同年，教育部办公厅下发了《关于全国普通高等学校民族预科班、民族班招生、管理等有关问题的通知》（以下简称《通知》），对举办民族预科班的重要性、生源、录取办法、培养与结业等做了明确规定。《通知》指出："在普通高等学校举办少数民族预科班、民族班，是党和国家为少数民族地区培养专门人才而采取的一项有效措施"，并要求"各地、各部门和高等学校要从加快实施西部大开发战略步伐、促进民族地区的社会经济发展和维护祖国统一、民族团结的大局出发，加大扶持力度，做好少数民族预科班、民族班招生、培养和管理工作"。

2005 年，国家民委、教育部《关于进一步办好民族院校的意见》中提出："要在提高办学质量、积累办学经验的基础上，逐步提高民族院校的办学层次，搞好本科生教育，积极发展研究生教育，同时做好预科生的培养工作。"2010 年，《教育规划纲要》再次强调要"进一步办好民族预科班"。2012 年，国家颁布的《少数民族事业"十二五"规划》中，也要求"继续办好高校少数民族预科班"。

在一系列政策和体制的保障下，少数民族预科教育取得了较大发展：预科部先后转为预科教育学院，设立了少数民族预科教育基地，加强了少数民族预科教育的交流与合作，预科教育的规模和数量逐年增大。

1. 预科部转为民族预科教育学院或民族学院

为加快民族高层次人才培养进程，扩大民族预科教育规模，全国大部分预科部转为民族预科教育学院或民族学院。西南民族大学、贵州民族学院、青海民族学院、宁夏大学、广西民族大学、中央民族大学、西北民族大学、湖北民族学院的预科部分别于 2002 年、2003 年、2005 年、2006 年、2008 年和 2010 年更名为预科教育学院。其他高校民族预科培养单位改为民族学院或预科教育学院。

2. 设立少数民族预科教育基地

从 2000 年起，国家鼓励和支持设立少数民族预科教育基地，在教育部《2003—2007 年教育振兴行动计划》文件精神的指导下，部分民族预科教育院校成立全国民族预科教育基地。黄河科技大学民族学院、北京邮电大学、赣江职业技术学院、北京理工大学秦皇岛分校、宁夏大学、西南民族大学的预科办学单位分别于 2000 年、2003 年、2004 年、2006 年、2009 年先后成为全国民族预科教育基地。另外，广西民族大学预科教育学院于 2003 年成为广西少数民族预科教育基地，吉林省省属高等学校少数民族预科教育基地于 2005 年正式成立，湖南省高等学校少数民族预科教育基地于 2008 年在吉首大学成立。

3. 加强少数民族预科教育的交流与合作

2002 年 11 月 8—9 日，教育部民族教育司在新疆师范大学召开全国普通高校少数民族预科工作研讨会，重点研究普通高校少数民族预科班管理和制订普通高校少数民族预科 4 科（汉语、英语、数学、计算机）教材的编写方案问题。明确今后全国普通高校民族预科的重点工作：进一步规范高校预科的招生、教学和学籍管理工作；建立高校民族预科办学评估制度；实行统一的教学计划、统一的教学标准和统一的教材；对预科课程实行分层次管理，等等。为加强预科班、民族班的管理工作，2004 年 3 月、10 月，分别在南昌、贵阳召开了全国普通高等学校少数民族预科教育教学管理工作研讨会，会议总结了预科班办学的成功经验及存在的问题，对预科办学提出了新的要求。2010 年 5 月 28—30 日，经中国少数民族教育学会批准、教育部民族教育司同意，中国少数民族教育预科教育专业委员会成立大会暨首届民族预科教育论坛在宁夏大学举行，会议通过了《中国少数民族教育学会预科教育专业委员会章程》和《中国少数民族教育学会预科教育专业委员会管理办法》。

4. 预科教育的规模和数量逐年增大

2001 年，教育部等 4 部委所属的 55 所高等学校和辽宁等 8 个省所属的 13 所高等学校共招收了少数民族预科生 2600 人。2002 年 6 月，教育部等 4 部委所属的 66 所高等学校和辽宁等 8 个省所属的 13 所高等学校共招收少数民族预科生 2992 名。2003 年，教育部等 5 部委所属的 84 所高等学校共招收少数民族预科生 4056 名。到 2008 年，完成高校少数民族预科班、民族班 2.4 万名招生计划，其中普通高校民族班 1660 人，预科班 24480 人，非西藏生源定向西藏就业 420 人①。截至 2011 年，全国 300 多所普通高校举办了少数民族预科班和民族班，累计招收培养少数民族学生 30 万余人②。

（三）独具特色的 "9+3" 职业教育模式

少数民族职业技术教育是造就和培养少数民族地区实用技术人才的重要途径，是我国少数民族教育的一个重要组成部分。长期以来，职业技术教育是民族教育发展中的薄弱环节，为改变民族地区职业技术教育薄弱的状况，1992 年，原国家教委职业技术教育司与国家教委民族地区教育司联合下发了《关于加强少数民族与边远地区农村职业技术教育工作的意见》（教职［1992］8 号）。1998 年，原国家教委发布的《关于印发〈关于加快中西部地区职业教育改革与发展的意见〉的通知》，要求进一步提高认识，增强发展职业教育的紧迫感；探索符合中西部地区实际的职教模式；建立有效的职业教育运行机制；国家鼓励东部地区与中西部地区之间积极

---

① 李彬，次仁多布杰. 内地高校招收少数民族预科班、民族班、少数民族高层次骨干计划情况［G］//《中国教育年鉴》编辑部. 中国教育年鉴 2009. 北京：人民教育出版社，2009：316.
② 阿布都. 民族教育：科学发展　成就辉煌——回顾十六大以来民族教育发展成就［J］. 中国民族教育，2012（10）：8-10.

开展多层次多形式的职业教育交流与合作，支持中西部地区的职业教育改革和发展；切实加强师资队伍和职业教育管理干部队伍建设；多方采取有效措施，增加对职业教育的投入。2006年，国家民委、教育部发布的《关于大力发展少数民族和民族地区职业教育的意见》强调："从实际出发，进一步解放思想，积极探索适合民族地区的职业教育发展路子。"在此背景下，四川省率先在全国提出了"9+3"职业教育计划，即在9年义务教育的基础上，对藏区孩子再提供3年的免费中职教育。

2009年6月4日，"9+3"计划工作会议在成都市召开，会上对"9+3"计划全面启动及招生宣传和报名录取工作进行了部署。会后，四川省教育厅在全省19个地市的中等职业学校中选取了85所国家级、省级重点学校作为接收单位，并在这些学校遴选出一批重点、热门的专业供藏区学生选择。2009年9月，四川藏区免费职业教育计划开始全面实施，一万余名藏区孩子走出高原，来到内地开始全新的学习生活。

为确保"9+3"计划的顺利实施，四川省加大组织力度，积极探索"9+3"职业教育的新模式，形成了一系列成熟做法，培养了一批适应藏区经济和社会发展要求的高素质劳动者和技能型人才。

1. 加强组织领导

为了确保作为藏区三大民生工程之一的"9+3"计划顺利实施，四川省委、省政府成立了由副书记、副省长担任正、副组长，省军区、省委组织部、宣传部、统战部、省民委、发改委、教育厅、财政厅、人社厅等15个省级部门组成的工作领导小组；省教育厅组建了专门的"9+3"计划办公室；省政府与各地市政府签订了目标责任书，实行党政"一把手"负责制，并纳入目标管理实施绩效考核；藏区先后选派800多名驻校干部、教师到"9+3"学校协助工作，确保了"9+3"计划的顺利实施。

2. 构建就学保障网络

为让藏区学生安心读书、健康成长，四川省委、省政府对到内地中职学校接受"9+3"免费教育的学生每人每年免除学费2000元。学生入学后的前两年按照每人每年3000元的标准给予生活补助，第三年按照每人1500元的标准给予生活补助。除此之外，每年补助交通、住宿、书本等杂费 1500 元；新生每人给予一次性冬装补助 300 元；补助学校工作经费每生每年 500 元①。为改善办学条件，2009 年、2010 年两年安排 2.58 亿元，用于支持"9+3"学校的基础建设，并争取中央支持，将 6 所"9+3"学校列入中职教育基础能力建设规划中央预算内投资计划，获中央支持资金 6000 万元。

3. 做好招生宣传

为扩大生源渠道，全方位宣传"9+3"的惠民政策，提高藏区群众对"9+3"的认同度，发挥各级各类媒体的宣传作用，确保政策深入人心，家喻户晓。三年来，招生宣传组深入藏区开展招生宣传工作已形成制度。在工作安排、工作流程上，优先满足"9+3"录取，规范学生档案和录取过程，确保招生数量和生源质量。

4. 创新培养过程

各地"9+3"学校遵循"第一年注重养成教育，打牢学习基础；第二年注重技能培养，促进学有所长；第三年注重顶岗实习，推进学生就业"的培养思路，狠抓技能培养，量身定做培养方案，让每个学生"学有所获、学有所长"。同时，改进教学方式，探索"先会后懂"，"做中学，学中做"的有效方法，树立"尊重个体，注重基础，分层教学，突出技能"的教学理念，坚持"任课教师主导、藏区学生鼓励、内地学生帮扶"的教学思路。完善教育管理措施。抓好军训和入学教育，确保新生顺利度过适应期；做好"混班混住"、"一帮一、结对子"工作，促进民族团结融合和学业共同进步。

5. 促进学生实习和就业

一是加强就业观念教育，引导学生合理调整就业预期；细化岗位对接，加强学校与当地人社部门和企业的沟通联系，积极吸纳学生实习就业。二是建立健全专业实习、顶岗实习机制，大力推行"校企合作"、"校企共育"、"订单培养"等模式，2011 年起增设"9+3"毕业班顶岗实习专

---

① 国家教育发展研究中心. 四川省全面推进藏区"9+3"免费教育计划［EB/OL］.（2012-03-20）［2013-12-27］. http：//www.moe.gov.cn/publicfiles/business/htmlfiles/moe/s6635/201207/139297.html.

项补助，并及时下拨 428 万元经费（每生 500 元）支持顶岗实习工作。三是完善分片负责、定点包校制度。重点强化安全风险防范机制建设，健全顶岗实习台账，做到"一校一策、一生一账"，随时掌握学生动态，对回流学生及时予以再安置。四是抓好岗位落实。从业资格考核、升学等政策向"9+3"学生倾斜。加强就业创业扶持，将自主创业毕业生纳入小额担保贷款扶持对象，争取省级就业专项补助，加大对"9+3"学校的支持力度。

四川省实施的"9+3"计划取得了显著成效，逐渐形成了民族地区职业教育发展的新模式，得到了藏区广大群众的衷心拥护、社会各界的高度赞誉、各级领导的高度关注和肯定。2010 年 1 月，中共中央、国务院召开的第五次西藏工作座谈会已经把"9+3"计划纳入国家政策，在全国推广四川省经验。2010 年 10 月 24 日，《国务院办公厅关于开展国家教育体制改革试点的通知》（国办发［2010］48 号）指出："开展民族地区中等职业教育'9+3'免费试点，改革边疆民族地区职业教育办学模式和人才培养体制，加快民族地区、经济欠发达地区中等职业教育发展（广西壮族自治区，四川省，贵州省毕节地区，云南省部分市州，青海省）。"《教育部职业教育与成人教育司 2012 年工作要点》也强调"加大对民族地区职业教育的扶持力度，总结推广四川 9+3 免费职业教育经验"。

"9+3"职业教育模式为民族地区职业教育发展开启了希望之路，对于提升少数民族学生的专业技术素养，培养专业技术人才发挥着越来越重要的作用。如今，这一模式进一步扩大到四川省凉山州彝族地区和其他民族县，推行到秦巴山革命老区 28 个县，并逐步推向全国。

（四）保障有力的免费师范生教育

少数民族师资培养工作，一直是民族教育的重要内容，也是培养少数民族教育人才的题中之意。通常，政府主要采取创办和发展民族师范教育的方式加强民族地区中小学师资培养工作，民族师范主要招收少数民族学生，培养兼通民族语言和汉语的中小学师资。自 2007 年起，随着教育部直属师范大学师范生免费教育的推行，免费师范生教育成为培养少数民族教育人才的一项新举措。"党的十六大以来，中央和地方各级政府完善了教师补充机制，实施了'农村学校教育硕士师资培养计划'、教育部直属师范大学师范生免费教育和'农村义务教育阶段学校教师特设岗位计划'，为民族地区输送农村教师近9万人。"① 教育部六所部属师范高校积极响应国家推行的师范生免费教育政策，侧重面向中西部地区招收免费师范生，旨在解决农村教师缺乏和教师质量低的现状，进而推进我国教育全面和谐发展。2007年，6所部属师范大学招收的免费师范生中，中西部地区生源占90.8%，这其中少数民族学生占有相当大的比重，仅以新疆为例，2007年全自治区招收的392名免费师范生中少数民族占30.87%②。

除教育部直属师范大学师范生免费教育外，少数民族聚居的省、自治区、直辖市也在探索富有本地特色的免费师范生教育。2009年10月9日，新疆维吾尔自治区党委常委、主席联席会议决定，从2010起自治区实施免费师范生教育，并出台了详细的《自治区对疆内师范生实行免费教育的管理办法》。

1. 教育部直属师范大学免费师范生的培养

2007年5月，国务院决定在教育部直属师范大学实行师范生免费教育，并随后出台了《教育部直属师范大学师范生免费教育实施办法（试行）》。此项举措旨在鼓励和引导师范院校毕业生长期从教、终生从教，鼓励和支持免费师范生到农村学校任教，最终是为促进国家基础教育的发展，尤其是支援农村和贫困边远地区的基础教育。自2007年秋季入学起，在北京师范大学、华东师范大学、东北师范大学、华中师范大学、陕西师范大学和西南大学六所部属师范大学实行师范生免费教育。

根据《教育部直属师范大学师范生免费教育实施办法（试行）》的规定，免费教育师范生在校学习期间免除学费，免缴住宿费，并补助生活费。所需经费由中央财政安排，免费师范生入学前需与学校和生源所在地省级教育行政部门签订协议，承诺毕业后从事中小学教育十年以上。同

---

① 阿布都. 民族教育：科学发展 成就辉煌——回顾十六大以来民族教育发展成就 [J]. 中国民族教育，2012（10）：8-10.

② 李伟元. 少数民族免费师范生综合能力培养研究 [J]. 黑龙江史志，2009（10）：141.

时，中央财政对接收免费师范毕业生的中西部地区给予一定的支持。地方政府和农村学校需要为免费师范毕业生到农村任教服务提供必要的工作生活条件和周转住房。

为了做好首届免费师范毕业生的就业、深造等工作，2010 年 5 月 28 日颁布了《教育部直属师范大学免费师范毕业生就业实施办法》，为免费师范毕业生的深造和就业提供了政策依据与支持。本办法明确指出："免费师范毕业生一般回生源所在省份中小学校任教，履行国家义务。鼓励毕业生到边远贫困和民族地区任教。"2007 年以来，部属师范大学共招收 7 万多名免费师范生，近 3 年的毕业生 90%到中西部地区中小学任教[①]，为少数民族地区输送了大量教育人才，有力促进了少数民族地区教育的高质量发展。

2. 地方结合实际实行师范生免费教育

除在教育部直属师范大学开展师范生免费教育外，国家也鼓励地方结合实际实行师范生免费教育。2012 年 9 月 6 日，教育部、国家发展改革委和财政部共同发布了《关于深化教师教育改革的意见》，提出"鼓励支持地方结合实际实行师范生免费教育制度"。目前，全国先后有 22 个省（区、市）实行地方师范生免费教育，湖南省在 2006 年提前实行了师范生免费教育政策。在国家的师范生免费教育政策颁布后，也有一些地区（如四川、浙江、广东、新疆）或地方师范院校正在尝试开展师范生免费教育的试点。

2009 年 10 月 9 日，新疆为贯彻落实自治区《关于大力推进"双语"教学工作的决定》，积极吸引和鼓励品学兼优的学生报考师范专业，自治区党委常委、主席联席会议决定，从 2010 年起自治区实施免费师范生教育，以培养中小学、学前教育合格师资为目标，以服务和满足农村中小学、学前"双语"教学为重点，采取面向全区招生，实行免费培养的办法，培养和造就一支高素质的中小学、学前教育师资队伍，为基础教育的

---

① 全国人大常委会. 义务教育事业取得重大成就但尚存不足 [EB/OL]. (2013 - 12 - 14) [2013 - 12 - 27]. http://www.moe.gov.cn/publicfiles/business/htmlfiles/moe/s5147/201312/161118. html.

改革发展奠定基础。

为保障免费师范生教育的推进，新疆出台了详细的《新疆自治区对疆内师范生实行免费教育的管理办法》（以下简称《办法》），预计从 2010 年至 2013 年，新疆每年招收 6000 名师范类专业免费师范生（含自治区农村"双语"教师特培计划招收的定向就业免费师范生），四年共计招生 2.4 万人。同时，在 2011—2012 年，将 2008—2009 年招收的已在校的师范生，纳入非定向就业免费师范生的范围管理。新疆设立免费师范生计划专项资金，全额承担免费师范生在校期间的学费、教材费、住宿费和实习支教等相关费用。免费师范生平均学费按每生每年 3500 元、教材费按每生每年 400 元、住宿费按每生每年 800 元，合计免费师范生每生每年平均的经费补贴额度为 4700 元。

《办法》规定，免费师范生招生计划面向全区考生，新疆师范大学、喀什师范学院、伊犁师范学院、昌吉学院、新疆教育学院和和田师范专科学校主要承担 6000 名本、专科层次免费师范生的培养任务。招生计划的本专科层次、学科专业、招生语种等方面需求，由各地（州、市）教育局提出，自治区教育厅根据各地（州、市）的实际需求和师范类院校的办学能力统筹安排，下达分年度、分学校、分层次、分学科、分专业的招生计划[1]。

2012 年 5 月，新疆对免费师范生教育政策做了进一步调整，将之前实施的"免费培养、自主择业"和"免费培养、定向就业"的"双轨制"培养模式合并为"免费培养、定向就业"的"单轨制"培养模式，统称为"定向培养免费师范生计划"，从而进一步加大了对新疆少数民族地区输入优秀教育人才的力度。

（五）稳步推进的少数民族高层次骨干人才培养计划

为了逐步缓解和根本扭转西部和民族地区少数民族高层次人才匮乏的

---

① 新疆维吾尔自治区人民政府办公厅. 新疆自治区对疆内师范生实行免费教育的管理办法 [EB/OL]. (2010-11-11) [2013-12-27]. http：//sfs. ncss. org. cn/zcgg/254222. shtml.

状况，贯彻《国务院关于深化改革加快发展民族教育的决定》，提升少数民族人才存量的综合水平，教育部、国家发展改革委、国家民委、财政部、人事部联合下发了《关于大力培养少数民族高层次骨干人才的意见》（教民〔2004〕5号），提出制定专项措施加强研究生层次少数民族人才的培养，成为加强我国少数民族高层次人才培养的一项重大举措。2005年6月，五部委联合印发了《培养少数民族高层次骨干人才计划的实施方案》，决定从2006年起开始面向西部12个省、自治区、直辖市和新疆生产建设兵团及有关单位招生。

少数民族高层次骨干人才培养计划的招生对象主要为西部地区、享受西部政策待遇的民族区域自治地区少数民族考生以及长期从事民族工作的教师和管理人员，包括12个省、自治区、直辖市和新疆生产建设兵团，河北、辽宁、吉林、黑龙江4个省民族自治地方，湖南湘西土家族苗族自治州、内地西藏班、内地新疆高中班，民族院校，高校少数民族预科培养基地和民族硕士基础培训基地的教师及管理人员。招生计划的投放，按各省、自治区、直辖市少数民族人口总数确定招生计划的投放比例；同时，兼顾国家重点扶持的民族地区的特殊需要。

少数民族高层次骨干人才的培养任务主要由国家部委所属重点高等学校和有关科研院（所）承担和组织实施。按照"定向招生、定向培养、定向就业"的要求，采取"自愿报考、统一考试、适当降分、单独统一划线"等特殊措施招生，学生毕业后按照定向培养协议到定向地区或单位就业。研究生录取后的学习经费由国家财政承担，"硕士研究生（四年）和博士研究生的经费按国家统一标准由国家财政核拨，其中硕士基础培训阶段的经费核拨到承担基础培训任务的高校和单位；硕士、博士生攻读学位阶段的经费按标准核拨到培养学校；中国科学院、中国社会科学院和中国农业科学院承担培养任务所需经费，按标准从现行财政渠道解决。生源地区和定向单位对家庭经济困难学生给予适当的学习和生活费补助。"①

---

① 教育部，国家发展改革委，国家民委，财政部，人事部. 培养少数民族高层次骨干人才计划的实施方案 [EB/OL]. (2005-06-08) [2013-12-27]. http：//www. moe. edu. cn/publicfiles/business/htmlfiles/moe/moe_763/200506/8651. html.

　　2007 年，教育部民族教育司修改完善了少数民族高层次骨干人才有关招生、管理等方面的政策和措施。同年 6 月，民族司在内蒙古锡林浩特召开了少数民族高层次骨干人才工作会议①，会议强调了各级招生管理部门和研究生招生单位要进一步加强对少数民族高层次骨干人才研究生招生录取工作的领导，认真执行国家有关培养少数民族高层次骨干人才的政策措施，制定并执行公平、公正、规范的复试、录取办法，确保招生工作的顺利进行。2010 年，教育部出台《普通高等学校少数民族预科班高层次骨干人才硕士研究生基础强化班管理办法》，进一步规范民族预科班和高层次骨干人才硕士研究生的管理。

　　"少数民族高层次骨干人才计划"实施以来，培养规模从 2006 年的 2000 名硕士、500 名博士，共计 2500 人，逐渐增加到 2014 年 4000 名硕士、1000 名博士，共计 5000 人。相较于 2006 年，培养硕士和博士的规模都增加了一倍（见表 3-1）。

表 3-1　少数民族高层次骨干人才年度招生计划　　　　（人）

年份	硕士招生人数	博士招生人数	招生总人数
2006	2000	500	2500
2007	3000	700	3700
2228	3400	800	4200
2009	3700	1000	4700
2010	4000	1000	5000
2011	4000	1000	5000
2012	4000	1000	5000
2013	4000	1000	5000
2014	4000	1000	5000

【数据来源】根据教育部网站相关数据整理。

　　通过各方努力、积极推进，少数民族高层次骨干人才培养工作从招

① 李彬，次仁多布杰. 少数民族人才培养工作［G］//《中国教育年鉴》编辑部. 中国教育年鉴 2008. 北京：人民教育出版社，2008：301.

生、培养到毕业就业都有了明确的政策规定，建立了较为完善的管理制度；培养经费得到有效落实，基础培训工作扎实推进；招生规模逐步扩大，少数民族高层次骨干人才培养工作取得丰硕成果。稳步推进的"少数民族高层次骨干人才计划"培养和造就了一批为民族地区乐于奉献、具有较高学术造诣和创新能力的少数民族高层次骨干人才，为促进教育公平、民族平等以及民族地区经济社会跨越式发展添加了助力。

（六）不断增强的对口支援措施

教育对口支援是在国家和各级政府的统一领导下，组织经济发达地区对口扶持和帮助民族地区、经济欠发达地区的教育文化事业，以增强民族团结，达到共同富裕和共同繁荣。我国的教育对口支援工作由来已久，早在 20 世纪 50 年代，政府就开始有针对性地组织面向新疆欠发达地区的教育对口支援。

进入 21 世纪，国家西部大开发战略的实施使对口支援工作进入一个新的发展时期。这一时期，教育部等相关部门特别加强了对西部民族地区基础教育和高等院校的支援工作，对于少数民族地区的人才培养起到了重要的推动作用，尤其是高校对口支援西部高校计划的推进，对于西部高校学科发展和高等教育质量的提升意义重大，也大大促进了民族高层次人才的培养进程。

2001 年 6 月 13 日，教育部印发了《关于实施"对口支援西部地区高等学校计划"的通知》，并于 2001 年 7 月 10 日召开了"对口支援西部地区重点建设高等学校座谈会"，以此为标志拉开了支援西部地区高等学校的序幕。首次确定北京大学与石河子大学、清华大学与青海大学等 13 对东西部高校建立对口支援关系。该计划以人才培养工作为中心，以学科专业建设、师资队伍建设、学校管理制度与运行机制建设为重点，争取用五年时间，使受援高校的教学、科研和管理水平有较大提高，为受援高校的长远发展奠定基础。

2002 年召开的全国教育支援西藏工作会议上提出要加强内地高校支援西藏工作，加大西藏人才队伍的培养力度。2003—2007 年，西南交通大学等 23 所内地高校和中国林业科学研究院对口支援西藏大学等 3 所高校，重点加强受援学校院（系）的学科建设、教师队伍建设、教学科研和管理工作，以及援助教学设备，改善办学条件等，使受援学校的综合办学条件基本达到标准①。同年，为发展西部民族地区高等师范教育，加快高层次教育人才的培养，教育部安排华东师范大学支援新疆师范大学，东北师范大学支援伊犁师范学院，华中师范大学支援喀什师范学院，支援学校以优惠的条件接收受援学校的国内访问学者、进修教师和委托培养研究生；支援学校为受援学校的汉语教学与汉语教师培训工作提供服务；支援学校选派教务处长、系主任等专家对受援学校的学科发展和专业建设进行短期义务咨询服务；开展科学研究合作等②。

2003 年，教育部根据《国务院办公厅转发教育部等部门支援新疆汉语教师工作方案的通知》的精神，结合新疆维吾尔自治区人民政府的建议，出台了《教育部关于落实支援新疆汉语教师工作的通知》，提出中国政法大学等 50 所教育部部属高校 2003—2006 年，每年选派 150 名中青年教师（每校每年 3 名）、后备干部到新疆高校、中等师范学校担任教学工作。

2005 年，为深化对口支援工作，优化新疆高校学科结构，加快新疆高等教育内涵发展，教育部决定实施"援疆学科建设计划"，作为教育部为落实西部大开发战略而采取的一项重要举措，以清华大学、北京大学等部属高校为主体的国内 40 所重点高校对口支援新疆大学、石河子大学等 11 所高校的 82 个一级学科建设。

2006 年，教育部再次颁布《关于进一步深入开展对口支援西部地区高等学校工作的意见》，鼓励东部地区高校对西部的对口支援，并提出"支援高校要将对口支援工作纳入学校的长期发展规划中，建立长远目标和阶段性目标，坚持不懈地开展工作"。同年，教育部、中央统战部、国家民

---

① 次仁多布杰，卢胜华 . 教育支援西藏［G］//《中国教育年鉴》编辑部 . 中国教育年鉴 2003. 北京：人民教育出版社，2003：277-279.

② 教育部 . 关于做好对口支援新疆高等师范学校工作的通知［EB/OL］.（2002-04-28）［2013-12-27］. http：//www. moe. gov. cn/publicfiles/business/htmlfiles/moe/moe _ 951/200507/2693. html.

委联合印发了《关于进一步加强教育对口支援西藏工作的意见》，提出加大对西藏高等学校的支援力度，实现了对西藏高校对口支援的全覆盖。

2010 年 6 月，教育部启动新一轮加强对口支援新疆高等教育的工作，出台了《关于加强对口支援新疆大学、石河子大学和塔里木大学的通知》，采用名校牵头、多所一流大学参与、高校团队化工作组的新模式进行对口援助。同年，教育部印发了《关于进一步推进对口支援西部地区高等学校工作的意见》，鼓励支援与受援高校联合培养人才，促进西部受援高校人才培养质量不断提高；并要求"从适应西部地区经济社会发展对高等教育人才的实际需要，以及西部受援高校学科专业建设发展需要出发，鼓励支援与受援高校有计划、有重点地开展联合培养博士、硕士研究生和本科生工作"[1]。

2011 年 2 月，为贯彻落实全国教育工作会议精神和《教育规划纲要》，全面提高少数民族和边疆地区教育发展水平，教育部所属五所高校与国家民委所属五所民族院校建立对口支援关系。同年 6 月，教育部印发《关于对口支援西藏自治区高等学校工作的通知》，确定由中国人民大学等 6 所高校组成团队对口支援西藏民族学院。

2013 年 2 月，教育部、国家发展改革委、财政部关于印发《中西部高等教育振兴计划（2012—2020 年）》的通知，提出"在对口支援西部高校工作中，支持 1 万名西部受援高校教师和管理干部到支援高校进修锻炼"；"扩大对口支援规模，使受援高校增加到 100 所。创新对口支援方式，继续实施团队式对口支援，根据受援高校的不同办学定位和办学特色，分类制订不同模式的团队式支援方案，以学科建设为重点，深入开展科研合作，共建优质教学资源和科研资源共享平台，促进受援高校的师资队伍水平、人才培养质量、科研服务能力和学校管理水平显著提升"[2]。

---

① 教育部. 关于进一步推进对口支援西部地区高等学校工作的意见 ［EB/OL］. （2010-01-22）［2013-12-27］. http：//www. moe. gov. cn/publicfiles/business/htmlfiles/moe/s4528/201005/87832. html.

② 教育部，国家发展改革委，财政部. 关于印发《中西部高等教育振兴计划（2012—2020年）》的通知 ［EB/OL］. （2013-02-28）［2013-12-27］. http：//www. moe. gov. cn/publicfiles/business/htmlfiles/moe/s7394/201303/xxgk_148468. html.

教育和新疆常识教育课程，对学生加强马克思主义民族、宗教知识与党的民族、宗教政策的教育，使学生进一步增强了加强民族团结、维护祖国统一，反对民族分裂的思想观念。同时，积极发挥西藏、新疆内派管理教师在学生思想政治教育和管理工作方面的优势和作用，加强对学生的日常教育和引导工作，及时准确地掌握了学生思想动态。

为推动内地民族班的德育工作，加强民族班学生的思想政治教育，各内地班学校不断创新，勇于探索，形成了很多富有地方特点的工作策略。例如，北京市新疆、西藏内地高中班学校坚持"政治第一"的原则，把内地高中班学生的思想政治教育放在首位，利用青年党校和学生干部培训、节假日文化活动、学科课程渗透和德育导师制等途径开展丰富多样、卓有成效的德育活动。通过混合编班、创建多元文化校园来加强民族团结教育，创建和谐的民族关系氛围①。再如，河北师范大学附属西藏学校实行"情理交融，情通理达"的德育方法，在尊重与信任学生的前提下，以学生自我教育为主，以学生喜闻乐见的形式寓教于乐，多途径开展德育教育活动，形成了富有实效的德育模式②。

2. 改进教学模式，提升教学效果

内地民族班采取多种编班模式相结合的教学模式，教学效果显著。内地各办班学校在办学过程中不断探索，在全面衡量民族班学生语言能力、基础水平的前提下，因人因地制宜，在独立编班的同时，积极创造条件，探索混合编班和插班等多种形式，在提高少数民族学生的汉语水平和学习效果方面成效显著。如山东的部分学校就采取单独编班与混合编班并用的动态编班方式，根据少数民族学生的汉语和学习程度，定期进行调整。

同时，对学习基础差的学生，民族班学校采取学生之间一帮一结对子，教师承包补习等方法，运用"分类指导，灵活创新"、"低起点、小步走、常巩固、快反馈"以及加强课后辅导等教学方式，调动学生学习的主

①　张东辉，陈立鹏．北京市新疆、西藏内地高中班办学与管理现状分析：成效、问题与对策［J］．民族教育研究，2012（6）：28–33.

②　肖卓峰．多途径、全方位、扎实推进内地西藏班（校）德育建设——以河北师大西藏高中班德育模式为例［J］．学术研究，2012（1）：18–19.

动性、自觉性，发挥学生的能动作用，加快学生的学业进步，帮助学生尽快提高。一些学校还积极探索适合少数民族学生特点的教学方法。例如，河南郑州四中就针对西藏班的特点，探索了"定向与设问、探究与反馈、解疑与整合"的"三环节课堂模式"①，大大提高了学校教学质量。随着招生规模的扩大，民族班的学生来源和汉语水平趋向多样化，出现了部分学生不能够适应教学需要的情况。为了帮助少数民族学生尽快提高汉语水平，一些学校针对内高班学生提出了"口语为纲、听说领先、强化训练、各科共管"和"面向全体、狠抓中下、分层竞赛、逐一过关"的"双十六字教学法"。有的学校在内地高中班中实施学习小组合作学习的教学模式，教师的教学采取小班分层教学，因材施教，取得了很好的教学效果。

3. 规范管理机制，健全规章制度

经过十年的探索和发展，内地民族班基本形成了党中央、国务院决策，内地省、直辖市承担办学任务，经费投入以地方为主、中央财政资助、教育部门主抓、相关部门积极参与，西藏、新疆积极配合，学校具体组织办学，特事特办的管理体制。此外，不断建立健全规章制度，促进了内地班办学工作的规范化管理。根据教育部和办班省、直辖市教育行政部门的要求，结合办学特点和学生实际，各学校都制定和健全了内地民族班管理的各项规章制度。此外，为配合学校做好新疆学生的管理，由新疆教育厅内地学生工作办公室负责为内地办班学校选派管理教师，即内派管理教师。内派管理教师通过教师报名、各地推荐、内地学生工作办公室组织考察并统一组织培训后，分别派遣到各办班学校。

（二）少数民族预科班的教学与管理

1984 年 3 月，教育部、国家民委在《关于加强领导和进一步办好高等院校少数民族班的意见》中，对有关民族预科班的教学和管理问题做了明确规定，规定预科班的任务是"根据少数民族学生的特点，采取特殊措施，着重提高文化基础知识，加强基本技能的训练，使学生德育、智育、

---

① 王中立. 发展性教育——内地西藏班教育教学探索 [J]. 中国民族教育，2007（7）：37-39.

体育几个方面得到进一步发展与提高，为在高等院校本、专科进行专业学习打下良好基础"。

为加强预科班的管理工作，2004 年 3 月、10 月，分别在南昌、贵阳召开了全国普通高等学校少数民族预科教育教学管理工作研讨会。会议总结了预科班办学的成功经验及存在的问题，对预科办学提出了新的要求：高等学校少数民族预科办学要向规范化、规模化、科学化、现代化发展，从 2005 年起全国高校本、专科预科培养实行相对集中办学。随后，教育部出台了《普通高等学校少数民族预科班、民族班管理办法（试行）》，对少数民族预科班的教学与管理工作做了具体规定。

1. 多样化的民族预科班学制设置满足民族地区人才培养需求

由于不同民族地区教育发展水平的不同，民族预科班的学制设置也采用多样化的方式，以满足不同类型的需求，目前主要有以下几种形式。

（1）一年制民族预科班

一年制预科班招收应届高中毕业、参加普通高等教育学校招生（全日制）考试、适当降分择优录取的民族学生，学习一年结业，经过预科结业考试合格的直接升入有关专科高等院校。不合格的一般送回原地区安置。

（2）两年制民族预科班

两年制预科班为当年参加普通高等教育学校招生统一考试，适当降分择优录取的民族学生，进入预科学习两年，结业考试合格者进入有关院校进行专业学习。每年民族院校预计招生情况，由教育部和国家民委对有关省、直辖市、自治区的主管部门下达招生计划招收。少数民族预科班学生经过两年的补习，合格者根据少数民族地区的需要，直接升入本校本科有关专业学习。

（3）两年制"民考民"预科实行一年制弹性政策

根据教育部关于少数民族预科生招生培养工作的要求，预科生应进行 1—2 年的预科阶段学习，其中"民考民"本科学生可视生源实际，通过招生学校考核，实行弹性学制；"民考民"高职（专科）学生实行一年制预科；"民考汉"和双语班高职（专科）学生不再进行预科培养，直接进入高职（专科）阶段学习。进入预科阶段学习的学生，预科结业合格后，转入招生学校本、专科阶段学习。

2. 按照"突出重点、加强基础、兼顾专业"的原则开展教育教学

民族预科的主要任务是帮助少数民族青少年补习中学以上的基础课程，加强基本技能的训练，提高基础理论知识水平和政治觉悟，增强体质，为本校和有关高等院校培养输送少数民族学生。《普通高等学校少数民族预科班、民族班管理办法》规定："民族预科教育的课程设置，按照'突出重点、加强基础、兼顾专业'的原则，开设汉语文、数学、外语、计算机和马克思主义理论思想政治教育课程。根据文、理科学科特点，也可以开设必要的专业基础知识讲座。"[1]

民族预科班实行统一教学计划、统一教材、统一教学标准。汉语文、数学、外语、计算机和马克思主义理论思想政治教育课程等基础课程的教学计划、教学大纲由国务院教育行政部门统筹安排，使用由国务院教育行政部门组织编写的民族预科班统编教材。其他课程教材由预科培养学校自行确定。

在国家教育部门的统一要求下，各地方政府和高等学校根据自身特色，积极改进少数民族预科班的教学方式、方法和手段，注重提高少数民族人才培养的质量。如宁夏大学针对新形势下民族预科生的特点和培养要求，通过民族预科生培养方案的改革，建立完善的预科教育课程体系和不同层次的预科生培养模式。学校推行"因材施教、分层培养"的教育教学改革，注重民族预科生知识、能力、素质的综合培养。调整人才培养方案和课程结构，增加民族理论、思想品德课学时，开设音乐、舞蹈、文学欣赏、心理健康等选修课，加强生物、化学、物理选修课，开设中国少数民族汉语水平等级考试、英语及数学补习提高班，进一步提高民族预科生的理论素养和综合素质。进一步加强教学常规管理，规范教学各环节的要求，提升科学化管理水平，不断完善教学质量监控，保证教学质量[2]。

---

① 普通高等学校少数民族预科班、民族班管理办法 [EB/OL]. [2013-12-27]. http://www.moe.gov.cn/publicfiles/business/htmlfiles/moe/moe_751/200506/8454.html.

② 齐岳，何建国. 民族预科教育 [G] //《宁夏大学年鉴》编委会. 宁夏大学年鉴2013. 银川：宁夏人民出版社，2013：106.

西昌学院通过多年的实践和探索，在教学中创新并应用了师生互动的"三结合"教学方法。第一是"讲、读、用、行"的结合；第二是课堂教学与课后练习的结合；第三是知识学习与能力培养的结合。其中学校把重点放在"讲、读、用、行"的结合上，"讲"指的是在课堂上教师只讲重点和难点，抛砖引玉，触类旁通，杜绝满堂灌，留下一定的时间让学生去回味、反思和讨论，从而培养学生的思维能力；"读"即教师指导学生阅读课文、课外参考书、辅导资料，培养学生的自学能力和语言表达能力；"用"即教会学生怎样运用课堂上所学的知识去解决现实生活中的系列问题，包括知识的延伸、练习的完成、分析研究和解决生活中遇到的问题等；"行"指的是让学生积极参与课外活动，在实践中培养自身的动手能力[①]。

3. 遵循"严、爱、细"的原则加强民族预科班管理工作

"严、爱、细"的管理原则是我国民族预科班管理的基本原则。2004年，教育部、国家民委关于印发《内地高等学校支援新疆第五次协作会议纪要》及有关本科生五年招生规划的通知中就已申明，民族预科班管理要"以'严、爱、细'的管理原则，加强常规管理，严格执行学校学籍管理制度和校纪校规"[②]。在2005年出台的《普通高等学校少数民族预科班、民族班管理办法》中，也规定"民族预科班、民族班学生的教育管理应当遵循生活上关心爱护、校纪校规上严格要求、教学上耐心细致的原则"[③]。"严、爱、细"的原则即学校要严格执行当地高中学校学籍管理规定和本管理办法的有关规定以及校纪校规，统一要求，统一标准。在学习、生活上要关心、爱护，并尊重少数民族风俗习惯。根据民族班学生的实际和心理特点，学校管理工作要安排到每个方面、每个环节，做到细致入微，责

---

① 周锦鹤. 少数民族预科生培养模式研究——以西昌学院为例［J］. 黑龙江高教研究，2011（8）：149-151.

② 教育部. 国家民委关于印发《内地高等学校支援新疆第五次协作会议纪要》及有关本科生五年招生规划的通知［EB/OL］.（2004-03-11）［2013-12-27］. http：//www.moe.gov.cn/publicfiles/business/htmlfiles/moe/s3082/201001/xxgk_77953.html.

③ 普通高等学校少数民族预科班、民族班管理办法［EB/OL］.［2013-12-27］. http：//www.moe.gov.cn/publicfiles/business/htmlfiles/moe/moe_751/200506/8454.html.

任到人。对学生中发生的问题和情况，要认真对待，正确区分，及时加以解决。

在这一原则的引领下，承担民族预科教育的高等院校积极创新民族预科班管理方法。例如，宁夏大学实行了领导分工管理、辅导员项目化管理、团队代班的工作模式，将"严、爱、细"落实到每一位预科生身上；坚持"淡化预科生的民族身份管理、强化学生身份管理"的管理理念，实行混合编班、混合编宿舍，促进各民族学生的团结、交流、融合①。

（三）少数民族高层次骨干人才的教学与管理

为确保《少数民族高层次骨干人才培养计划》的顺利实施，保证教育质量，不断提高培养工作的社会效益，教育部于 2005 年出台了《培养少数民族高层次骨干人才计划的实施方案》（以下简称《方案》），对民族骨干人才计划的教学与管理工作进行了规定。《方案》规定："被录取的少数民族硕士研究生先在基础培训点集中进行一年的强化基础培训，重点补修英语、大学语文（汉语）、计算机、高等数学等基础知识，兼顾其它专业理论知识，以及加强马克思主义民族和宗教理论的学习。基础培训结束经考核合格者，转入招生学校硕士阶段研究生课程教学。"为此，教育部于 2006 年又出台了《关于做好 2006 年少数民族高层次骨干人才硕士研究生基础强化培训工作的通知》，规定了各培训基地学校的教学与管理要求。这两个重要文件的出台，为少数民族高层次骨干人才的教学与管理质量提供了政策保障。

1. 强基固本，提高"少数民族高层次骨干人才"的教学质量

由于民族骨干人才计划培养目标及任务的特殊性，因此，对于教学、培养工作就有着比较严格的要求。《方案》指出，少数民族研究生教学、培养工作的基本要求是大力加强基础，全面提高科学和人文素养，重点增强实践能力，着力提高科研和创新能力，为使其在西部大开发和民族地区

---

① 齐岳，何建国．民族预科教育［G］//《宁夏大学年鉴》编委会．宁夏大学年鉴 2013．银川：宁夏人民出版社，2013：107.

社会主义现代化建设事业中发挥骨干带头作用打下坚实的基础。在基础强化培训阶段，重点是强基固本，强化规定课程的教学和培养，使学生的基础综合水平接近或者达到攻读硕士研究生课程的基本要求；博士、硕士研究生课程教学阶段，在大力加强专业理论教学的同时，要高度重视和重点加强学生的实践能力、科研能力和创新能力的培养。培养学校和单位要多为学生创造实践教学和课题研究的机会和条件，选配优秀的专家、教授担任导师和授课，确保教育、教学质量。在基础强化培训、硕士、博士课程学习阶段，都要对学生加强政治思想和马克思主义民族宗教理论政策的教育。

与此同时，教育部先后确定北京邮电大学、西南大学、中央民族大学、辽宁石油化工大学、江西中医学院、陕西师范大学为少数民族硕士生基础培训学校。从而为少数民族研究生在西部大开发和民族地区社会主义现代化建设事业中发挥骨干带头作用打下坚实的基础。各承担基础强化培训的学校按照规定课程对研究生进行培养，使学生的基础综合水平接近或者达到攻读硕士研究生课程的基本要求。同时部分基地，如辽宁石油化工大学还增设实践类课程，设置文献资料查询与检索及硕士论文写作指导两门课程，侧重学生科研意识及动手能力的培养，使其了解科研工作的基本方法及思路，掌握科技论文的写作方法。其他类课程还设置了多种体育项目课，学生根据自身爱好及健身需要进行选修；开设了专题讲座，使学生了解科技发展最新动态，拓展学生的知识领域。

各研究生培养高校也根据民族骨干人才的特点，不断创新教学模式。在大力加强专业理论教学的同时，高度重视和重点加强学生的实践能力、科研能力和创新能力的培养。培养学校和培养单位积极为学生创造实践教学和课题研究的机会和条件，选配优秀的专家、教授担任导师和授课，确保教育、教学质量。为促进少数民族高层次骨干人才的研究生教学，各培养学校积极寻求更加有效的课堂教学模式。例如，陕西师范大学民族教育学院针对少数民族高层次骨干人才硕士研究生培养目标的要求，在信息技术课程教学中，提出"牵引式教学"模式，即打破传统以教材为载体、以卷面考试为核心的教学模式，教学活动从研究生今后的科研需求出发，始终遵循"学以致用"的原则，从而改变传统以考试为中心的教学模式①。

2. 明确职责，加强对"少数民族高层次骨干人才"的管理

为保证民族骨干人才计划的顺利实施，确保教育质量，《方案》对相关部门的管理职责进行了明确划分，力求通过多方努力，加强对"少数民族高层次骨干人才"的管理。

一是，教育部和国家民委负责宏观政策的制订与协调。具体来看，教育部负责培养计划的协调和制定招生、教学、管理以及有关政策措施，组织招生录取工作，并检查督促执行情况；协调解决办学中出现的重大问题；组织评估办学情况，总结交流经验，表彰先进等。国家民委负责提出有关政策性建议；督促检查党的民族政策的贯彻落实情况；协调和协助解决涉及民族宗教等方面的特殊性问题。

二是，承担培养任务的中央部委所属院校和有关科研院（所）在主管部门的领导下，根据国家下达的年度招生计划，负责考生报名、考试和招生录取工作；负责博士、硕士阶段的常规管理、教学和毕业生派遣工作；对基础强化培训基地教学、管理等提出建议。基础强化培训基地负责基础强化培训阶段的管理、教学和结业考核等项工作。

三是，学生的学籍、后勤、生活等管理和其他工作要严格执行教育部关于研究生管理工作的有关规定和学校各项规章制度，做到统一管理，统一要求。培养学校和单位要根据国家的有关政策，并按少数民族学生生活习惯的要求，严格按规定办好清真餐饮。

四是，生源地区省级教育行政部门负责会同组织、人事、科技等部门每年向全社会发布教育、科技、经济等领域人才需求信息，引导优秀考生报考《民族骨干人才计划》研究生；在此基础上制定人才需求规划和提出年度培养需求计划；加强与当地组织人事部门、用人单位以及教育部的联系与协调等有关工作；协助学校和有关单位做好本地区生源管理等方面的特殊性工作；协调财政部门落实按规定由生源地区财政对学生的补助经

---

① 刘丁，窦文阳."少数民族高层次骨干人才"信息技术课程教学实践研究 [J].信息技术，2012（12）：236-237.

费；负责组织和协调签订定向培养、就业协议等工作；配合做好招生、录取等工作；对招生、培养工作提出建议。

三、开展规范化的督导评估

规范化的督导评估为民族教育工作指明了方向，明确了要求，尤其对于改进民族教育工作，提高教育质量和水平，促进少数民族教育的良性发展具有不可替代的作用。对于少数民族高层次人才的培养而言，这种促进作用主要通过对高等院校的本科教学水平评估、对内地民族班和少数民族预科教育的督导评估来体现。

（一）高等院校本科教学水平评估提升民族高层次人才培养质量

高等院校，尤其是民族高等院校承担着培养民族高层次人才的重担。作为党和国家为解决国内民族问题而建立的综合性普通高等学校，民族高等院校不仅担负起高等学校培养人才、科学研究和服务社会的三大基本职能，而且承担着特殊的历史使命和功能。它们是培养少数民族高素质人才的重要基地、是研究我国民族理论和民族政策的重要基地、是传承和弘扬各民族优秀文化的重要基地和展示我国民族政策和对外交往的重要窗口。办好民族高等院校，培养少数民族高素质人才，始终是我国民族工作和教育工作的重要内容。这不仅关系到提高少数民族人口素质、培养民族人才、促进民族地区改革开放和经济发展的战略问题，而且关系到增强民族团结、维护祖国统一，实现长治久安和跨越式发展的政治、经济、社会的全局问题。本科教学水平评估是评价、监督、保障和提高高等院校教学质量的重要举措，是我国高等教育质量保障体系的重要组成部分，对于促进民族高等院校教学质量的提升意义深远，自然也会在较大程度上保证少数民族高层次人才的培养质量。

2002年，教育部颁布了《普通高等学校本科教学工作水平评估方案》，规定了高校本科教学工作水平的各项指标及其要求；2003年，教育部在

《2003—2007年教育振兴行动计划》中明确提出实行"五年一轮"的普通高等学校教学工作水平评估制度，这标志着我国高校本科教育的工作进程进入了一个新的历史时期。在新的高教形势下，民族高校的各项工作也围绕以提高学校教育教学质量的目标而进行。

"五年一轮"的普通本科高等院校第一轮本科教学工作水平评估从2003年秋季启动，到2008年6月圆满完成。列入首轮评估计划的592所本科高校中，先后有500多所接受了评估。这其中，中央民族大学、贵州民族学院、大连民族学院、西南民族大学、中南民族大学、北方民族大学等多所民族高等院校进入优秀行列。同时，处在少数民族聚居地区的多所大学也在评估中取得了优秀成绩，如西藏大学、青海大学、宁夏大学、塔里木大学、喀什师范学院、伊犁师范学院、新疆财经大学、新疆艺术学院等。在评估的过程中，这些高校遵循"以评促建、以评促改、评建结合、重在建设"的指导方针，扎实有效地落实评估整改工作方案，深化教学改革，巩固和扩大评建成果，推动高校完善内部质量保障体系，建立高校教学督导机制，从而提高学校的教学质量和办学水平。

在全面总结第一轮本科教学工作水平评估的基础上，2011年10月，教育部颁布了《教育部关于普通高等学校本科教学评估工作的意见》，确定了以学校自我评估为基础，以院校评估、专业认证及评估、国际评估和教学基本状态数据常态监控为主要内容的高等教育教学评估顶层设计；提出建立与"管办评分离"相适应的评估工作组织体系，充分发挥第三方评估的作用，由具备条件的教育评估机构实施相关评估工作，大大提高了评估的效能和效率，必将进一步促进承担民族高层次人才培养任务的高等院校的办学质量的提升。

（二）内地民族班督导评估保障民族高层次人才培养质量

对内地民族班进行督导评估有助于调动各省市政府进一步重视内地民族班工作，推动内地民族班工作再上新台阶。自1985年首届内地西藏班开设以来，内地民族班已有二十余年的发展历程。如何在经济发展和社会进步的大背景中，提高内地民族班办学的质量与效益，一直是国家教育行政部门极为关心的问题。通过督导评估，可以激励各地政府和教育部门进一步重视内地民族班工作，发现办学中存在的问题，采取有效措施解决办学中存在的困难，改进工作，提高少数民族人才的培养质量。

对内地民族班的督导评估工作始于 1995 年。原国家教委民族教育司下发了《内地西藏班（校）办学水平综合评估评分细则（试行）》，要求各省市、部门接通知后，在各校自评的基础上，对本地区、本部门所属西藏班（校）进行检查评估。评估细则包含 5 个一级指标、12 个二级指标和 29 个三级指标（见表 3-2），为内地西藏班评估工作做好了准备。1997 年 5 月 7 日至 14 日，国家教委民族教育司组织西藏、河南、湖北省的有关专家组成的内地西藏班办学水平综合督导评估小组对辽宁省内地西藏班办学水平进行了督导评估试点，这是内地西藏班自 1985 年开办以来的第一次全面、系统的督导评估。评估工作促进了省市政府、主管部门进一步重视办好西藏班；办班学校在总结以往成绩的基础上，找出了工作的差距，明确了改进的方向。第一次评估试点为之后的评估督导工作积累了经验，对各地民族班工作有一定的指导作用。

表 3-2　内地西藏班（校）办学水平综合评估评分细则（试行）①

一级指标权重	二级指标		三级指标	
	要素	权重	要　素	权重
一、主管部门重视（10）	办学基础条件保障	10	1. 政府、部委有专人负责；省、市教委一位副主任分管；每年至少召开 1—2 次例会；有会议纪要；经常到校检查工作解决问题	5
			2. 省市财政专项经费已经落实并高于当地同类学校生均标准	5

---

① 国家教委办公厅. 关于印发《内地西藏班（校）办学水平综合评估指标（试行）》的通知［EB/OL］.（1994-06-14）［2013-12-27］. http：//www.chinalawedu.com/news/1200/22598/22610/22751/2006/3/qi737133404711136002018361-0.htm.

续表

一级指标权重	二级指标		三级指标	
	要素	权重	要　　素	权重
二、办学条件（20）	干部配备	5	1. 有校级干部分管，每月至少召开 1 次例会	3
			2. 学校设有专人负责	2
	教师队伍	5	1. 教职工编制数略高于当地同类学校编制数	3
			2. 有一支能满足教育、教学和生活管理需要的教职工队伍	2
	校舍与设备	10	1. 教学用房及教学设备配置	4
			2. 学生宿舍配置及生均面积	3
			3. 学生食堂配置及卫生状况	3
三、指导思想（10）	全面贯彻党的教育方针	10	1. 教学计划安排体现了德智体全面发展要求	5
			2. 面向全体学生，实行因材施教	5
四、管理水平（40）	教育管理	10	1. 学校德育机构设置情况	4
			2. 有切实可行的德育工作计划和管理制度	6
	教学管理	10	1. 有切实可行的规章制度	4
			2. 教学计划和教学大纲执行情况	3
			3. 课外活动开展情况及效果	3
	总务后勤管理	10	1. 校领导重视后勤工作，有健全的规章制度	4
			2. 藏族班经费专款专用，使用合理，账目清楚	3
			3. 有专职医务人员，卫生健康档案健全	3
	生活管理	10	1. 有健全的生活管理制度	3
			2. 学生伙食状况	4
			3. 学生寝室管理情况	3

续表

一级指标权重	二级指标		三级指标	
	要素	权重	要　　素	权重
五、办学成效（20）	政治思想素质	8	1. 学生遵纪守法，遵守社会公德，无违法犯罪现象	4
			2. 各民族师生间团结友爱，关系融洽，尊重师长	2
			3. 学生遵守校纪校规，无不良习惯	2
	文化业务素质	7	1. 学业成绩能够逐年提高，毕业时接近或达到当地中等学校平均水平	4
			2. 学生动手能力增强，技术技能达到要求	3
	身体素质	5	1. 学生养成良好的卫生习惯，发病率逐年下降	3
			2. 体育锻炼达标率、优秀率高	2

2007 年，教育部制订全新的督导评估标准。其中，对内地西藏班学生进行心理咨询、每年进行健康体检等有关学生身心健康的评估指标首次出现在督导评估体系中。全新的评估体系进一步落实了中央智力援藏的方针政策，引导和激励内地西藏班（校）全面推进素质教育，为所有西藏班学生的终身发展奠定良好基础[①]。在评估标准制订的过程中，教育部向全国所有西藏班（校）的校长或班主任征求了大量关于《内地西藏班（校）督导评估指标》的意见，共涉及地方政府、学校领导、教职工队伍、办学条件、校园管理、办学成效等六大方面，共有细化指标 140 多项，并准备在充分论证后，于 2007 年在全国西藏班（校）进行全面推广实施。新的督导评估方案突出了对学生身心健康发展的重视。如首次将心理咨询、心理健康教育纳入评估体系，并将学校是否设立心理咨询室纳入评估方案；学校每年为藏族学生进行健康检查，每周都要有专门的食谱；学生的身高、体重、肺活量都要有明确指标，还要求学生的发病率、近视率呈下降

---

① 闵宝. 教育部督导评估内地西藏班（校）首次引入身心健康指标 ［G］// 《中国民族年鉴》编辑部. 中国民族年鉴 2007. 北京：中国民族年鉴编辑部，2007：180.

趋势①。

2013 年 12 月 17 日，教育部、中央统战部、中央政法委、国家民委召开全国内地民族班管理工作视频会议。会议指出，开设民族班的学校要着力培养民族学生树立正确的国家观、民族观，抓好民族团结教育，加强制度建设，创新管理手段，开展民族教育主题活动和民族学生社会实践活动。要建立部门联动机制，建立安全信息报告制度，开展民族教育的专项督导。

20 多年来，在各地、各部门的大力支持下，通过内地民族班广大教职员工的辛勤努力，内地民族班健康发展，各项管理、教育教学逐步规范，创造了不少具有时代特征、富有特点的管理经验和办法。通过督导评估，对各地学校办学成功的经验加以总结，具有普遍意义的加以推广，保障了民族高层次人才的培养质量，推动了全国内地民族班工作再上新台阶。

（三）少数民族预科教育的督导评估

作为我国高等教育的重要组成部分，少数民族预科教育承担着为民族地区培养高层次人才的重要使命。随着我国进入高等教育大众化阶段，民族预科教育的招生人数也在逐年增加。民族预科教育在外延即教育规模扩展到一定程度的情况下，必然要走上内涵式发展道路，即国家、社会、院校自身越来越重视教学质量。对少数民族预科教育实施督导评估就是保证并不断提高教学质量的一个极其重要的途径。

为了提高教育教学质量，促进民族预科教育的健康发展，教育部于 2005 年出台了《普通高等学校少数民族预科班、民族班管理办法（试行）》，对少数民族预科班的教育教学评估工作做了规定，要求建立民族预科教育评估制度，具体由国务院教育行政部门负责组织实施民族预科教育教学的评估工作。评估工作定期举行，评估结果予以公布。对于办学条件符合要求、教学质量优秀、办学成绩突出、办学效果好的高等学校给予

---

① 张敏. 全国西藏班将统一评估　身心健康成为重要指标［EB/OL］. (2007-03-29)［2013-12-27］. http：//news. xinhuanet. com/edu/2007-03/29/content_5913710. htm.

通报表扬和表彰；办学条件达不到要求、教育教学质量等部分评估指标达不到评估标准的高等学校，分别给予通报、限期整改；对全部或绝大多数评估指标达不到评估标准而又无条件改进的高等学校，终止其举办民族预科班资格①。

2010 年 7 月 12 日，教育部又印发了《普通高等学校少数民族预科班高层次骨干人才硕士研究生基础强化班管理办法》的通知，指出"为了提高教育教学质量，促进预科班、硕士基础强化班的健康发展，建立预科班、硕士基础强化班评估制度"，要求国务院教育行政部门定期对预科班、硕士基础强化班教育教学进行评估。对办学条件符合要求、教学质量优秀、办学成绩突出、办学效果好的高等学校颁发荣誉证书，给予通报表扬；办学条件达不到要求、教育教学质量等部分评估指标达不到评估标准的高等学校，分别给予批评、限期整改、暂停招生；对全部或绝大多数评估指标达不到评估标准而又无条件改进的培养学校，停止其举办预科班、硕士基础强化班的资格②。

四、进行科学化的就业指导

就业率和就业质量既是检验少数民族人才培养质量和办学水平的重要指标，也是维护就业稳定，促进区域社会和经济发展的重要内容③。对于少数民族高层次人才的培养而言，"就业"是人才培养模式后期过程的关键环节，科学地指导少数民族高层次人才的就业，是促进各民族的平等、团结和共同繁荣的有力保障，是实现我国各民族人民文明富裕和强国安邦

---

① 教育部. 普通高等学校少数民族预科班、民族班管理办法 [EB/OL]. [2013 – 12 – 27]. http：//www. moe. gov. cn/publicfiles/business/htmlfiles/moe/moe_751/200506/8454. html.

② 教育部. 关于印发《普通高等学校少数民族预科班高层次骨干人才硕士研究生基础强化班管理办法》的通知 [EB/OL]. [2013 – 12 – 27]. http：//www. moe. gov. cn/publicfiles/business/htmlfiles/moe/moe_751/200506/8454. html.

③ 梁方正. 大学生就业指导工作的现状与对策 [J]. 广西财政高等专科学校学报，2004：(2).

的重要国策。在促进少数民族高层次人才就业工作中，国家、地方政府和培养学校形成了一个多层次的就业指导体系，不断改革少数民族高层次人才就业的政策，加强少数民族高层次人才就业指导，全方位促进少数民族高层次人才自主创业。

（一） 不断优化少数民族高层次人才就业政策

少数民族高层次人才的就业问题一直是国家及各级地方政府关注的焦点，新中国成立初期，伴随社会主义计划经济体制的建立，我国逐步建立了与计划经济体制相适应的、以"统考、统招、统包、统配"为特征的民族高等教育招生就业体制。自 1977 年恢复高考以来，国家一直在进行各种就业制度变革，逐渐扩大少数民族毕业生和用人单位的自由选择权，逐步建立了"市场导向、政府调控、学校推荐、学生和用人单位双向选择"的毕业生就业体制。与此同时，各级地方政府也在国家宏观就业政策的指导下，出台各种适合地方发展特色的就业政策，来共同保证少数民族高层次人才的顺利就业。

1. 国家促进少数民族高层次人才就业的政策改革

为了使各种人才能更多地进入民族地区，国家对高等学校少数民族毕业生分配制定了相应的措施。早在 20 世纪 60 年代就规定："在首先服从国家需要的前提下，对少数民族学生的特殊情况在调配计划范围内给予适当照顾，根据所学专业、民族和籍贯，尽可能分配到本民族地区、民族事务部门或民族学校工作。"20 世纪 80 年代以来，随着我国改革开放的不断深入和社会主义市场经济的不断发展，社会各界对各类高层次人才的需求呈逐年上升趋势，我国民族院校毕业生就业方式也随之发生了变化。1980 年 7 月，教育部、国家民委发出的《关于从民族地区补助费中适当安排少数民族教育经费的建议》中，要求在毕业生分配中照顾民族地区的需要①。

1985 年，《中共中央关于教育体制改革的决定》颁布，明确规定了

---

① 国家民委办公厅，政法司，政策研究室．中华人民共和国民族政策法规选编［M］．北京：中国民航出版社，1997：438.

"改革大学招生计划制度和毕业生分配制度"，要求改变以往高等学校全部按国家计划统一招生，毕业生全部由国家承包下来统一分配的做法。为了适应社会主义市场经济体制发展的需要，民族高等教育的招生和毕业生就业逐步走向"高校自主招生、单位和毕业生双向选择"。

1993年2月13日，中共中央、国务院发布《中国教育改革和发展纲要》，提出高校毕业生就业分配的长远目标是，随着社会主义市场经济体制的建立和劳动人事制度的改革，除了对师范学科、艰苦行业和边远地区的毕业生实行一定范围的定向就业外，大部分实行在国家方针政策指导下，通过人才市场，采取自主择业的就业办法。1993年，并轨招生、缴费上学和自主择业制度也开始在部分高校试行，1997年全国高校全部开始并轨。民族高等教育也步入"并轨招生"与"自主择业"的新时期。国家逐步建立起一种人才自由流动、社会协调发展的科学机制，采取积极措施促进人才向西部地区的整体流动，减小地区之间、民族之间的发展差距，促进各民族、各地区、各种意识形态和文化体制的协调发展。

2004年，教育部、国家发展改革委、国家民委、财政部、人事部五部委联合印发了《关于大力培养少数民族高层次骨干人才的意见》。采取公开招考、适当降分、统一划线的政策，对学生进行一年的强化基础培训。学生毕业后按照定向培养协议，全部回定向地区（单位）就业①。在《关于大力培养少数民族高层次骨干人才的意见》中，规定按照"定向招生、定向培养、定向就业"的要求，采取"统一考试、适当降分"等特殊政策措施招收新生。在经费方面，通过少数民族高层次骨干人才培养计划招收的研究生将享受中央级高校研究生的拨款政策，家庭经济困难的学生也将得到生源地区和定向单位给予的适当补助。在就业方面，学生毕业后一律按定向培养就业协议到定向地区和单位就业②。

---

①　教育部. 2006年少数民族高层次骨干人才培养研究生招生计划初步方案［EB/OL］. (2005-09-02)［2014-03-26］. http：//www. chinaacc. com/new/63/73/128/2006/2/su6995949281 622600217493-0. htm.

②　教育部，国家发展改革委，财政部. 关于印发《中西部高等教育振兴计划（2012—2020年）》的通知［EB/OL］. (2013-02-28)［2014-03-26］. http：//www. moe. gov. cn/publicfiles/business/htmlfiles/moe/s7394/201303/xxgk_148468. html.

2008 年 12 月，为做好"少数民族高层次骨干人才"研究生就业工作，教育部办公厅发布《关于做好"少数民族高层次骨干人才"研究生就业工作的意见》（以下简称《意见》），要求各有关省、自治区、直辖市要按照《中华人民共和国就业促进法》关于"把扩大就业放在经济社会发展的突出位置，实施积极的就业政策"的要求，坚持政府推动、市场调剂、双向选择的原则，积极拓宽"骨干人才"研究生就业渠道。《意见》认为，"骨干人才"计划属于国家定向计划，"骨干人才"研究生毕业后，在职人员回定向单位工作；非在职人员一律按定向协议回定向省、自治区、直辖市就业。"骨干人才"非在职研究生毕业时，由各招生学校和科研院（所）向其提供定向省的全国毕业研究生就业协议书。在定向省、自治区、直辖市落实接收单位的学生，学校和科研院（所）直接派遣到接收单位；未落实就业单位的学生，及时派遣回定向省、自治区、直辖市。要积极扩大就业领域，努力营造"下得去，留得住，用得上"的制度化环境，加强指导，引导毕业生面向基层、面向经济建设主战场，鼓励自主创业，为西部和民族地区全面建设小康社会贡献才华。

《意见》对各有关省、自治区、直辖市教育行政部门加强"骨干人才"研究生的公共就业服务进行了如下的规定。一是按照《中华人民共和国就业促进法》的要求，进一步培育和完善人力资源市场，加强合作和信息共享，对"骨干人才"非在职毕业研究生免费开展政策咨询、就业指导和就业推荐服务；努力完善网络服务平台，整合各类岗位需求信息资源，提高信息发布质量；主动开展公益性、内容丰富、形式多样的就业招聘活动。有关部门和公共就业服务机构举办招聘会，不得以任何方式向毕业研究生收取费用。二是各有关省、自治区、直辖市教育行政部门要积极协调有关部门，加强与各招生单位间的联系和沟通，定期赴招生单位开展就业教育和思想政治教育，并通过发布人才需求信息、组织相关企事业单位到招生学校举办专场招聘会等形式，为"骨干人才"非在职毕业研究生提供更多的就业信息和就业机会。三是各有关省、自治区、直辖市教育部门要高度重视"骨干人才"研究生就业工作，将其纳入当地人才队伍建设工作范畴，制订促进就业的年度工作计划，积极采取有效措施，使广大"骨干人才"研究生及时进入到定向省、自治区、直辖市的各行各业就业；要建立"骨干人才"研究生就业工作的长效机制，加强政策引导，做到高位推动，各部门密切协作，形成合力，共同推进"骨干人才"研究生就业工作。

近年来，伴随少数民族毕业生数量的增加，国家加强了促进少数民族高层次人才就业的政策引导。2013 年 4 月 17 日，教育部办公厅发布的《关于加强高校毕业生就业信息服务工作的通知》中提出："采取针对性措施，着力做好就业帮扶工作。各地、各高校要认真开展摸底排查，把目前尚未就业的少数民族毕业生以及家庭经济困难、就业困难毕业生作为重点服务对象，有针对性地开展专场招聘活动，提供个性化的就业指导。"①2013 年 12 月 2 日，教育部发布的《关于做好 2014 年全国普通高等学校毕业生就业工作的通知》中要求："各地特别是民族地区就业工作部门和各高校要进一步拓宽少数民族高校毕业生的就业渠道和范围，组织少数民族毕业生专场招聘活动，鼓励毕业生到当地经济社会发展急需的领域和岗位就业。民族地区高校要适应民族地区经济发展需要，适时调整学科专业结构，根据少数民族毕业生特点，开展合作办学，定向培养，加强国家通用语言文字和就业技能培训。"②

2. 各地方政府加强少数民族高层次人才就业的政策引导

为了保障少数民族高层次人才的就业率，国家积极探索建立与社会主义市场经济体制发展相适应的就业机制，不断改革少数民族高层次人才就业政策。各级地方政府也在国家宏观就业政策的指导下，出台各种适合地方发展特色的就业政策，共同保证少数民族高层次人才的顺利就业。

新疆把促进少数民族高校毕业生就业工作列入经济社会发展优先目标，作为全区重大民生工程全力推动，出台了一系列促进就业的政策。例如：《关于贯彻落实国办发 3 号文件抓好大专院校毕业生就业工作的通知》

---

① 教育部办公厅. 关于加强高校毕业生就业信息服务工作的通知 [EB/OL]. (2013-04-17)
[2013-12-26]. http://www.moe.gov.cn/publicfiles/business/htmlfiles/moe/s7523/201304/xxgk_150998.html.

② 教育部. 关于做好 2014 年全国普通高等学校毕业生就业工作的通知 [EB/OL]. (2013-12-02) [2013-12-26]. http://www.moe.gov.cn/publicfiles/business/htmlfiles/moe/s7775/201312/xxgk_160466.html.

和《关于进一步促进大中专毕业生就业的意见（试行）》，要求在疆企业招用新疆籍员工不少于 50%，给予新招用新疆籍员工 3 年基本养老保险费 50%的补贴；新招用少数民族大中专毕业生，签约 1 年以上并按规定缴纳社会保险的，全额补贴个人缴纳部分，享受每人每年 5 万元贷款贴息，5 年内给予 4000 元/人税收扣减。同时，新疆深度挖潜、不断拓展少数民族大学生就业渠道。通过设置专岗和笔试加分等办法，增加少数民族高校毕业生就业岗位和人数。2010 年以来，从应届高校毕业生中招聘 5.1 万余名教师，少数民族占 70%。扩大基层服务项目招募比例。2006 年以来，招募"三支一扶"大学生 4010 名，少数民族占 85%；基层社会服务管理岗位吸纳毕业生 4.5 万人，少数民族占 30%。发挥企业吸纳就业主渠道作用，驻疆央企招用当地员工占比不低于 70%。在这一系列政策的引导下，新疆少数民族高校毕业生就业率逐年上升，2012 年达 80.49%，创十年新高①。

近年来，西藏自治区党委、政府先后出台各种政策、措施，要求各地市、各部门通力协作，拓宽就业渠道，落实各项优惠政策，确保民族院校毕业生顺利就业。例如，自治区教工委、教育厅为区内每一位应届毕业生发放《西藏自治区普通高校毕业生就业推荐函》，并积极和内地各高校联系，帮助西藏生源实现在内地就业，做好高校毕业生就业服务工作、毕业生推荐工作；专门组织由教育厅领导带队的"高校毕业生就业政策宣讲团"，深入到西藏所有高校进行政策宣讲，做好政策解释和协调工作。2011 年，发布《西藏高校毕业生就业指导意见》，鼓励高校毕业生到中小企业和非公企业就业，指出"凡在中小企业和非公企业工作 5 年以上，其在学校期间的学费和国家助学贷款本息由国家代偿；到中小企业和非公企业就业的高校毕业生，在劳动合同期限内每人每月按地区类别给予补贴，最长不超过 3 年；重点项目聘用高校毕业生的劳务性费用和有关社会保险费用可从项目经费中列支，以支持西藏区内重点建设项目吸纳高校毕业生

---

① 新疆多措并举促进少数民族高校毕业生就业 [EB/OL]. [2013－12－26]. http：//www. moe. gov. cn/publicfiles/business/htmlfiles/moe/s3165/201305/152170. html.

就业"①。

从 2009 年开始，云南省在选聘毕业生到村任职工作中根据民族地区的情况，设置相应岗位，优先选聘人口较少民族的大学生回原籍或到相应民族村任职，以使他们得到锻炼，成长为对家乡有用的人才。优先选聘的过程中还围绕构建和谐社会、新农村建设和发展特色优势产业，突出抓好社会工作人才、农村实用人才、中小学师资人才、医疗卫生人才和高技能人才等队伍建设②。

内蒙古组织实施以"三支一扶"、大学生村官、中小企业储备高校毕业生、民生工作志愿者、农村牧区特岗教师和西部志愿者 6 项计划，在少数民族地区的毕业生就业方面，2011 年全年选拔招募 11800 名毕业生到基层服务，并将通过人才市场实现 54400 名高校毕业生就业③。这种保障毕业生就业和创业的优惠政策，有利于少数民族地区的教育可持续发展，有利于民族地区的社会稳定与经济建设，有利于缓解当前巨大的就业压力和增强毕业生的社会责任感。

吉林省将女性、少数民族就业困难高校毕业生列为"一对一"重点帮扶对象。实施"离校未就业高校毕业生就业促进计划"，建立信息管理系统，进行实名制管理。允许高校毕业生在求职地进行求职和失业登记，申领"就业失业登记证"，纳入本地免费公共就业服务和就业扶持政策范围。实施"双困生"就业帮扶培训项目，2014 年计划帮扶毕业生 1.5 万人。2008 年以来，该项目已累计培训学生 3.5 万名，经过培训的学生就业率达 90%以上，高出同期毕业未参培学生 9 个百分点④。

---

① 西藏：四项强化措施巩固今年高校毕业生就业率 [EB/OL]. (2011-03-04) [2014-03-26]. http：//www. ncss. org. cn/zx/zcfg/dfzc/xc/259160. shtml.

② 云南少数民族大学生优先选聘回原籍任职 [EB/OL]. (2009-12-31) [2014-03-26]. http：//www. ncss. org. cn/zx/zcfg/dfzc/yn/10003426. shtml.

③ 内蒙古自治区人民政府. 内蒙古 2011 年要确保 10 万高校毕业生解决就业问题 [EB/OL]. (2011-03-17) [2014-03-26]. http：//www. gov. cn/gzdt/2011-03/17/content_1826401. htm.

④ 吉林省多措并举力促高校毕业生充分就业 [EB/OL]. [2014-03-26]. http：//www. moe. gov. cn/publicfiles/business/htmlfiles/moe/s3165/201312/161067. html.

（二）不断加强少数民族高层次人才就业指导

就业指导工作是实现少数民族人才培养、有效服务社会的重要环节。近年来，国家及各级地方政府、高校不断加大对少数民族高层次人才就业指导的力度，使就业指导工作成为促进少数民族高层次人才就业的有力保障。2012年颁布的《少数民族事业"十二五"规划》，即要求"各大高校和政企机构努力搭建适合民族院校和民族地区高校学生锻炼平台工程。例如，搭建民族院校和民族地区高校学生寒暑假锻炼平台，充分利用现有资源，鼓励少数民族学生加强见习、实习和实训，提升就业能力"。① 2013年，教育部、国家发展改革委、财政部关于印发《中西部高等教育振兴计划（2012—2020年）》的通知中也明确指出："实施就业指导队伍培训项目，用5年时间，将中西部高校就业指导教师和就业工作骨干人员轮训一遍，提升就业指导水平。"

2013年10月12日，教育部民族教育司、教育部民族教育发展中心在乌鲁木齐召开以增强就业能力为导向的少数民族本专科应用型人才培养综合改革论证会。各单位有关负责同志和专家对《以增强就业能力为导向的少数民族本专科应用型人才培养综合改革总体方案》及其实施方案提出了意见和建议。

2013年12月2日，教育部《关于做好2014年全国普通高等学校毕业生就业工作的通知》对少数民族高层次人才的就业指导工作提出要求：各高校要陆续开展以增强就业能力为导向的少数民族本专科应用型人才培养综合改革试点，以此来拓宽少数民族高校毕业生的就业渠道和范围。组织少数民族毕业生专场招聘活动，鼓励毕业生到当地经济社会发展急需的领域和岗位就业。民族地区高校要适应民族地区经济发展需要，适时调整学科专业结构，根据少数民族毕业生特点，开展合作办学，定向培养，加强国家通用语言文字和就业技能培训。同时，要加快建设示范性高校毕业生

---

① 国务院办公厅. 关于印发少数民族事业"十二五"规划的通知［EB/OL］.［2014-03-26］. http：//www.gov.cn/zwgk/2012-07/20/content_2187830.htm.

就业指导机构，加强就业指导课程及学科建设，为毕业生提供个性化咨询指导。加快建设一支职业化、专业化、高水平就业工作队伍，切实将就业指导教师纳入学校教师专业技术职务评聘范畴，积极开展就业指导教师培训，聘请专家学者、企业家、行业成功人士担任就业导师。要求各地加强对就业困难高校的分类指导和重点督促，帮助这些高校全面做好高校毕业生就业工作①。

在国家加强少数民族高层次人才就业指导的背景下，各级地方政府和高等院校也不断创新，探索就业指导的各种有效路径。西藏教育厅将少数民族毕业生就业工作作为重点来抓，指导各高校从政策保障、重点帮扶等多个层面开展就业指导工作，取得了较好的成效。一是对六州藏区毕业生进行了就业情况摸底，建立六州毕业生数据库，做到随时能够准确掌握毕业生数量、就业状况、求职意向等信息。二是开展为少数民族毕业生送岗位活动。优先将岗位信息提供给少数民族毕业生；积极争取用人单位支持，优先接收这部分毕业生；优先在"农村教师特岗计划"、"西部计划"等国家和省内项目中推荐六州少数民族毕业生。三是开展普通话训练、计算机培训、公文写作、简历制作、面试技巧、社交礼仪等专项就业辅导培训，尽力提高藏区毕业生的求职竞争力。对有意向创业的毕业生进行创业培训，让他们了解创业的基本知识和有关的优惠政策。四是根据六州藏族毕业生不愿意到外地就业，只愿意选择机关事业单位，以及语言和专业的限制等问题，大力开展"一对一"的就业分类指导工作，通过个别谈心、个别咨询等方式，有针对性地为困难毕业生提供指导，帮助他们了解自己、探究职场、关注就业形势、掌握就业政策、更新就业观念、调整就业期望、提升就业能力和整体素质。五是加强宣传工作，广泛宣传党和政府对藏区群众的关心和爱护，宣传学校对毕业生的就业帮扶措施，宣传少数民族毕业生自强不息、克服困难的典型事例，宣传积极接收藏区毕业生的

---

① 教育部. 关于做好 2014 年全国普通高等学校毕业生就业工作的通知［EB/OL］.（2013-12-02）［2014-03-26］. http：//www. ncss. org. cn/zx/zcfg/qg/280740. shtml.

用人单位，形成有利于六州藏区毕业生就业的舆论氛围①。

新疆则通过举办大学生就业宣传月、优秀毕业生就业创业巡回报告、先进个人表彰等活动，引导少数民族高校毕业生转变就业观念。提高少数民族毕业生掌握使用国家通用语言文字能力，除特殊专业外，基础课、专业课全部使用国家通用语言文字授课。开展国家通用语言文字和技能免费培训，实施"三年万人创业培训"计划，给予资金和政策支持。同时，编写《新疆大学生职业生涯与就业指导课》教材，把就业和创业指导作为必修课纳入教学计划。鼓励各地、企事业单位和区属院校举办"小型化、多样化、专业化"招聘活动，每年提供 250 万元专项资金支持。通过"一对一"帮扶、"面对面"辅导，切实解决少数民族高校毕业生就业困难②。

2010 年 9 月，乌鲁木齐市统筹城乡就业和培训工作领导小组对外公布的《乌鲁木齐市促进大中专毕业生就业工作方案》中提到，以区（县）为单位，采取实名制办法，建立每一名未就业大中专毕业生学历层次、专业、技能特长、就业愿望等基本信息台账，实行动态管理。此外，还将以区（县）为单位，分年度摸清 2011—2012 年本区（县）机关事业单位空岗、空编数量，公益性岗位，企事业单位就业见习毕业生、5% 人才储备空岗空编需求数量；摸清各类企业、建设项目毕业生需求岗位数量；摸清城乡基层乡（镇）、街道、村、社区社会管理和公共服务岗位毕业生需求数量；"高校毕业生到村任职"、"三支一扶"、"特岗教师"、"西部志愿者"等面向基层就业专门项目计划岗位数量；摸清各类医院和学校空岗、空编数量；摸清农牧业生产经营管理和服务岗位毕业生需求数量等；全面掌握适合大中专毕业生就业的岗位需求③。

2007 年以来，宁夏各级劳动保障部门高度重视做好大学毕业生就业服务工作，出台了一系列政策扶持大学生就业，取得良好效果。据宁夏劳动

---

① 青海省政府办公厅. 推进少数民族毕业生就业指导和帮扶工作［EB/OL］.（2013-05-24）［2014-03-26］. http：//www. ncss. org. cn/tbch/jydxzf/df/274780. shtml.

② 新疆多措并举促进少数民族高校毕业生就业［EB/OL］.［2013-12-26］. http：//www. moe. gov. cn/publicfiles/business/htmlfiles/moe/s3165/201305/152170. html.

③ 乌鲁木齐出台十措施促大学生就业 送岗位送培训［EB/OL］.（2010-09-07）［2014-03-26］. http：//www. ncss. org. cn/zx/zcfg/dfzc/xj/251089. shtml.

保障部门介绍，宁夏以强化基础服务促就业，安排专人深入社区或依托社区居委会进行摸底调查，建立大中专技校毕业生档案，了解毕业生就业困难，上门宣传国家促进高校毕业生就业的相关政策，鼓励大学生树立信心积极就业，建立长期促进毕业生就业专项服务制度，有针对性地开展就业服务；并通过实地帮教、宣传引导等方法，帮助大学生转变就业观念①。这些举措对于宁夏回族自治区民族学生的就业起到了重要的推动作用。

（三）全方位促进少数民族高层次人才自主创业

21 世纪之初，国家开始加大对少数民族高层次人才创业的政策优惠：毕业年度内的高校毕业生在校期间创业，可向所在高校申领《高校毕业生自主创业证》。财政部、国家税务总局发出《关于支持和促进就业有关税收政策的通知》，明确毕业生从毕业年度起三年内自主创业可享受税收减免优惠政策。对持"就业失业登记证"毕业生从事个体经营的，在 3 年内按每户每年 8000 元为限额依次扣减其当年实际应缴纳的营业税、城市维护建设税、教育费附加和个人所得税②。下面是《高校毕业生自主创业证》申领流程图（见图 3-1），对于民族院校的少数民族毕业生也非常实用。

民族高等教育的少数民族毕业生通过办理和申领"高校毕业生自主创业证"，可以充分享受学生创业税收优惠政策，一定程度上缓解了毕业生创业资金短缺的压力，同时有利于降低失业率，促进社会稳定。

2012 年，国务院办公厅印发《少数民族事业"十二五"规划》，提出"实施边疆民族地区人才支持计划。进一步加大对艰苦边远民族地区人才的扶持力度，鼓励民族地区各类人才的成长和创业，支持和吸引各类人才到民族地区发展创业"③。

---

① 宁夏出台多项措施扶持促进大学毕业生就业［EB/OL］.（2009-12-31）［2014-03-26］. http：//www.ncss.org.cn/zx/zcfg/dfzc/nx/10003545.shtml.

② 中央有关部门出台优惠政策，高校毕业生创业每年享受 8000 元税收减免［EB/OL］.（2011-01-10）　［2014-03-26］. http：//www.moe.gov.cn/publicfiles/business/htmlfiles/moe/moe1485/201101/113651.html.

③ 国务院办公厅.关于印发少数民族事业"十二五"规划的通知［EB/OL］.（2012-07-20）［2014-03-26］. http：//www.gov.cn/zwgk/2012-07/20/content_2187830.htm.

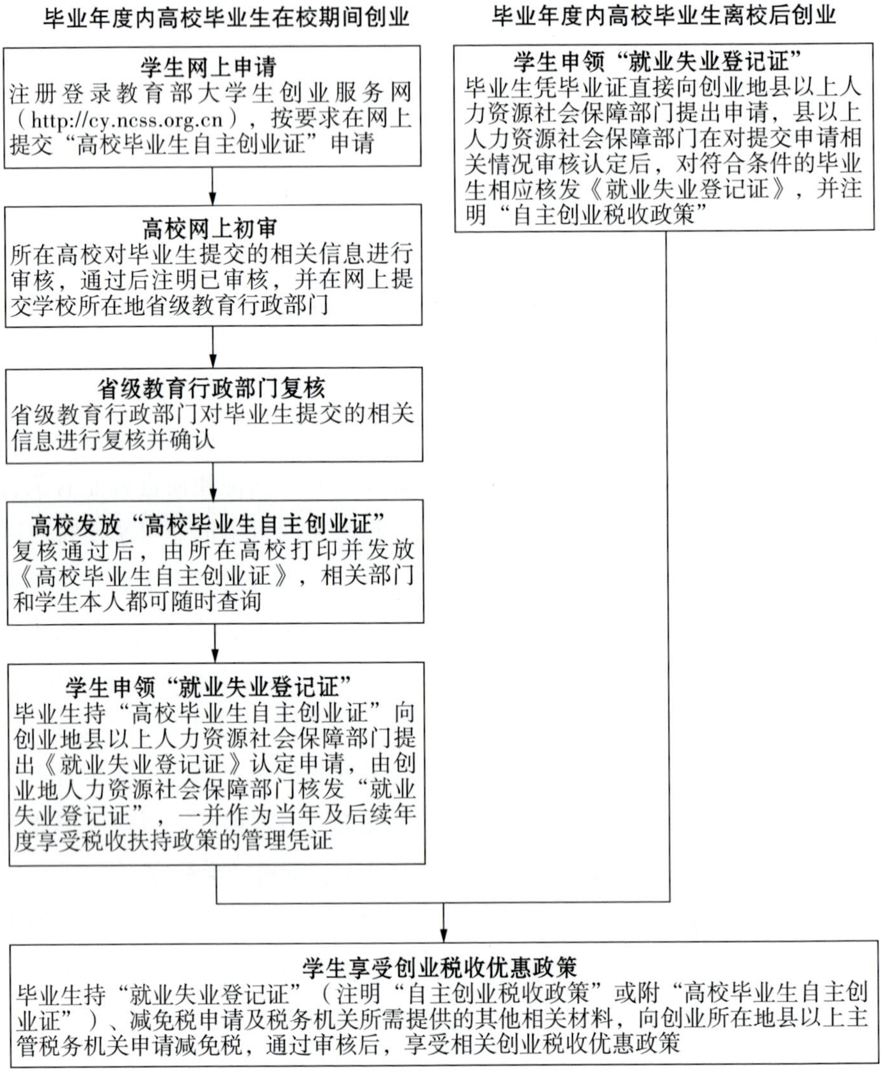

毕业年度内高校毕业生在校期间创业	毕业年度内高校毕业生离校后创业
学生网上申请 注册登录教育部大学生创业服务网（http://cy.ncss.org.cn），按要求在网上提交"高校毕业生自主创业证"申请	**学生申领"就业失业登记证"** 毕业生凭毕业证直接向创业地县以上人力资源社会保障部门提出申请，县以上人力资源社会保障部门在对提交申请相关情况审核认定后，对符合条件的毕业生相应核发《就业失业登记证》，并注明"自主创业税收政策"
高校网上初审 所在高校对毕业生提交的相关信息进行审核，通过后注明已审核，并在网上提交学校所在地省级教育行政部门	
省级教育行政部门复核 省级教育行政部门对毕业生提交的相关信息进行复核并确认	
高校发放"高校毕业生自主创业证" 复核通过后，由所在高校打印并发放《高校毕业生自主创业证》，相关部门和学生本人都可随时查询	
学生申领"就业失业登记证" 毕业生持"高校毕业生自主创业证"向创业地县以上人力资源社会保障部门提出《就业失业登记证》认定申请，由创业地人力资源社会保障部门核发"就业失业登记证"，一并作为当年及后续年度享受税收扶持政策的管理凭证	

学生享受创业税收优惠政策
毕业生持"就业失业登记证"（注明"自主创业税收政策"或附"高校毕业生自主创业证"）、减免税申请及税务机关所需提供的其他相关材料，向创业所在地县以上主管税务机关申请减免税，通过审核后，享受相关创业税收优惠政策

图 3-1 "高校毕业生自主创业证"申领流程

2013 年 12 月 2 日，《教育部关于做好 2014 年全国普通高等学校毕业生就业工作的通知》对少数民族高层次人才的创业工作做出了明确规定。一是推动完善落实扶持创业的优惠政策。各地要抓住国家推进公司注册资本登记制度改革的契机，积极协调有关部门尽快制定简化创业手续、降低创业门槛的具体办法，加快构建"一站式"服务平台和"绿色通道"，使

毕业生能够高效、便捷申领证照。要进一步落实好自主创业税费减免、小额担保贷款、创业地落户、毕业学年享受创业培训补贴等优惠政策。二是加大创业基地建设和创业资金扶持力度。各地要积极推动地方政府、产业园区、大学科技园、高校建设大学生创业园和创业孵化基地，进一步推进"高校学生科技创业实习基地"和"大学生创业示范基地"建设，为创业大学生提供低成本的生产经营场所和企业孵化服务。积极推动设立国家和省级高校毕业生就业创业基金，进一步扩大资金规模，简化申领手续，扩展资金受益面。高校要设立校级大学生创业资金，开辟专门场地用于大学生创业实践和孵化。三是加强创业教育和创业服务。各地各高校要建立和完善创新创业教育课程体系，坚持理论与实践相结合，积极开展创新创业竞赛、模拟创业等实践活动，鼓励更多大学生参与创新创业训练计划和新一轮"大学生创业引领计划"，多渠道、多方式培养学生创新意识和创业能力。邀请创业成功人士、企业家担任创业导师，提高创业指导的有效性和实用性。为创业学生提供政策咨询、项目开发、风险评估、开业指导、跟踪扶持等服务，提高创业成功率①。

在国家政策的引导下，各少数民族地区出台相关配套措施，全方位促进少数民族高层次人才自主创业。以新疆为例，为提高大中专毕业生创业能力，乌鲁木齐继续鼓励和扶持大中专毕业生从事个体经营、自谋职业和自主创业，在解决自身就业的同时，带动其他大中专毕业生就业；建立政策咨询、创业培训、项目推介、专家评析、开业指导、小额担保和后续服务"七位一体"帮扶机制；落实小额担保贷款、创业场地安排等各项扶持政策；为创业的大中专毕业生选择有实力、有经验的专家进行结对帮扶，提供"一对一"的创业援助；对实现灵活就业的大中专毕业生，符合条件的落实社会保险补贴政策②。

---

① 教育部. 关于做好2014年全国普通高等学校毕业生就业工作的通知［EB/OL］. (2013-12-02)［2013-12-26］. http：//www. moe. gov. cn/publicfiles/business/htmlfiles/moe/s7775/201312/xxgk_160466. html.

② 乌鲁木齐出台十措施促大学生就业　送岗位送培训［EB/OL］. (2010-09-07)［2014-03-26］. http：//www. ncss. org. cn/zx/zcfg/dfzc/xj/251089. shtml.

第四章

民族高层次人才培养案例

在培养民族高层次人才上，民族高等院校和普通高等院校做出了重大贡献，这些院校在少数民族学生预科教育、培养机制创新、发展特色培养、思想政治教育、章程建设等方面，积累了大量的经验，为高等教育的改革创新增添了鲜活而独具特色的样本。

一、发展预科教育，搭建民族人才起飞平台

（一）中央民族大学预科教育——"少数民族学士、硕士、博士的摇篮"

中央民族大学预科教育学院是中央民族大学成立最早、最具特色的教学单位之一。中央民族大学自建校初期就开始在全国率先创办民族预科教育，1952年设立各系共同的预科，招收各族学生100人。1953年1月正式成立预科部，首开新中国民族预科教育的先河。这是继中央民族大学建立后根据我国少数民族地区政治、文化、经济发展的需要而采取的一项特殊的人才培养措施。据初步统计，仅1953年至1966年"文化大革命"前的13年间，中央民族大学就为全国50多个民族培养了5000多名预科生。按照当时民族地区的需要，他们中的一部分进入高等学校继续深造，另一部

分则直接回到民族地区参加工作①。

中央民族大学预科教育已经走过了 60 多年的发展历程，积累了丰富的办学经验，形成了自己独具特色的培养模式，为少数民族人才的培养、民族地区的社会经济发展和现代化建设做出了重大贡献②。目前，预科教育学院有教职工 32 人，学院下设语文、数学、英语、汉语四个教研室。2010 年，本科预科生招生 441 人（其中"新疆班" 73 人），"少数民族高层次骨干人才计划"研究生 293 人，学生分别来自 20 多个省、市、自治区，包括 41 个少数民族成分。在校生总数达 782 人（含"新疆班"二年级学生 48 人）③。

1. 预科教育发展与时俱进

中央民族大学预科教育大致经历了四个阶段④。第一阶段，民族预科教育起步阶段（1949—1966 年）。民族预科教育建立初期，学生年龄、文化水平差距很大，入学时间不一，1956 年，中央民族学院预科部被分为预科一部和预科二部。预科一部招收具有初中毕业或相当初中毕业的学生或干部，开办有汉语补习班、中学班、专业技术预备班。二部招收小学毕业生，主要面向西藏地区招生，设有长期班、短期班、汉语文补习班和专业技术预备班。学生毕业后升入大学或回乡参加工作。第二阶段，民族预科教育停滞阶段（1966—1976 年）。"文化大革命"十年浩劫时期，中央民族学院的民族预科教育也受到极大的影响，1966—1970 年期间预科的招生、教学等项工作几乎停止。虽然 1971 年恢复招生和教学，但只面向西藏和新疆地区。第三阶段，民族预科教育恢复、转向、发展、提高阶段（1977—1999 年）中央民族学院的民族预科教育进入了一个迅速而健康发展的历史时期。根据 1980 年 6 月教育部颁发的《关于在部分全国重点高等学校试办少数民族班的通知》精神，教育部和国家民委在对中央民族大学

① 严玉明 . 21 世纪少数民族预科教育的改革与发展 ［J］. 中央民族大学学报：哲学社会科学版，2003（2）：33-38.

② 中央民族大学 . 预科教育学院简介 ［EB/OL］.（2010-04-18）［2013-09-11］. http：//yuke. muc. edu. cn/xygk_1. html.

③ 郑雪松 . 少数民族预科教育研究 ［D］. 北京：中央民族大学，2011：56.

④ 吕炳丽 . 造就少数民族高级人才的"金色桥梁"［J］. 民族教育研究，2011（1）：86-90.

预科教育给予充分肯定的同时，对学校的预科教育做了性质和任务上的调整。中央民族大学预科教育形成了两种形式的雏形：一种是为新疆地区"民考民"（高考时使用民族语答卷的少数民族学生）学生学习汉语及其他文化课（如数理化）打好基础的"新疆班"，学制两年；另一种是为中央民族学院、北京外国语大学、中山大学、北京大学医学部等全国重点大学培养的补习基础文化知识的"全国班"，学制一年。这种办学形式保留至今。第四阶段，民族预科教育体系进一步完善，办学层次提高时期（2000年至今）。在过去的二十年中，中央民族预科教育主要是为其他重点大学代为培养和输送合格的少数民族学生。而从这一年开始，转向为本校培养、输送合格的少数民族大学生。2001年招收本校预科生220人，本校预科生的比例也由原来的20%左右增加到了当年预科招生总数的80%左右。2005年，中央民族大学开始招收"少数民族高层次骨干人才计划"研究生。研究生层次民族预科教育的创办，加快了少数民族高级专门人才的培养，为中央民族大学民族预科教育注入了新的生机与活力，提升了中央民族大学预科教育学院的办学层次，促进了民族预科教育在规模、质量、效益各方面的发展与提高，开创了民族预科教育发展的新阶段。

2. "少数民族学士、硕士、博士的摇篮"

在60年的办学实践中，中央民族大学预科教育学院认真贯彻党的教育方针和民族政策，探索和遵循普通高等教育的一般规律和民族预科教育的特殊规律，经过几十年的积累、丰富、创新，民族预科教育取得了成就，为促进民族地区经济发展和社会进步、加强民族团结和构建社会主义和谐社会做出了不可替代的贡献。

近年来，预科教育学院在校党委、校领导的高度重视下，加强了师资队伍建设工作。教师队伍职称结构有所改善，学历结构有新提高，人员结构进一步优化。预科教育学院的教师在人员少、任务重的情况下，克服种种困难，努力完成教学任务。2009年《阅读与写作》成为学校优秀建设课程。在2010年中央民族大学青年教师从教基本功比赛中，预科教育学院教师取得1个一等奖，1个二等奖，1个优秀奖的好成绩。

重视和加强学生的思想政治工作，是预科教育学院的传统。60年来，预科教育学院始终坚持社会主义办学方向，重视对学生开展有效的思想政治教育工作。根据民族预科的办学宗旨和办学任务，结合学生民族成分多、民族文化丰富的特点，在加强学生世界观、人生观和价值观教育的同时，突出以爱国主义和民族团结为核心的祖国观、民族观和宗教观"三观"教育，使"汉族离不开少数民族，少数民族离不开汉族，少数民族之间也相互离不开"① 的"三离不开"思想观念扎根于心中。学院通过开设《民族理论与民族政策》公共政治理论课及组织学生参加各种大型政治文化活动等方式，大力弘扬民族传统文化，使"六观"教育进教材、进教室、进公寓、进网络、进头脑。

为培养学生良好的自我管控能力，学院有意识地为预科学生提出管理的具体目标和要求，并适时组织检查和评比，及时表扬自我管理的典型，形成学生自我管理的良好氛围。对大学生尤其是刚入校门的预科学生来说，他们的年龄比较小，容易受外界不良行为的影响，自我管控能力比较弱，因此应实行一定的强制措施，建立健全各种规章制度，加强对学生的行为控制，帮助他们养成良好的行为习惯。教育学院根据预科管理各方面的实际，制定实施了《中央民族大学预科生管理办法》、《中央民族大学预科生奖学金、优秀学生干部及单项奖评比办法》、《中央民族大学预科教育学院新疆籍特困生困难补助实施办法》、《中央民族大学预科生综合素质测评办法》等一系列规章制度和管理办法，使学生的管理工作有章可循、规范有序、落到实处。学校明确预科学生违纪处分程序，做到结果公正公开；建立学生处理申诉制度，维护了学生正当权益②。

60 年来，教育学院的工作取得了令人瞩目的成绩，大大增加了少数民族学生进入高等院校，尤其是进入重点高校学习的机会，因而深受全国各族人民的重视和欢迎，学校预科部也被少数民族人民誉为"少数民族学士、硕士、博士的摇篮"，教育部和国家民委还将预科部列为民族教育重

---

① 江泽民. 必须树立马克思主义的民族观和宗教观 [G] //中央文献研究室. 国务院宗教事务局. 新时期宗教工作文献选编. 北京：宗教文化出版社，1995：180.

② 吕炳丽. 造就少数民族高级人才的"金色桥梁"[J]. 民族教育研究，2011（1）：86-90.

点学科之一①。预科教育从最初根据民族地区的建设需要为少数民族和民族地区培养大量政工、管理干部，以及医学、地质、水利、电力、机电、外语等方面的各类专业人才，到当前为全国重点大学直接输送继续深造的预科毕业生，培养了大批少数民族学生（见表4-1）②。据不完全统计，预科教育学院的毕业生当中有5000多人走上了县、处级以上领导岗位，十多人成为省、部级领导，也有相当多的人成为石油、地质、水利、电力、医药等行业和新闻出版、文化教育等部门的专家、学者、教授。他们中的杰出代表有：原国家民委副主任图道多吉，《求是》杂志总编辑王天玺，云南省委副书记丹增，四川省副省长马开明，新疆维吾尔自治区政府副主席达列力汗·马米汗，新疆生产建设兵团副政委买买提明·阿不都热依木，西藏自治区政府副主席次仁桑珠，西藏自治区人大常委会副主任布多吉、益西单增，西藏自治区政府副主席马泽碧，四川省政协常务副主席刘绍先等。此外，预科教育还培养了鄂伦春族第一位博士刘晓春、裕固族第一位博士钟进文等。预科部还培养了代表中国首次登上珠穆朗玛峰的藏族登山运动员贡布、第二批登上珠穆朗玛峰的我国第一位女登山运动员潘多。西藏地区的不少第一代工人阶级也是通过中央民族大学预科教育培养出来的。他们不论是在民族地区的民主改革及社会主义改造中，还是在四个现代化建设中都发挥了巨大作用，为加强民族团结、维护祖国统一、保卫祖国、建设边疆，为各民族的共同繁荣做出了重要贡献③。

表4-1　预科教育学院少数民族人才培养情况

年份	预科毕业生人数	学生情况
1951—1968	9000	西藏学生占一半左右，其次是新疆以及四川、云南、贵州、广西、青海、甘肃等其他省、自治区的学生

①　艾比布拉·胡贾. 进一步办好民族预科教育，培养更多的少数民族人才［J］. 民族教育研究，2007（4）：98-102.

②　吕炳丽. 造就少数民族高级人才的"金色桥梁"［J］. 民族教育研究，2011（1）：86-90.

③　宋太成. 中央民族大学预科　唱响了半世纪的摇篮曲［J］. 中国民族，2003（4）：34-35.

续表

年份	预科毕业生人数	学生情况
1971—1977	1073	大部分是西藏的学生，其他是新疆的学生
1978—2000	5000	40%是新疆的学生，其他学生来自全国30个省、市、自治区的40多个少数民族
2000—2010	3447	此外，2009年结业"少数民族高层次骨干人才计划"研究生254人

目前，中央民族大学的博士、硕士学位授予点逐年增多，专业、学院、研究机构建设进一步增强，是全国"211"、"985"重点建设大学，现有全日制在校生16053人①。为了与学校目前的建设和发展要求相称，"十二五"期间，民族预科教育在不断总结经验的基础上，将进一步深化教育教学改革，招生规模在原来基础上也将有所扩大，充分发挥预科教育在培养少数民族人才方面的特殊作用。

（二）吉首大学民族预科教育迅速发展

吉首大学民族预科教育学院创办于1994年，经过二十多年的发展历程，已成为湖南省唯一的民族预科教育基地，承担着包括新疆、西藏在内的全国16个省、市、自治区及来自湖南文理学院、湖南工学院、湘南学院、吉首大学、长沙理工大学、长沙医学院、上海立信会计学院、上海金融学院、上海电机学院、上海技术工程大学等10所高校的少数民族预科学生培养任务。特别是自2009年面向全国招生以来，发展速度迅猛，势头强劲。目前有一年制、两年制民族预科生1400多人，涵盖38个少数民族，其中西藏籍少数民族学生85人，新疆籍少数民族学生305人。②

1. 完善预科学生知识结构、提升学习能力

来自不同地区、不同层次院校的学生学习基础不同，仅以知识传授为主则很难满足所有学生的需要。因此，吉首大学民族预科教育学院在深入

---

① 中央民族大学. 学校简介［EB/OL］. (2013-11-30)［2014-01-17］. http：//www.muc. edu. cn/About/1. html.

② 吴瑞. 献身预科教育服务民族学生［J］. 民族论坛，2012（5）：20-21.

调研的基础上为达到提出的"构建以完善知识结构为基础，提升学习能力为内容的民族预科教育的教学目标体系"的民族预科教育教学目标体系，主要在学科教学和教学管理上采取以下几方面措施。

针对目前中学阶段应试教育带来的学生学习方面的缺陷，有针对性地对学生进行训练。语文以扩大学生阅读面、提高口头语言和书面语言表达能力为主。通过教师开列阅读书目、学生相互之间推荐书目等方式扩大学生的阅读量；通过课前五分钟的演讲，培养学生的口头表达能力；通过自编自导课本剧、演讲比赛、出版班报班刊、墙报等方式，培养学生的语文应用能力。数学以训练学生的思维方式为主，使学生逐步由"常量数学思维模式"向"变量数学思维模式"转变。教学中，引导学生逐步建立数学思想方法，善于从诸多具体事务中抽象和概括出一般规律和特殊问题，学会辩证思考问题。英语则以提高学生的"听、说能力"为主，变"哑巴英语"为"实用英语"，提高学生学习英语的兴趣。民族理论与民族政策则以培养学生正确的民族意识为重点，注重理论联系实际。采取"走出去，请进来"的方式，以民族地区的巨大发展变化让学生直观感受党的民族政策的伟大，从而树立马克思主义民族观，自觉成为党的民族政策的宣传者和执行者①。为了保证教学质量，从学院负责人到教学秘书到政治辅导员，每个人每学期都有相应的听课课时要求。老师之间也经常要进行交叉听课。每学期，预科学院都要对教师的教案进行一次大检查，由经验丰富的老教师组成专家组，通过查阅、讨论、评议写出意见。在学期期末的时候，学生填写对各课程教师教学质量评价的问卷，经常召开学生代表座谈会，征求他们对教学工作的意见，并将这些意见及时地进行研究与反馈，从而不断改进教育教学方法②。

2. "我们都是一家人"的办学理念

吉首大学对民族预科教育学院的领导班子配备、师资队伍建设、办学

---

① 程安垣，卜爱华．基于完善知识结构基础上的民族预科教学目标的构建［J］．文教资料，2012（13）：163-164.

② 罗佳，必雄．在探索中奋起，于严厉处深爱——吉首大学民族预科教育者群像［J］．民族论坛，2009（10）：10-11.

条件改善、服务设施设立、行政生活费用拨付等许多方面都"格外关照"。吉首大学从没有把预科教育看作包袱，也从不把它与其他院系简单类比、并列，而是把它当成一个窗口来建设、当成一个亮点来打造、当成一个特色来展示、当成一个优势来拓展。

预科学院的教职工对学生处处"爱、严、细"，并始终"以爱为核心"，坚持"我们都是一家人"的办学理念。各少数民族的风俗习惯都得到充分尊重，听不到不利于民族团结的话，看不到不利于民族团结的事。每到少数民族节日，学院都安排相关活动，发放节日补贴，院领导还要到教室、宿舍、食堂等场所慰问学生，引导各民族学生互相了解，互相尊重，和睦相处。每到藏历新年和维吾尔族、回族、哈萨克族等少数民族传统重大节日古尔邦节时，学院都要举行庆祝活动，少数民族学生都能获得一份精美的节日礼物。联欢会上，师生同台表演，其乐融融。就是在欢乐的气氛中，民族团结的意识、爱国主义的信念进一步增强。根据维吾尔族、回族、哈萨克族等民族学生较多的特点，学校全力办好清真食堂并经常检查，保证少数民族学生吃得卫生、吃得放心。为了节约人力，从学院领导到普通教师，常常是既登讲台授课又当勤杂工、采购员、服务员。针对学生存在的各种问题，学院通过个别谈话、请心理咨询师疏导、指定专人辅导学习等方式，帮助学生走出困境。学院还本着公平、公正、公开的原则，在评优评先及助学金奖学金评定、学生成绩认定、专业分流等工作上妥善协调各种关系，维护少数民族学生的利益，使学院成为一个温暖、和谐、团结的大家庭。2011年暑假，为了深入了解新疆学生思想、文化、行为方式和成长环境，了解新疆学生家长对子女教育的真实想法，便于有针对性地进行教育，学院院长带领骨干教师不远万里，前往新疆，走访了吐鲁番、乌鲁木齐、奎屯、哈巴河等地6个学生的家庭和吐鲁番实验中学，掌握了新疆学生及家长的第一手资料，了解到了新疆学生在中学接受教育的情况，沟通了与家长的感情①。

---

① 李立. 平凡的工作，伟大的事业——吉首大学民族预科教育走笔［J］. 民族论坛，2012（5）：9-13.

最初成立的吉首大学预科教育，还只是个民族预科部，首次招生也只有 60 多名学生。考虑到当时少数民族考生基础差的实际情况，上级有关部门规定：预科生可在本科录取线下 80 分录取。吉首大学的民族预科教育不断发展、迅速壮大，原本在吉首大学各学院之中处于弱势的民族预科学院如今已在探索中奋起。2005 年，民族预科教育学院开始接受兄弟单位委培生，2008 年被湖南省教育厅、湖南省民委设立为"湖南省普通高等学校少数民族预科教育基地"，这是国家和社会给予民族预科学院的荣誉和期望。2009 年，吉首大学民族预科教育学院开始面向全国 16 个省、市、自治区招生，并开始接受新疆双语实验班"协作计划"的培养任务，2011 年，学院开始承担二年制新疆民考民预科教育，还开办了湖南省教育援疆项目——"吐鲁番地区中小学少数民族双语骨干教师培训班"。学院对 2004—2008 年度升入本科院校的预科学生进行的跟踪调查结果表明：预科升本学生中，有 90% 以上都是入党积极分子；很多院系学生会、团总支主要干部都出自民族预科生；各院校普遍反映预科生"能力强，综合素质高，学习习惯好"①。至 2012 年，学院为各院校本科专科输送了 6162 名合格的少数民族大学生②，为民族地区及边远地区的政治、经济、文化发展以及民族团结进步事业做出了重要的贡献。

（三）西南民族大学预科教学和管理创新

作为最早招收少数民族预科生的高等院校之一，西南民族大学从 1951 年学校建校之日起就开办了民族预科，通过 60 多年的发展，西南民族大学预科教育学院学科门类齐全，师资队伍雄厚，现有专兼职教师 46 人，学院下设 6 个教研室，是全国预科教育人才培养基地。仅 2007 年，西南民族大学预科教育学院为全国 30 所高等院校培养预科学生 1200 多人，为本校培养 400 多人，共计 1600 余人。"这 1600 余人来自全国的 25 个省、区，包

① 卜爱华，邓万云，程安垣. 植桃树李勤耕耘，春华秋实谱华章——记吉首大学民族预科教育 [J]. 中国民族教育，2009（7-8）：30-31.
② 李立. 平凡的工作，伟大的事业——吉首大学民族预科教育走笔 [J]. 民族论坛，2012（5）：9-13.

括 37 个少数民族成分，招生学校有复旦大学、华东师大、华中理工、上海外国语、上海财经大学、东南大学、南京农大、中国药科大学、武汉大学、合肥工大、陕西师范大学、中国医科大学、西南财大、成都电子科大、西南交大、四川大学、华中农大、西南林学院，等等"。① 2008 年，西南民族大学也有来自复旦大学、华东师范大学、四川大学、西南林业大学、北京联合大学、合肥工业大学等 32 所学校 1700 多名预科学生在校学习②。近 60 年来，西南民族大学在少数民族教育预科教育方面做出了突出贡献，2009 年 11 月，全国高校民族预科教育基地授牌仪式在西南民族大学举行，教育部民族教育司、国家民委教育科技司向西南民族大学授 "全国高校民族预科教育基地" 牌③。西南民族大学预科教育学院现有学生千余人，涉及学校 31 所（部委属院校 17 所）。学生分别来自 25 个省区，包括 37 个少数民族成分④。西南民族大学预科教育学院在 60 多年的发展历程中，不断探索研究预科教育、教学管理的理论与实践，在管理和教学方面都取得了巨大的成就。

1. 预科教育教学创新⑤

与时俱进，不断改革创新。西南民族大学预科学院自成立以来进行了三个阶段的教育教学改革。第一阶段为 1951—1979 年：设定预科。预科为各类高等学校和民族地区举办不同种类的预科高中班、初中班等共 10 届。第二阶段为 1979—2003 年：经国家民委批准为预科部，后更名为大学预科部。这一阶段举办了大学预科、民族高中班等层次，为华东师大、复旦大学等部分高校培养了 23 届预科学生。第三阶段为 2003—2015 年：经西南民族大学院系调整改革，把大学预科更名为预科教育学院。为全国部

---

① 邓晓琳，罗文书. 少数民族预科教育创新探析 [J]. 成都理工大学学报：社会科学版，2008（6）：74-77.

② 吉克跃林，等. 民族预科教育研究 [J]. 西南民族大学学报：人文社科版，2009（3）：4-10.

③ 梁小琴. 全国高校民族预科教育基地落户西南民族大学 [EB/OL].（2009-11—20）[2014-01-02]. http：//edu. people. com. cn/GB/10419178. html.

④ 吴瑞. 全国高校民族预科基地、预科点撷英 [J]. 民族论坛，2012（5）：27-29.

⑤ 吉克跃林，等. 民族预科教育研究 [J]. 西南民族大学学报：人文社科版，2009（3）：4-10.

分重点院校和部分一般院校培养一本、二本预科学生。西南民族大学预科教育走过了为民族地区培养初、高中生到培养大学本科预科生这一历史进程。西南民族大学预科教育通过数十年的改革与发展，探求出一套适应于预科实际的教学模式，培养的预科学生得到了各高校的认可和赞扬。学校预科在参加四川省预科直升统考中，历年名列前茅，升学率100%。通过2001年、2004年、2007年的三次调研，各委培高校对学校预科的教学质量都给予首肯。学校预科教育受到学校、社会、国家民委、教育部的好评。

加大教学研究，做到因材施教。根据预科教育的特殊性，西南民族大学预科教育工作加大了预科教学的研究，通过反复研讨，反复实践，找出了一套行之有效的教学方法和规律。民族预科学生的汉语、数学、外语等学科基础差，水平又参差不齐。在教学过程中，根据学生实际情况，西南民族大学预科学院改革教学方法，做到"四个结合六个转变"。一是坚持把复习旧知识和讲授新知识结合在一起；二是抓"双基"训练和提高能力结合在一起；三是一般讲授和重点讲授结合在一起；四是知识点查漏补缺和拓展延伸结合在一起。在教学策略上，一是由重知识传授向重学生全面发展转变；二是由重"教"向重"学"转变；三是由重过程向重结果转变；四是由"一刀切"的教育向因材施教教育转变；五是由单一性教学目标向多维性教学目标转变；六是由"灌输性"向"创新型"转变。

改革课程体系，做到求实创新。根据西南民族大学预科现有的两类教学体制的学生，即"民考汉"的学生和"民考民"的学生的实际，进行课程体系的改革。第一类体制的民族预科学生从小学到初、高中，是以汉语为主，母语为辅的双语教学模式。这类学生基础较好。第二类体制的学生从小学到初、高中，是以母语为主，汉语为辅的双语教学模式。这类学生汉语基础普遍较差，英语几乎是零起点，数学水平呈高低起伏状。所以，对这类民族预科学生，加强汉语文、数学和外语基础知识和基本技能的训练显得尤为重要。既要补差，又要为进入本科打下扎实基础，难度较大。根据民族预科教育的实际需要，预科教育学院按照"突出重点，加强基础，兼顾专业"的原则，结合文、理科学生的实际，对课程体系进行有效改革。除完成教育部规定的6门课，还适当开设部分选修课。这些选修课包括：在1年制理科班开设普通物理、普通化学，在1年制文科班开设文化、地理；在2年制各班，开设普通话和公文写作，全院范围内开设心理健康讲座，音乐、艺术欣赏，等等。既突出了预科特色，又实现了民族预科与本科教育顺利接轨的必要要求，更重要的是全面提高了学生的综合素质。

2. 预科教育管理创新

针对预科学生特点，有效地开展思想政治教育工作。西南民族大学预科教育始终坚持把思想政治教育工作放在一切工作的首位，做到党政齐抓共管，思想政治教育一刻不松懈。多年来，学校根据预科学生民族成分多、宗教信仰多、语言多、学习基础较差等特点，有针对性地开展思想政治工作。学生对思想认识问题，主要靠政治理论教育、德育教育和纪律教育等，晓之以理，做到教育在前、教育及时、教育得当。对行为习惯欠佳的学生，主要靠入学初期的日常管理和教育，通过一系列校规校纪、班规班风来约束，并动之以情，帮助其培养良好的社会公德和行为习惯。对因实际困难引起思想情绪波动的学生，如家庭经济困难、思乡心切、水土不适等情况，则主要从解决实际问题入手，真正做到一切为了学生，为了一切学生和为了学生的一切来帮危扶困。对学习比较吃力的学生要给予热情鼓励和帮助，开导他们端正态度，明确目的，并为之创造条件克服困难，争当优秀学生[①]。通过各种形式的学习和各种渠道的工作，预科学生近年来的入党积极性不断升温，递交入党申请书的同学不断增多，仅2007—2008学年就收到入党申请书619份，发展入党积极分子121名，发展中共党员39名[②]。

加强制度建设，健全规章制度。民族预科学生主要来自边远的农牧地区，民族成分多，不同的语言文化、宗教信仰、风俗习惯和预科学生学习

---

① 邓晓琳，罗文书. 少数民族预科教育创新探析 [J]. 成都理工大学学报：社会科学版，2008 (6)：74-77.

② 吉克跃林，等. 民族预科教育研究 [J]. 西南民族大学学报：人文社科版，2009 (3)：4-10.

基础较差，经济困难，语言交流障碍大等因素导致了预科教育管理工作的难度。西南民族大学预科教育根据预科管理各方面实际，制定了许多行之有效的规章制度。这些规章制度有：《预科直升工作管理办法》、《预科行政管理人员工作条例》、《预科教育学院听课制度暂行规定》、《预科教育学院教师管理条例》、《两年制学生教学管理几点补充规定》、《预科学生奖学金评定条例》、《预科班主任工作条例》、《教研室工作条例》、《学生会、班委工作条例》、《预科文明寝室公约》、《预科学生补助金评定、发放条例》、《预科教学条例》、《预科学生消防安全条例》等，这些条例的制定，从制度上保证了预科管理工作的程序化、制度化。使预科工作的各个环节都有条例可依照，一切工作都在条例规定的范围内运行，工作有条不紊，管理工作规范有序①。

充分发挥辅导员、班主任和团总支学生会的作用，积极开展第二课堂活动。西南民族大学预科历来高度重视对预科各班的班主任配备工作。学院要求班主任、辅导员工作充分体现以人为本，班主任、辅导员做到每天三次对学生的情况进行检查。学院分管领导每周汇总各班的工作情况，及时交流信息，掌握学生思想动态，研究解决各班级出现的各种矛盾和问题。在预科学生管理工作中预科教育学院本着"关爱不放纵，严格不苛刻，平等不特殊"的原则开展工作。特别在关心关爱学生方面，班主任、辅导员深入学生宿舍，深入食堂，尤其是在信仰伊斯兰教学生的饮食问题上院领导、班主任高度重视，经常与后勤集团沟通联系，力争做好学生生活各个环节的服务工作②。预科学院学生会、团总支每年都对开展第二课堂做了精心的策划。通过开展演讲比赛，歌咏舞蹈比赛，体育竞赛，民族知识竞赛，参观访问，社会调查，有奖征文等各种活动，学生增进了友谊，加强了团结，提高了思想素质、文化素质、身体素质等。同时，极大地提高了学生的集体主义、爱国主义的思想。最近几年来，在学院和学

---

① 吉克跃林，等.民族预科教育研究［J］.西南民族大学学报：人文社科版，2009（3）：4-10.

② 吉克跃林，等.民族预科教育研究［J］.西南民族大学学报：人文社科版，2009（3）：4-10.

校组织的各种活动中，学生参与积极，许多团体和个人获得了奖励和名次，极大鼓舞了预科学生奋发向上的积极性，让学生陶冶了情操，增长了才干①。

二、创新培养机制，多元培养民族人才

（一）新疆大学依托教学改革着力培养民族科技人才

新疆大学作为国家重点综合性大学、"211"工程建设大学和教育部与新疆人民政府共建高校，肩负着促进高等教育事业持续发展、服务民族地区经济、社会建设的重要使命。新疆大学开创了新疆少数民族高等教育的先河，培养少数民族高层次人才既是新疆大学的办学主线，也是新疆大学的办学特色。新疆大学的民族高等教育始终紧紧围绕民族教育教学质量提高和培养高层次少数民族人才这一中心。由于担负着少数民族地区高等学校人才培养的特殊任务，新疆大学少数民族学生比例一直保持在50%左右，少数民族教师占教师队伍的45%以上②。多年来，学校大胆创新并实践教学的新模式和新方法，利用多项教育教学改革项目，在少数民族人才培养上取得了可喜的成绩。

1. 科技班建设

新疆大学高度重视少数民族高层次人才培养，积极探索少数民族教学模式改革。1991年和1995年，其先后开办少数民族科技班和社科班，正式开始少数民族教学模式改革的实践性探索，至今科技班已举办了16届。科技班的主要做法包括以下内容。第一，零批次招生，每年从少数民族应

---

① 邓晓琳，罗文书. 少数民族预科教育创新探析 [J]. 成都理工大学学报：社会科学版，2008（6）：74-77.

② 王振权. 院校研究：西部民族地区高等教育模式演进的"欠发达经验" [G] //张诗亚. 和谐共生——2007年全国博士生（教育类）学术论坛论文集. 桂林：广西师范大学出版社，2008：3-17.

届高考学生中选择 30 名左右学生组成。第二，实行"2+3"教学模式，采取合作培养。学生前两年集中学习汉语、英语、大学文化基础（数理化）等课程，后三年分流到北京大学、清华大学、吉林大学、四川大学等内地合作高校进行专业培养，也可转入汉族本科班学习。第三，实行滚动式动态管理，强化竞争机制作用。科技班由教务处直接管理，达不到科技班教学要求的学生随时调整到普通民族班，同时，从普通民族班中选择优秀学生进入科技班。第四，配置优质教育资源，采用汉语授课和优秀教师授课。实践证明，这项教改已取得突出成果。历届科技班学生《高等数学》等课程统考成绩已达到汉族班水平。在英语零起点教学的情况下，部分学生通过了国家英语四级。近百人考取硕士、博士研究生。以该模式为主要内容的"新疆大学少数民族科技班教学改革实验"教学研究课题获得 1997 年国家教学成果二等奖。

科技班教改实验的成功，为少数民族人才培养模式的全面改革奠定了思想和实践基础。1998 年，学校开始在全校推广基于科技班教改成果，为少数民族学生尽快成长为高质量的合格人才，提供更多个性化的培养方案。从 2002 年起，入校后经汉语和文化基础测试合格的少数民族学生可直接升入本科学习，部分优秀学生在本人自愿的基础上可插入汉族班学习。本科阶段，学校针对不同层次学生的知识水平和学习特点，制定相应的培养方案。本科前三年进行专业教学，第四年分流，一部分学生接受高层次专业培养，培养少数民族拔尖人才，成绩优异者毕业时保送攻读研究生；一部分学生通过加强与企业合作办学，积极适应就业市场。[①] 科技班是新疆大学探索少数民族高质量科技人才培养的重要举措，学校出台了《新疆大学少数民族理科实验班（科技班）管理办法（试行）》，学校在课程安排、成绩认定、奖学金评定、推免研究生比例等方面给予特殊优惠政策。自科技班开办至今，考上硕士研究生的学生达 130 多人，考上博士研究生的学生有 35 人。有近 60 名毕业生被高校录用，用人单位对这些毕业生的

---

① 王振权，肖建芳，张晓帆. 西部民族区域高等教育人才培养的"梯田模式"［J］. 教育研究，2007（5）：88-92.

责任感、事业心和业务素质都给予高度评价。①

2. 理工科人才培养

为了提高少数民族理工科人才培养质量，必须全面改革少数民族理工科人才培养模式。新疆大学进行了积极探索，大胆改革少数民族学生培养体系，培养具有较强竞争力的少数民族合格人才。首先，提高少数民族理工科本科教育质量，注重对学生进行大学文化基础（数理化）补习，使少数民族理工科本科生培养标准逐步向国家高等教育基本人才培养规格看齐。其次，在培养过程上突出"少而精"及"稳步推进"的原则。为使少数民族本科生培养标准逐步向统一的高等教育基本要求和基本规范看齐，改变少数民族毕业生基本功不足，尤其是实际动手能力较差的局面，培养出理论基础好、应用能力强、竞争力较强、符合地方建设需求的合格人才，学校在少数民族学生培养目标制定上相比较汉语学生培养目标应"削枝保干，加强应用"，课程门数及课程教学内容可适当减少，而课时总量可适当增加，加强实验环节和社会实践，确保主干课程，确保课程核心内容，确保专业核心知识、能力和素质。"稳步推进"就是突出实事求是的科学精神，既要遵循高等教育的一般标准和要求，又不简单追求与汉族学生培养过程的同步性，在每一个教学时点上力求扎实有效、积小胜为大胜，使人才培养质量与全国重点大学民族学生培养标准趋于一致。2001年，"地方工科院校培养的人才素质要求与人才培养模式的研究与改革——新疆地区研究与实践"获得国家教学成果二等奖；2004年，国家教改项目"少数民族理工科培养模式的研究与实践"结题并获得教育部高度评价②。2006年，教育部高等理工教育教学改革与实践项目"新疆少数民族理工科应用型人才实践能力培养的改革与实践"立项，学校从七个不同专业方向设立子项目，从实践教学和创新能力的角度深入研究，力争在创

---

① 张格莹. 新疆大学本科教学状态与质量情况汇报［EB/OL］.（2012-11-08）［2013-09-17］. http：//gdjy. xjedu. gov. cn/bkjxztyzljl/2012/52982. htm.

② 王振权. 院校研究：西部民族地区高等教育模式演进的"欠发达经验"［G］//张诗亚. 和谐共生——2007年全国博士生（教育类）学术论坛论文集. 桂林：广西师范大学出版社，2008：3-17.

新人才培养模式上取得更多突破性成果①。

3. 分层教学改革

新疆地域广阔，教育发展的区域内不平衡的问题极为突出。一般来自城市的少数民族学生汉语水平和数理化基础较好，而来自偏远县乡和农牧区，尤其是国家级贫困县的民族学生汉语和数学基础极为薄弱。民族学生的个体基础教育水平呈现出明显的洼地或者坡型结构，处于极度的不平衡状态。分层教学的实质是在本科学习的基础知识准备方面，根据学生入学时的差异情况分层教学、弹性管理，为进入本科专业学习以及本科后续课程学习打下良好基础，确保民族学生本科阶段的质量规格与学业成功。

20 世纪 90 年代以来，新疆大学就开始在预科教学中探索分层教学。2000 年以来，随着高等教育规模的迅速扩大，为有效提高学生汉语水平，新疆大学改变实行多年的按招生专业分班教学的预科模式，将学生按入校时摸底测量的汉语水平分为初、中、高三个层次，然后进行分层教学和管理。汉语水平达到 HSK5 级，并且大学文化基础课达到全校统考要求的学生进入本科段学习。同时，数理化基础课程分层教学。少数民族学生文化基础课程起点较低，基础较弱，严重制约着后续本科段课程的学习。学校有针对性地将预科阶段文化基础课程补习作为重中之重，始终坚持分层教学，坚持选派优秀教师为不同层次少数民族学生讲授数理化基础课，收到良好效果②。

新疆大学积极推进核心基础课程分层教学。大学英语分层教学改革方面，根据教育部《大学英语课程教学要求》，学校于 2007 年率先在全疆高校大面积实施分层教学，2009 年进行了分科教学试点。将第一学年大学英语课程分成四门技能课程；第二学年的大学英语课在 CET-4 成绩的基础上分层。对未达到 425 分的学生，开设旨在提高英语技能的"综合英语"

---

① 新疆大学. 搭建立体实践教学平台　培养学生实践和创新能力［EB/OL］.（2012−03−21）［2013−09−17］. http：//www. moe. edu. cn/publicfiles/business/htmlfiles/moe/s6339/201203/132751. html.

② 王振权，肖建芳，张晓帆. 西部民族区域高等教育人才培养的"梯田模式"［J］. 教育研究，2007（5）：88−92.

课。因材施教的分层教学和基于计算机的大学英语自主学习，较好解决了中学英语教学和大学英语教学的衔接问题，激发了学生的学习积极性，提高了学生的成绩，CET-4 的一次通过率从 16.6% 提高到 49.8%。高等数学分级教学改革方面，新疆大学从 2009 级学生开始，根据不同学科按照学院进行分层，按高等数学Ⅰ、高等数学Ⅱ、高等数学Ⅲ进行分层教学，并对试卷命题、学生平时成绩考勤考核进行了严格的界定。由于实行分层教学，增强了学生学习数学的信心，并通过积极引导学生参加大学生"数学建模竞赛"和"大学生课外科技竞赛"等活动，丰富了数学课程学习的载体①。

（二）北方民族大学推进民族创新人才培养模式

北方民族大学学生主要来源于边疆少数民族地区和边远贫困地区，针对学生实际情况，学校坚持高等教育普遍规律和民族高等教育特殊性相结合，充分尊重学生个性特点和发展需求，通过多种途径着力提升人才培养水平，切实加强学生创新创业能力培养的实践探索，取得明显效果。北方民族大学的人才培养模式改革，有效地提高了人才培养质量、提升了学校办学水平和社会影响力，并获得国家民委、自治区和银川市及社会各界的肯定。

1. 稳步制定教学改革方案

学校人才培养方案的修订原则为：以学生发展为本、因材施教，课程体系和教学内容整体优化，强化实践教学，突出对学生实践和创新能力的培养，体现"厚基础、强实践、高素质、重创新"特点，培养专业应用型人才。在人才培养方案中，各专业按照对文科专业实践教学环节不低于总学时 15%、理工科实践教学环节不低于 25% 的要求进行总体设计，明确了实践教学和培养学生动手能力、创新能力的作用和地位。贯彻以学生为中心的教育思想，引导学生进行研究性学习、主动实践和科技创新，开发学

---

① 张格莹. 新疆大学本科教学状态与质量情况汇报［EB/OL］.（2012-11-08）［2013-09-17］. http：//gdjy. xjedu. gov. cn/bkjxztyzljl/2012/52982. htm.

生潜能，探索创新教育，营造多学科交叉的创新教育生态环境，构建拔尖创新人才培养的新模式，以"一流的设备、一流的师资、倾斜的政策"开展创新创业教育。为保证创新创业工作能够有充足的条件和高层次的教学平台，学校高度重视实验室和实习基地的建设，截至 2011 年 11 月，有正式建制的实验室达 22 个，其中自治区级实验教学示范中心 6 个，国家级实验教学示范中心建设单位 1 个；全校实验室中教学科研仪器设备总件数达到 11859 件，总价值 1.05 亿元，生均设备值达到 7291 元；实验室总面积 15030 平方米，实践教学条件能够满足实践教学和学生自主创新实践的需求。学校围绕拔尖创新人才的培养目标，构建多学科交叉平台，加强学科间的交叉渗透和跨学科的合作与研究，为培养创新、创业型人才提供学科支撑，实施全员育人，全程育人计划。面向本科生，突出学生创新能力和创业精神的培养，特别是实践创新人才的培养，以此推动全校的创新教育。2011 年 2 月，学校承担的国家教育体制改革试点项目"提升民族高校学生创新创业能力的实践教学改革"开始启动，学校成立以分管教学副校长为组长、相关部门组成的学校国家教育体制改革试点项目领导小组，制定了《提升学校学生创新创业能力的实践教学改革实施方案》，明确了工作任务目标、工作进程和责任单位，并积极组织实施，试点项目将历时 3 年时间，分启动、实施、深化、总结 4 个阶段稳步推进，确保试点任务顺利完成。学校专门建立创新创业教育中心，凝聚全校各教学单位开展创新创业教育教学行动，形成实践教学创新改革合力。在管理上，实行校院共管、师生共管的模式；在教学上，实行开放式、多样化、全覆盖、重实践的模式。基本办学思路为"开放办学，创新机制，学科交叉，拔尖示范"，将以"开放式"办学的思路统领基本工作，特别是在人才培养、教师聘用等方面加大对国内、业界、高校、社会的开放力度。[①]

2. 切实开展创新创业能力培养

为鼓励大学生积极参与创新、创业活动，锻炼和提高大学生的实践能

---

① 北方民族大学. 坚持民族院校办学宗旨　培养德才兼备创新人才 [EB/OL]. (2012-03-21) [2013-09-17]. http://www.moe.gov.cn/publicfiles/business/htmlfiles/moe/s6339/201203/132753.html.

力、创新能力和创业能力，更好地帮助大学生成长成才、就业创业，北方民族大学通过开创性的在宁夏创建大学生创业孵化园等多种有效措施，努力构建学校创新创业教育体系。首先，2012 年，北方民族大学创建创业孵化园，该孵化园是宁夏回族自治区第一个大学生创业基地，面积 1170 平方米，入驻公司 25 家，带动大学生就业百余人，提供大学生实习岗位 200 余个，年营业额突破 2000 万元。二是加强创业培训，引导大学生科学创业、理性创业，学校先后组织 11 名教师参加全国劳工组织 KAB 创业师资培训班、宁夏 SIYB 创业导师培训班、宁夏 YBC 创业导师培训班。同时，为培养大学生创业意识，北方民族大学 2013 年 4 月开办 SYB 创业培训班和少数民族大学生创业意识培训班，为学生开展免费创业认知培训和创业实践模拟培训。全年将举办创业意识培训班 7 期共 240 人，创业计划培训班 1 期共 30 人，少数民族大学生创业意识培训班 5 期共 200 人，全年预计培训人数 470 人[1]。三是启动"北方民族大学学生创新性实验项目行动计划"，提升大学生创新创业能力。该计划自 2011 年实施以来，共资助创新性实验项目 2500 余项、资助经费近 500 万元，参与学生近万人。四是组建大学生创新团队，以兴趣带动创新、以创新带动创业。成立北方民族大学创新创业团队联盟，组建大学生兴趣创新团队 19 个，参与学生 2000 余人，建设创新实验室 16 间，投入设备 230 余万元。五是打造特色创业苗圃区，将创业教育搬进实验室。与银川市政府合作，建立特色创业苗圃区，充分利用学校文科综合实验室设备及软件，为在校大学生、区内兄弟院校及青年开展创业模拟培训课程，实现资源共享，夯实青年创业理论及实践基础，更好地服务地方社会经济。六是创办大学生创业者协会，扩大创业教育服务平台。积极联系学校已毕业创业或在校创业的学生，成立北方民族大学大学生创业者协会，定期举办创业培训、创业经验论坛、跳蚤市场、协会内部互保贷款、银行授信贷款及法律财务咨询服务等活动。七是加强管理，确保大学生创新创业教育健康持续发展。先后制订了《北方民族大学创业

---

① 剧艳光. 北方民大开办自主创业培训班［EB/OL］. (2013-04-09) ［2013-09-17］. http：//www.mzb.com.cn/html/Home/report/390294-1.htm.

孵化园管理办法》、《北方民族大学创业孵化园入园协议书》、《北方民族大学创业孵化园财务监管协议书》、《北方民族大学创新创业训练计划经费管理办法》等一系列规章制度，加强大学生创新创业管理、确保大学生创新创业教育健康持续发展。八是开展少数民族语言课程教学改革。为增强学生服务于少数民族和民族地区的能力，提升就业力，从 2011 年 3 月开始，面向全校非母语学生开设了蒙古语、藏语、维吾尔语等少数民族语言课程，每门课程开设 4 个学期，每学期 64 学时，共计 256 学时，共有近 270 名学生选修这些课程①。为巩固课堂教学效果，激励学生继续选课，暑期又选拔了部分优秀选课学生组成三个小组，分赴内蒙古、西藏、新疆少数民族聚居区进行暑期少数民族语言实习活动。九是加强宣传，努力营造大学生创业良好氛围。建立《宁夏大学生创业网》、《北方民族大学创新创业成果展示网》、《青春吧客网》、《民大网虫》等宣传网站，创办《北方民族大学大学生创新创业指导手册》、《北方民族大学大学生创业孵化园宣传册》、《创阅》等宣传刊物，加强宣传，努力在全校范围内形成创新带创业、创业带就业的良好氛围②。

实践教学改革所采取的一系列措施，明显提高了北方民族大学学生在实践教学或活动中的参与意识、实践动手能力和创新实践意识，为未来就业、走向社会和适应社会奠定良好基础。北方民族大学坚持从民族地区实际出发，在制定教学培养方案和教学发展规划时，以服务于少数民族和民族地区为目标，并以此来衡量教学效果和教学质量。学校毕业生绝大部分毕业后仍然回到民族地区，成为我国民族地区经济建设、社会发展、文化传承和现代化事业的建设者，所以通过采取人才培养方案的修订，建立创新创业教育中心、改善实践教学条件，实施大学生创新性项目行动计划，实施帮扶计划，开设少数民族语言和通识类示范课程，举办和承办各类项目竞赛，大力开展学生课外科技创新与素质拓展，培养健康合格人才，联

①　北方民族大学 . 北方民族大学大力提升人才培养质量［EB/OL］. (2012-02-20)［2013-09-17］. http：//www. seac. gov. cn/art/2012/2/20/art_92_148431. html.

②　北方民族大学 . 全力构建创新创业教育体系，有效提升人才培养质量［EB/OL］. (2013-06-05)［2013-09-17］. http：//www. seac. gov. cn/art/2013/6/5/art_34_185254. html.

合办学等措施，培养少数民族学生具备扎实的专业技能，这为我国少数民族和民族地区服务输送大批具有实际应用能力的创新人才。

（三）中央民族大学本科人才培养模式改革实践

中央民族大学以《教育规划纲要》为指导，面向建设创新型国家和构建和谐社会的战略需求，着眼于国家民族团结进步事业发展和民族地区社会经济与文化建设，立足办学定位、办学传统和办学特色，以"985"工程三期建设的本科拔尖创新人才项目、国家教育体制改革试点项目及教育部和北京市"十二五"期间的本科教学质量与教学改革建设工程建设为重要依托，思考与实践新的人才观和人才培养体制，即探索实践以学生为主体、素质与能力培养为核心，以分类指导、特色培养和整体推进相结合的人才培养方式、管理方式和评估方式。以学校传统优势特色学科专业和社会急需特别是民族地区急需的理工类学科专业的人才培养模式改革为试点，培养学科专业基础扎实，文化素养深厚，具有强烈求知欲和终身学习态度以及自主学习能力和创新意识，诚信守则、善于协作的高素质人才。大力营造良好的教育教学资源与环境，着力拓展素质与能力培养实践平台，有力开阔人才培养的国际化视野，稳步推进学校教育教学改革深化和人才培养质量的整体提升。

1. 构建视野开阔，与国际接轨的开放培养模式

高水平大学普遍把国际化程度作为自身办学实力和办学水平的重要体现，而人才培养国际化水平是大学国际化发展的重要方面。特别是随着国家发展战略的实施以及中西部尤其是民族地区大开发和跨越式大发展的需要，高素质人才的国际化培养的重要性进一步强化，中央民族大学建设高水平研究型大学的办学目标，也对人才培养国际化提出了更高要求。"十二五"以来，学校加大力度拓展国际化交流与教育资源，实施了青年教师国际化培养，双语课程专项建设及本科生、研究生国际化培养模式，着力培养学生的国际化视野、多元文化的理解及应对全球化挑战的能力和竞争力。

（1）不断完善与国际知名大学开展学位、学分互认的联合培养模式

学校积极拓展与国外（境外）知名大学间的学生交流途径，为学生获得国际化培养提供更开阔的平台和更多机会，自 2010 年以来，学校与 18 个国家和地区的 76 所大学签署了学位、学分互认协议，开展了"3+1"、"2+2"、"3+1+1"、"3.5+0.5+1"等多种联合培养本科生的合作项目，同时开设国际短期实习项目。学校逐年加大学生国际交流的助学资金支持，扶助更多学生，包括来自贫困地区的优秀学生获得国际化培养机会。2010—2013 年，学校分别向国外及港澳台地区知名高校共派出了 512 人，依年分别增长 10.58%、14.78%、21.97%；投入资助经费共 715 万元，依年分别比上年增长 65.97%、35.65%、14.37%。

（2）实施课程国际化建设计划，整体推进人才培养的国际化视野

建设面向国际的高等教育，必须有科学合理的、与国际接轨的课程体系和教学内容。进一步构建与国际接轨的课程体系，适时更新课程内容，借鉴国外先进的课程理念，引进、改编和借鉴国外先进的教材，注重将最前沿的科技成果和科学文化知识补充、融入课程当中，增加国际竞争和国际理解的教育内容，已成为众多高校的共识。

2010 年以来，学校以本科专业人才培养方案修订为契机，围绕"注重基础、拓宽口径、培养能力、引导创新"的方针，着力培养基础理论知识扎实、实践能力和创新精神强的高素质人才。不断深化大学外语教学改革，根据生源差异和学科特点，通过分类指导、分级教学、开设多种外语跨专业选修课程、设置专业外语、构建高级英语选修课模块等方式，实现外语教学四年不断线，加强了学生外语学习热情和外语交流能力的培养。

有计划分层次推进双语课程建设和双语师资国际化培养，提高教学内容的国际化水平和教学方法改革。2011—2012 年，学校修订了本科专业培养方案英文版、非外语专业外语和双语课程外文版教学大纲和课程简介，投入 44 万元引进了一批国际一流原版教材和外文图书资料，有利于学生学习和对外交流。

（3）实施"引智计划"，为人才培养提供更广阔的平台

2010 年以来，学校持续实施"海外知名学者民大讲坛"、"中央民族

大学外国专家讲座周"等项目，通过"请进来"的方式开阔学生视野和眼界，邀请了包括哈佛大学、剑桥大学、英国皇家学院院士等国际一流知名学者 300 余人，为学生开设了 1000 余场高水平讲座，拓展了学生学术、文化、学习与生活的视野。

2. 实施集多元文化背景、素养教育与"三语"能力于一体的中国少数民族语言文学专业人才培养模式改革

为深入贯彻落实为少数民族、民族地区经济社会发展和国家民族团结进步事业培养高质量人才的办学宗旨，结合国家，特别是民族地区经济社会发展需要，结合学校多年来高等教育规律与民族教育规律相结合的办学经验，打破了中国少数民族语言文学专业近 30 年人才培养的模式单一的状态，实施了中国少数民族语言文学专业藏语言文学方向、维吾尔语言文学方向、哈萨克语言文学方向跨民族非母语招生，多元文化背景下文化素养教育和三语（民族语、汉语、英语）能力培养的人才培养方式。面向各民族（包括汉族）生源招生，在汉语和英语学习的同时，零起点学习少数民族语言文学与文化。通过 5 年培养，使学生成为具有良好思想、政治与文化素养，坚定的民族团结意识，多元文化视野，了解党和国家的民族理论与民族政策及民族知识，熟悉少数民族文化，具备一定的民族语基础和汉语、外国语应用能力，初步具备民族语言的听、说、读、写能力，民汉互译能力，在中国少数民族语言文学和文化研究与传承方面具有研究潜质，满足民族地区社会经济发展需要和国家民族团结进步事业需求的跨研究型和应用型人才。

2011—2013 年，学校招收了涉及藏、维吾尔和哈萨克语言文学方向共 5 个跨民族多语种人才培养实验班，共 105 人。生源来自北京、西藏、青海、云南、甘肃、四川、新疆等地，包括了汉、满、藏、瑶、达斡尔、回、蒙古、乌兹别克、哈萨克、裕固和傈僳等 11 个民族，其中汉族占 66.67%，使该类实验班生源具备了多元文化和语言特点。

（1）创新课程体系与实践体系

融跨文化语言文学教育和多元文化交流于一体，以"一语"（民族语）为重，"三语"（汉语、民族语、外语）同步为基础，实践教学与实地体验交叉并重，设置课程体系和实践体系，探索教学内容与方法改革，在教学互动中不断修订编制教材，探索新的管理方式。

针对语言教学与学习规律，采用教师课堂教学、学生课外交流、分阶段社会语言文化实践等方式，引导学习兴趣，扎实语言学习基础，在课堂上强化学生的语言实践和语言运用能力培养，课外采取"1对1"结对、混编宿舍、组织民族文化活动等方式，促使学生加深对民族文化与习俗的基本了解和理解。

（2）实地体验式与渗透式学习方式

实验班在一、二年级重点进行文化认知、专业认同、兴趣导入和语言基础教育。打破专业原有的以课堂教学和校内学习为主的教学方式，采取"课堂+社会并重"的教学模式，即校内学习与民族地区实地体验与逐步渗透式学习并重，组织学生进行暑假以致整学期逐步深入体验式和渗透式学习，在民族地区的农村、牧区、乡镇与当地少数民族同吃、同住、同生活，学习语言，了解习俗，增进情感，全面提升学生学习民族语言的兴趣和能力，加深文化认知和专业认同。"课堂与社会并重"的语言能力教学模式，带动了传统学科在教学方法、教学内容方面的改革与创新，并在更充分实现教学互动、教学相长的基础上探索实践了跨民族、跨文化的课程体系、教学内容、教学方法、教材建设，为中国少数民族语言文学学科的发展以及新时代背景下的人才培养以及服务于少数民族和民族地区积累了经验和教育教学资源。

（3）民族团结教育贯穿于实验班人才培养全过程

着力帮助学生形成多民族团结统一、共同繁荣、共同发展的思想。以培养母语为非少数民族语言的各民族学生学习、掌握少数民族语言为目标，深入开展民族语言和民族文化教育，使学生在学习掌握民族语言的基础上，深入系统地了解该民族的文化、历史、宗教以及习俗等，增强对不同民族文化的认同意识，加强不同民族文化之间的相互交流和学习，促进各族学生相互学习，共同进步。

实验班的阶段教育教学实践，特别是通过民族语言、民族文化和民族知识的课堂学习，课外与民族学生分享多民族文化生活，深入民族地区实地开展社会实践等活动等，以开阔的跨文化视野和价值观，增进了各民族之间的了解和理解，增强了多民族文化认同感和文化共享意识。切身感受和体验了多民族文化的魅力，由教学导引到自觉践行着中华民族多元一体、共同繁荣发展的理念，体现了学校"美美与共"的办学宗旨。

3. 探索与实践以创新精神、实践能力、研究潜质培养为重点的理工类学科创新型人才培养方式

为迎接新世纪科技革命和知识经济的挑战，满足建设创新型国家需要，尤其是少数民族和民族地区对科技人才的需要，2011 年，学校启动了"理工类学科创新人才培养方式"的探索与改革，以培养科学技术创新研究人才为主，以培养会创造、敢创新、能创业的创新人才为根本任务和目标，从创新思维、综合素质和专业素养等方面着力培养高层次创新人才。培养学生掌握自然科学和工程技术等学科领域的理论和方法，具有合理的知识结构，具有显著的创新精神和创新能力，具备良好的道德修养、专业素养和综合素质，能够成为高素质、高水平和高能力的杰出人才，为国家科技、经济和社会发展做出重大贡献。

（1）创新实验班管理模式和运行机制，为创新人才的培养提供重要保障

为更好地培养创新人才，实验班采取了选拔机制、退出机制、导师制、考核机制与奖励机制等一系列新的管理机制，以保证实验班人才培养各项工作的顺利实施。

2012 年，通过校内选拔的方式，学校共选拔了 30 名学生组成了实验班。实验班的同学原则上保持原专业不变，完成必修课程学习，选修课程可以按照实验班安排和自身需求选修；实行教授导学制度，实行导师指导下的"注重能力、个性发展"培养方式，每位导师指导 1—2 名学生，负责学生的专业学习和科研训练，着力培养学生较深厚的学科基础理论、自主学习能力与创新思维和创新潜能；实施暑假学术小学期制，开阔学生学术视野，激励学生能动学习的积极性，拓展学生的自主学习与主动发展平台。

（2）全面构建创新课程体系，优化教学内容，改革教学方法

学校围绕人才培养目标，在理工实验班打通学科平台课程，开设了学科前沿课程、创新思维培养课程系列，实施导师制和大量聘请国内外专家讲授国内外学术前沿知识与理论，引导学生独立思考，培养学生勇于探索的创新意识和创新思维能力。在教学方式和教学方法方面，广泛开展启发式、研讨式等教学方法，提高学生的自主学习能力和探究学习能力。改革考核评价方式，采用多元化的考核方式，实行"平时学习考核+平时作业考核+阶段性测验+创新性答辩与报告"的考核评价模式。搭建创新实践平台，鼓励并吸收学生参加大学生科学研究训练项目及教师科研项目，加强对学生科学态度、科研方法和创新思维的培养；开展丰富多彩的社会实践活动，锻炼学生的社会实践能力、科研创新能力和团队合作精神等。

（3）加大政策激励，鼓励学生努力学习

实验班的学生在毕业时，其中50%的优秀学生可以获得免试推荐攻读硕士研究生的资格。学校还投入专项资金，专门用于实验班的各种教学建设工作，2012—2013年投入30万元，从条件与资源建设方面确保实验班的人才培养工作顺利进行。

4. 引导创新思维，全方位推动实践育人计划

加强实践育人工作，是全面落实党的教育方针，深入推进素质教育，大力提高高等教育质量的必然要求，也是满足创新型国家对高水平创新人才的新需求，更是全面地践行学校"知行合一"的办学传统和办学精神的重要途径。学校始终重视强化"知行合一"，搭建实践平台，培养学生综合素质，整体提升人才培养质量。经过多年的努力和建设，目前学校已形成以促进全体学生综合素质全面发展、提高学生实践能力和创新意识为目标的全程强化式的实践教学体系，形成了创新教育实践普遍化、个性化，学生的问题意识、创新思维、动手能力、沟通能力、团队精神和文化视野等得到了不断提升。

（1）全面开展大学生创新训练和学科专业竞赛活动

2006年，学校启动了大学生创新训练项目（简称URTP）。通过项目的形式，学生积极主动地参与到创新训练计划中，在导师指导下，通过完

成自主选题、自主设计、进行数据分析处理和撰写总结报告等工作，学生批判性思维能力和探究精神得到了培养，学生实际动手能力和自我学习与发展的能力得到了锻炼。2010年开始将该项目纳入"985"工程重点支持范畴。经过建设，目前，已形成了国家、北京、学校及学院四级学生创新训练体系，创新训练内容覆盖了学校现有各个学科专业领域。2010—2013年共投入经费922.8818万元，立项建设了1144项大学生创新性训练计划，参与学生达4186人次，指导教师1144人。截至目前，共有13个项目代表学校参加了北京市经验交流会和国家大学生创新创业年会，其中有6项入选国家大学生创新创业年会，入选项目数在"985"高校中名列前茅。

为了给大学生构建展示个性发展和实践创新才能的大平台，多方面培养和提高学生的创新思维、创新能力，学校整合课内外实践教育教学各环节，大力开展学科竞赛活动，增强学生理论联系实际和独立工作的能力，培养学生团队合作精神、发现和解决实际问题以及实践动手能力，提升学生学习和工作自信心，拓宽培训学生的专业基础，提高他们的职业素养。2010—2013年，学校本科生参加国家、省部级大学生学科竞赛近30类，获得国际、国家和省部级奖励578项。2010—2012年，学校连续在全国大学生数学建模竞赛、北京市大学生人文知识竞赛、北京市大学生化学实验竞赛、"挑战杯"大学生创业计划竞赛、"挑战杯"大学生课外学术科技作品大赛等竞赛中获得一等奖，在全国Jessup国际法模拟法庭大赛中，两次代表中国到国际参赛；2012年，全国大学生数学建模竞赛，学校夺得全国一等奖2项、全国二等奖7项，成绩位居北京地区高校前列。

（2）充分发挥校园多元文化优势，拓展学生综合素质的实践平台

学校着力突出"美美与共、知行合一"的人才培养特色，强调通过多元化的校园文化环境培育学生深厚的人文素养；大力加强民族团结教育，促进各民族学生之间的交流、融合与包容。始终坚持把组织参与党和国家重大活动、开展举办校内主题宣传教育活动作为培育学生人文精神的重要载体和有效途径；深入组织开展课外实践竞赛和校园文化活动，努力促进学生综合素质能力的培养提升；不断拓宽学生参与志愿服务的渠道和平台，广泛举办开展下乡支教等志愿服务活动。以2012年为例，寒暑期社会

实践参与 5856 人次，组建实践竞赛团队共计 1153 支，9 件作品分获第七届"挑战杯"首都大学生课外学术科技作品竞赛特等奖、二等奖和三等奖，1 件作品获第十三届全国"挑战杯"大学生课外学术科技作品竞赛三等奖。学校连续 7 年获得首都高校社会实践先进单位。学校不断拓宽学生参与志愿服务的渠道和平台，全年动态注册志愿者 11000 余名，广泛举办开展下乡支教等志愿服务活动。37 名优秀应届毕业生前往内蒙古、西藏、新疆等 14 个省区开展志愿服务，1 名学生获"学子阳光"首都大学生励志奖学行动"社会公益突出贡献奖"。2012 年暑假，学校派出 183 名学生、8 名教师赴泰国 169 所学校进行了为期 50 天的汉语教学志愿服务，人均志愿服务时间约为 240 小时，人均授课时间约为 120 小时，泰国教育部、我国国家汉办等均给予了充分肯定和高度评价。

5. 深化教学管理机制改革，保障人才培养改革工作顺利进行

学校秉承"以学生为本"，以推进教学管理的规范化、科学化、信息化建设为目标，着力加强教学管理机制的探索与实践。

（1）不断创新教学管理模式，建设高效率的教学管理机制，提高教学管理水平和质量

学校根据本科教育教学工作的实际和发展，不断推进教学管理规范化、信息化、制度化建设，在学分制、课程、试卷、毕业论文、创新教育活动、本科生海外留学等方面，不断完善本科教学管理制度。学校注重研究教学工作和教学管理工作，深入开展教学改革与建设经验的交流，推进教学管理人员与教师之间的沟通与交流。

（2）积极探索信息化教学管理手段，加强教学管理工作内涵建设

经过几年的建设，学校的本科教务运行、本科教学基本建设与改革、实践教学与创新教育、本科教学质量监控等各方面基本实现了数字化管理，不仅全面实现了计划、组织、引导、服务、监督、反馈等功能，而且还拓展了部分教学管理功能，深化了教学管理内涵建设。信息化管理方式促进了以人为本管理理念的落实，提高了工作效率，完善了管与教、管与学、教与学的沟通交流机制，提升了教学管理服务质量。

三、实施特色培养，满足民族地区人才需求

（一）新疆师范大学开创双语师资培养培训新模式

新疆的双语教育教学的蓬勃开展是全区民族教育适应经济社会现代化、全球化发展需要的必然选择。双语教师是制约新疆双语教学的关键因素，如何建立一支高素质、高水平的双语教师队伍，直接决定新疆双语教学工作的质量。因此，实施双语教育教学成为新疆高等教育适应经济社会发展的重要途径，培养民汉兼通的双语人才符合自治区的指导精神。2004年，自治区党委、自治区人民政府颁布了《关于大力推进"双语"教学工作的决定》，明确将双语教育教学确定为新疆民族教育发展的主要内容。按照自治区双语教育教学规划，自治区双语教学推进中教师队伍建设是重中之重。近年来，新疆各高校在自治区双语教育教学精神指导下，积极开展双语人才培养的探索。新疆师范大学作为自治区教师教育的重要基地，肩负着为自治区基础教育培养合格师资的重要使命。

1. 不断深化实习支教模式培养合格双语教师

2006年，新疆自开展高校赴南北疆少数民族地区进行实习支教工作以来，为进一步贯彻落实教育部《关于大力推进城镇教师支援农村教育工作的意见》（教人〔2006〕2号）、《关于大力推进师范生实习支教工作的意见》（教师〔2007〕4号）和自治区双语教学工作会议精神，迅速缓解边远贫困地区合格双语和汉语教师紧缺的矛盾，推动高等师范院校面向基础教育进行教育教学改革，新疆师范大学在自治区高校中率先开展实习支教试点工作，开创了自治区高等师范院校高年级学生到基层实习支教之先河。

在双语教师培养培训工作中，新疆师范大学开创了学校人才培养工作的新模式。长期以来，师范类本科专业学生教育实习工作主要在乌鲁木齐市各中学完成。师范生参加支教工作解决了长期困扰学校教育实习过程中

学生上课时数过少的矛盾，为师范生的教学实践能力训练和培养提供了一个良好的平台。与传统人才培养模式相比，通过实习支教模式培养的人才更符合新疆经济社会发展的需要。新疆师范大学首创的"沙雅"模式，探索了少数民族高年级学生顶岗实习支教工作的新机制，先后将1866名少数民族高年级学生以"实习支教"的形式输送到沙雅县教学一线，"顶岗置换"中小学少数民族教师参加各级各类双语培训，将专家指导、教学研究延升到基层中小学教学一线，形成集"职前培养、职后培训"于一体、"教学实践、教育科研"相辅相成的区域性双语师资培养培训创新模式，有效提高了双语教师培养培训质量，为自治区推进教师教育改革发挥了示范和引领作用。同时，实习支教过程中的艰苦磨砺、耳濡目染与亲力亲为，使得学生们油然而生作为一名现代大学生和一名支教工作者所应具备的神圣使命感和责任感。实习支教生活起到了传统大学生思想政治教育模式所无法企及的作用与效果①。目前，新疆师范大学已经在库车等县建立5个自治区双语教师培养培训基地②。

新疆师范大学7年来已经先后组织了12批共计6217名学生和108名实习指导教师分别赴阿勒泰、和田、阿克苏、喀什、吐鲁番、巴音郭楞蒙古自治州等6个地区25个县市的320余所中小学进行实习支教，仅2012年就有2170名学生参加实习支教，创学校实习支教学生人数新高。学校以实践教学改革为先导，人才培养质量得到稳步提升，2012年，民族毕业生HSK八级通过率达到79.7%；"民考民"学生考取研究生77人，占2012年全校考取硕士研究生总数的25.16%；"民考民"学生转入汉语言班学习的学生逐年增长，目前在汉语言班就读的少数民族学生共计1583人③。截至2012年，新疆师范大学共有20个师范类专业学生参加实习支教工作，

---

① 国家教育发展研究中心. 新疆师范大学探索免费师范生教育新模式［EB/OL］.（2012-12-14）［2013-09-17］. http：//www. moe. edu. cn/publicfiles/business/htmlfiles/moe/s6635/201212/145615. html.

② 新疆师范大学. 新疆师范大学2012年发展报告［EB/OL］.（2012-11-05）［2013-09-17］. http：//news. xjnu. edu. cn/s/20/t/25/a5/2c/info42284. htm.

③ 新疆师范大学校长办公室. 新疆师范大学2012年工作总结［EB/OL］.（2013-10-25）［2014-01-17］. http：//xb. xjnu. edu. cn/s/61/t/92/f3/70/info62320. htm.

成为参加新疆实习支教工作的所有区内外高校中派出实习支教学生最多、支教区域最广、受援中小学最多的高等院校，有效缓解了自治区基础教育双语师资紧缺、结构性短缺的矛盾。同时，支教学生根据当地学校的需要承担了少数民族师生的汉语教学与培训工作，受援学校少数民族师生汉语水平普遍有所提高，为其今后进一步提升汉语水平和学习专业知识奠定了良好的汉语言基础①。2012 年，学校再次获得自治区"实习支教工作管理先进单位"称号，实习支教工作经验总结被国家教育体制改革办公室编写的《教育体制改革简报》采纳，并被教育部网站刊登②。新疆师范大学主动适应国家发展战略和双语教育教学发展需求，结合双语教育教学实习支教工作实践，不断凝练学科方向，为自治区双语教育教学创新体系建设做出了重要贡献。

2. 发挥在少数民族双语教师培训领域中的领军作用

中小学双语师资培训工作作为在职教师的职后继续教育，是解决新疆少数民族双语师资匮乏与素质不高的重要途径。为大力推进了新疆双语教育教学工作的开展，提高少数民族教师双语授课能力，从 20 世纪 90 年代初开始，自治区决定对少数民族教师进行脱产双语培训。大批来自基层特别是农村中小学的少数民族教师来到乌鲁木齐的各高校参加汉语及专业培训，通过为期两年的脱产学习，参加自治区统一考试，合格后方可返回原单位继续从事双语教学工作③。

2004 年，新疆少数民族双语教师培训工程全面启动，在 8 年时间里，数以万计来自天山南北的中小学少数民族教师得到系统培训④。新疆师范大学作为自治区重要的教师教育基地，责无旁贷地成为最早承担少数民族

---

①　新疆师范大学. 新疆师范大学本科教学质量报告（2012）［EB/OL］.（2014-01-07）［2014-01-17］. http：//www. xjnu. edu. cn/s/1/t/35/01/c1/info65985. htm.

②　新疆师范大学校长办公室. 新疆师范大学 2012 年工作总结［EB/OL］.（2013-10-25）［2014-01-17］. http：//xb. xjnu. edu. cn/s/61/t/92/f3/70/info62320. htm.

③　陈光. 新疆少数民族双语培训教师自主学习能力培养研究——以新疆师范大学为例［J］. 新疆教育学院学报，2012（3）：46-49.

④　王慧敏. 新疆少数民族双语教师培训工程全面启动［EB/OL］.（2004-09-20）［2014-01-17］. http：//news. 163. com/40920/0/10ME0BON0001124T. html.

双语教师培训任务的院校之一。2007 年 10 月，自治区成立了"自治区中小学少数民族双语教师培训工作评估领导小组"，以对新疆师范大学、乌鲁木齐成人教育学院等 11 所承担自治区两年制双语教师培训任务的院校进行评估①。新疆师范大学的中小学少数民族双语教师培训工作在评估中被评为优秀，2008 年被自治区教育厅评为"优秀主考院校"，2010 年在校双语培训人数达 1689 人，比 2005 年的 184 人增加 8.18 倍，五年共计培训4267 人②。经过培训，学员汉语水平成绩大幅度提高，教学技能得到全面提升，影响新疆少数民族双语教师整体素质偏低的重要因素——教育理念也得到更新和扩展。

在第一期"新疆中小学少数民族双语教师培训工程"即将结束之时，2012 年 12 月 20 日，自治区教育厅召开新疆中小学少数民族双语教师培训工作会议。根据自治区教育厅《关于对自治区中小学少数民族双语教师培训工作进行督导评估的通知》要求，新疆师范大学评估为良好，将继续承担第二期（2013—2018 年）中小学少数民族双语教师培训任务③。这次评估高度总结了新疆师范大学开展双语教师培训工作所取得的成绩，并在2013 年 8 月 16 日的"新疆双语教师培养培训经验交流暨工作部署会议"上，来自新疆师范大学的 10 名教职工荣获优秀管理者称号、优秀教师称号④。为再接再厉做好第二期"新疆中小学少数民族双语教师培训工程"，2013 年 12 月 27 日，学校举行"双语教师培训改革研讨会暨 2014 年双语教师培训工作部署会"，针对双语教师培训改革系列文件——《新疆师范大学双语教师培训改革方案》、《新疆师范大学双语教师培训改革办法》和《新疆师范大学双语教师培训学员管理办法》进行研讨，并对 2014 年春季

① 蒋夫尔. 新疆评估双语教师培训高校 [EB/OL]. (2008-01-18) [2014-01-17]. http://www.jyb.cn/zgjyb/two/200801/t20080118_138026.html.

② 新疆师范大学. 新疆师范大学 2011—2015 年教育事业 改革与发展规划纲要 [EB/OL]. (2011-06-02) [2014-01-17]. http://jsj.xjnu.edu.cn/s/55/t/77/19/e8/info6632.htm.

③ 新疆师范大学. 我校在自治区中小学少数民族双语教师培训工作督导评估中获得良好 [EB/OL]. (2012-12-28) [2014-01-17]. http://www.xjnu.edu.cn/s/1/t/36/c1/dc/info49628.htm.

④ 新疆师范大学. 我校参加新疆双语教师培养培训经验交流暨工作部署会议 [EB/OL]. (2013-08-26) [2014-01-17]. http://www.xjnu.edu.cn/s/1/t/36/e6/70/info58992.htm.

入学双语教师培训工作进行了部署①。

为更好地对接国家和自治区重大教育改革发展战略需求，进一步促进学校双语师资培养培训、特殊教育师资培养培训的专业化发展，贯彻落实好《新疆师范大学 2011—2015 年教育改革和发展规划纲要》和《新疆师范大学 2011—2015 年继续发展规划》，将学校打造成为区内外一流的双语师资培养培训基地、特殊教育师资培养培训基地，根据当前学校继续教育工作进一步发展的现实需要，2011 年 7 月，经学校研究，决定成立"新疆师范大学双语师资培训中心"，同时挂"新疆师范大学特殊教育师资培训中心"牌子，实行一套班子两块牌子②。同时，作为自治区中小学少数民族双语教师提升学历自学考试的主考院校，新疆师范大学充分发挥自治区教师教育基地的示范引领作用，在培训理念、培训模式、质量管理等方面都为其他承训院校做出了表率，确立了该校在自治区少数民族双语教师培训中的龙头地位。

双语教育教学是国家确定的新疆教育事业重点发展的两大领域之一。目前，新疆师范大学作为自治区教师教育的龙头和基础教育人才培养的摇篮，在推进新疆双语教育教学和基础教育研究中发挥着不可替代的引领和示范作用。"十二五"期间，学校将充分发挥教师教育的优势，依托"教育部新疆双语教育研究指导中心"、"自治区双语教师培养培训基地"、"新疆少数民族双语教育研究中心"及"新疆师范大学双语师资培训中心（特殊教育师资培训中心）"深化双语教育教学与基础教育理论研究，创新双语教育教学与基础教育实践教学模式，完善自治区双语教育教学与基础教育评价体系，提高双语教师培养培训质量，力争使学校成为新疆双语教师培养培训与研究的国家基地、新疆双语教育教学与基础教育的智力源和人

---

① 新疆师范大学．我校召开双语教师培训改革研讨会暨 2014 年双语教师培训工作部署会 ［EB/OL］．（2013－12－27）［2014－01－17］．http：//jspx．xjnu．edu．cn/s/157/t/215/00/e6/info65766．htm．

② 新疆师范大学双语师资培训中心．新疆师范大学双语师资培训中心概况［EB/OL］．（2013－12－27）［2014－01－17］．http：//syszpxzx．xjnu．edu．cn/s/34/t/75/p/1/c/544/list．htm．

才库①。

(二) 延边大学构建民族跨文化人才培养模式

延边大学坐落在朝鲜族聚居区、地处东北亚金三角。在多年的教育改革实践中，学校始终坚持多元文化教育，将能否形成办学特色、能否提高人才培养质量提高到学校能否继续生存和创新发展的高度加以认识，始终坚持特色、质量并重的办学思路，并将打造特色，提高质量有机地统一在整个办学过程之中，全面提升教育教学质量和水平。

1. 形成多元文化教育理念共识②

延边大学在长期的办学过程中形成了拥有主流文化、少数民族文化、区域文化以及周边国家文化等丰富的多元文化办学资源，形成了多元文化的办学传统与特色。主要表现在三个层面。一是国家层面。延边地区是民族自治地区，拥有典型的双语双文化环境，中华主流文化与民族文化在这里相互交融，共同发展。二是国际层面。延边朝鲜族与韩国、朝鲜语言文字相同，文化风俗相通，人员交往非常密切；另外，延边地区与俄罗斯接壤，与日本隔海相望，文化交流十分活跃。特别是改革开放以后，学校还与包括美、英、德等欧美国家在内的 130 余所高校建立了交流与合作关系，对外交往的范围不断扩大，也为开展多元文化教育注入了新的内容。三是学校层面。2012 年，全校的招生范围已扩大到全国 29 个省（市）自治区，现有 22 个民族的学生在校学习，形成了多元文化交融的局面。

过去，延边大学一直停留在民族自治的"典型的双语双文化环境"的认知层面。随着改革开放的不断深入和认识的不断提高，学校在概括"广泛交流、多边合作"办学传统时，初步认识到了多元文化的办学特点，特别是经过 2003 年、2006 年和 2007 年学校分别开展的教育思想大讨论，不

---

① 新疆师范大学. 新疆师范大学 2011—2015 年教育事业　改革与发展规划纲要 ［EB/OL］. (2011-06-02) ［2014-01-17］. http：//jsj. xjnu. edu. cn/s/55/t/77/19/e8/info6632. htm.

② 延边大学. 传承文化，突出特色，构建跨文化素质的人才培养模式 ［EB/OL］. (2012-03-21) ［2013-09-17］. http：//www. moe. edu. cn/publicfiles/business/htmlfiles/moe/s6339/201203/132724. html.

仅明确了学校的办学类型、办学层次、服务面向、发展水平等各种定位，而且还在理论上提升了对现代大学本质与办学规律的认识，制定了"求真、至善、融合"的新校训（2004年），凝练了"追求真理、崇尚学术、完善人格、造福人类、多元共存、融汇创新"的大学精神（2006年）和"边缘觉醒、质量为本、突出特色、学术立校"的办学理念（2007年）。逐渐明确了多元文化共存、融合、发展、创新的办学特点，形成了系统、深刻的理论认识体系。在这个基础上，2008年将"加强多元文化教育，培养具有跨文化素质民族人才"作为学校的办学特点和人才培养目标加以总结和概括，体现了延边大学认识的升华与发展。

在深入挖掘多元文化办学资源方面，延边大学主要做了以下工作。一是积极引进国内外优质教育资源。学校已与13个国家和地区的130余所学校和科研院所建立合作与交流关系；已聘任包括世界著名物理学家杨振宁在内的国内外专家学者300余人担任学校的兼职教授、客座教授。二是积极选派骨干教师到国外深造，感受国外先进的教育理念，促进中外文化交流。三是扩大学生交换培养的人数和扩大接受留学生的国别范围。学校与国外交换培养的学生人数每年已达400余人次；留学生的国别范围已扩大到21个国家。为促进多元文化交流，学校还搭建了"图们江论坛"、"长白山论坛"两个国际学术论坛的平台，吸引了众多外国专家学者到学校进行学术交流；除此之外，还利用外资创建了"世宗学堂"，开设了"卧龙讲坛"等，促进了中外文化交流和知识传播。另外，学校还在韩国忠北大学设有孔子学院。部分有研究专长的教师还被派往国外讲学、访学或从事课题研究，使学校的多元文化教育由过去的单向输入变为现在的双向互动。

2. 建构具有多元文化特色的人才培养模式

延边大学拥有良好的多元文化生态环境，文化多样化、多变性的特点突出，开展多元文化教育具有十分便利的条件。为此，学校加大了多元文化教育的力度，通过多项举措，加深学生对本民族文化的理解和认同，加强对主流文化和其他文化的跨文化适应能力。

首先，改革教学管理机制，促进多元文化教育。人才培养是一项系统工程，它既涉及课程体系改革、教学内容改革，又涉及教学计划修订、教学组织形式改革等，是一项牵一发而动全身的工作。学校根据跨文化素质民族人才的培养目标，在构建多元文化交叉渗透的人才培养方案基础上，还要进行制度创新，改革教学管理机制，打破传统的教学组织形式以及刚性的人才培养计划。从 2000 年开始，学校先后进行了四轮人才培养方案和教学计划的修订工作，与此同时，还修订了有关教务教学管理规章制度，实施了绩点学分制、三学期制、主辅修制、双学位制等，用制度的形式保证人才培养方案的顺利实施，促进多元文化教育的发展。

其次，完善绩点学分制，促进跨文化素质民族人才培养。绩点学分制的特点是弹性好，尊重受教育者的选择，它完全克服了学年制缺乏弹性和没有选择余地所带来的弊端，使组织优质教育资源的工作更简便，建立多样化的人才培养模式阻力更小，对校外优质教育资源的引进更方便。建立绩点学分制后，受教育者可以通过主辅修、学分互换等形式，自由地跨学科、跨地域、跨时段地接受多元文化教育。在实施绩点学分制过程中，学校还通过实施三学期制，建立全天候排课制，增大多元文化课程开出的时间和次数，使学生有机会、有条件选课学习，最大限度地满足了不同学习者的需要。为了进一步深化学分制改革，完善绩点学分制，延边大学申报的项目被列入到 2011 年度吉林省高等学校教学建设与改革创新工作评价制度当中，重点建设。

再次，建立多样化人才培养模式，实现跨文化素质人才培养目标。目前，学校通过建立分段培养、中外合作培养、学分互换培养等形式已建立了多样化的跨文化素质人才培养模式，在这个基础上，还要充分发掘多元文化教育资源，利用国内外实践基地，组织学生开展跨文化体验，以实现多元文化教育环境下的跨文化素质人才培养。如学校同国内外数十所大学建立了交换培养学生的机制，实行学分互换制和共同学位制，每年选派400 多名学生赴国内外高校学习，开辟了学生对多元文化体验的渠道，增强了民族学生跨文化的适应能力①。

　　最后，依托特色学科研究领域，打造特色人才培养。延边大学经过长期的建设与发展，形成了东北亚研究、民族研究、长白山天然资源保护与开发研究三大学科研究领域，产生了一批富有民族特色和东北亚区域特色的研究成果，为开展多元文化教育提供了丰富的资源。学校利用民族与区域的特色和优势，建设了一批体现民族历史与文化、东北亚历史与文化、区域经济与社会发展的特色专业。目前，全校70个本科专业中有60个本科专业实施了对口建设和专业特色建设，全校60多个本科专业已显现出多元文化教育特色，"十一五"期间，学校有7个本科专业入选国家级特色专业，3个专业入选省级特色专业。这些特色专业有力地促进了多元文化教育的发展。学校在课程建设上也突出了多元文化背景下的教育内容，多元文化课程覆盖了全校60个专业，形成多元文化教育课程群，充分体现综合大学多学科的交叉融合。同时，学校十分注意教师队伍的多元文化体验，定期选派教师赴韩国、日本、朝鲜、美国、俄罗斯、英国等国家深造，80%以上的教师具有多语优势。全校教师中有70%是朝鲜族，他们大部分精通朝汉日（英）三种语言，开展多元文化教育具有得天独厚的优势。由于语言、地域、人缘等优势，教师中80%以上有过出国留学、进修或考察经历，这些跨文化体验使教师们能够更好地把握多元文化教育，适应多元文化教育，促进多元文化教育的发展②。

　　在经济全球化、教育国际化、文化多元化背景下，延边大学培养的人才既有适应本民族文化发展的能力，又有适应主流文化发展需要的能力，具有跨文化的素质和融入国际社会的适应能力。尤其是学校民族生三语兼通的语言优势，形成了良好的毕业就业竞争优势，毕业生到国外求学与就业的人数逐年增加。通过多元文化教育，大大提高了人才培养的质量，尤

---

　　① 费洪根.打造特色，创新模式，培养具有跨文化素质的民族人才——以延边大学多元文化教育为研究中心 [J].吉林广播电视大学学报，2011（11）：98-100.
　　② 延边大学.传承文化，突出特色，构建跨文化素质的人才培养模式 [EB/OL]．（2012-03-21）[2013-09-17]．http：//www.moe.edu.cn/publicfiles/business/htmlfiles/moe/s6339/201203/132724.html.

其在朝鲜—韩国学研究、东北亚研究、中朝韩日比较文化研究领域培养了一大批中坚力量。目前，全国70多所大学开设的朝鲜语专业骨干教师中的85%，全国重点大学中的朝鲜语言、文学方面的带头人和学术骨干中的70%，延边州委、州政府80%的主要领导，延边各县市90%以上的主要领导干部，延边的朝鲜族作家、艺术家、新闻出版、语言文字工作者、朝鲜族中小学教师基本上都是由延边大学培养的①。这些民族人才在融入主流文化的过程中，凸显了跨文化的适应能力，在传承、传播、创新民族文化等方面发挥了重要的作用，促进了民族文化与区域经济社会发展，促进了和谐社会的建设，促进了各民族人才的全面发展。

（三）西北师范大学坚持民族师资培养服务基础教育

西北师范大学地处祖国西部，有着优良的办学传统，多年来在办学中始终坚持"师范性、民族性、区域性"的办学方向，为全国26个省（区）的回、藏、维吾尔、哈萨克、土、满、壮、蒙古、东乡、裕固、保安、撒拉、锡伯、苗、彝等42个民族培养、培训各类少数民族人才3万余人。学校培养了新中国第一位藏族教育学博士巴登尼玛，新中国第一位裕固族女博士安雪慧也是在学校攻读本科和硕士后输送的②。西北师范大学主动适应西部地区基础教育发展的需要，以创新的教育模式提高民族师资的培养质量，服务于西部农村地区、少数民族地区基础教育发展。学校以"西北少数民族师资培训中心"为依托，探索形成了适应西部农村地区、少数民族地区实际的师范教育办学模式，为促进西部农村地区、少数民族地区基础教育的发展提供了强有力的支持。

1. 实施教改工程，完善高水平民族师资培养

1985年6月，根据我国经济建设战略重点向中西部地区转移的战略构

---

① 延边大学.传承文化，突出特色，构建跨文化素质的人才培养模式［EB/OL］.（2012-03-21）［2013-09-17］.http：//www.moe.edu.cn/publicfiles/business/htmlfiles/moe/s6339/201203/132724.html.

② 冲碑忠.挺起西部民族教育的脊梁——西北师范大学民族教育发展纪实［EB/OL］.（2012-09-14）［2013-09-17］.http：//edu.ifeng.com/gundong/detail_2012_09/14/17620698_0.shtml.

想，教育部依托西北师范大学建立了"西北少数民族师资培训中心"，这是我国唯一一所依托普通高师院校，专门为西部地区系统培养民族师资的办学机构。"西北少数民族师资培训中心"肩负起为西北和西藏少数民族地区培养高水平师资任务的同时，1987年，国务院又在学校建立了"藏族师资培训中心"。多年以来，西北师范大学始终坚持学校师范教育办学方向不变，将培养高水平中小学教师作为学校的主要任务，学生中师范生所占的比例始终在50%以上。为解决西部农村地区、少数民族地区师资数量严重短缺的问题，特别是理科师资、双语师资严重短缺的问题，学校与西北各省区密切合作，改革招生考试方法，通过免试推荐、单独考试、预科、单独划定录取指标等方式，为甘肃甘南藏族自治州、临夏回族自治州、青海玉树、黄南、果洛等藏族地区以及宁夏固原地区等定向培养当地急需师资，并确保他们回到当地任教，极大地缓解了西北农村地区、少数民族边远地区，特别是边远贫困地区部分学科高水平师资严重短缺的问题[①]。同时，西北师范大学紧扣西部少数民族地区对专业人才的特殊需求，逐步在所有专业招收民族本科学生。

西北师范大学紧紧围绕人才培养质量这个核心，从民族地区与其他地区基础教育存在的差距入手，在全国高校中率先有计划分步骤地从1993年以来，于1993—1997年、1998—2000年、2001—2005年、2006—2010年、2011—2015年稳步推进了五期本科教学改革工程，使学校实现规模办学、质量立校，实现了跨越式发展，开始从传统的师范大学向以教师教育为主的高水平综合大学转型[②]。连续五期的教改工程中学校都对民族教育专门立项，深入研究少数民族高等教育的招生制度、教学计划、专业设置和教材教法等，在理论和实践相结合的层面上实施改革，结合专业特点采用"融预科教育于本科教育之中，融民族教育于普通高等师范教育之中"的

---

①　西北师范大学．坚持师范教育办学方向　服务西部农村教育发展——西北师范大学服务西部基础教育、农村教育、民族教育的实践［EB/OL］．（2012-09-14）［2013-09-17］．http：//www.moe.gov.cn/publicfiles/business/htmlfiles/moe/moe_1760/201201/129678.html.

②　西北师范大学．始终坚持科学发展　持续推进教学改革　稳步提升人才培养质量［EB/OL］．（2012-03-21）［2013-09-17］．http：//www.moe.edu.cn/publicfiles/business/htmlfiles/moe/s6339/201203/132767.html.

办学方法①；深入探索高等师范教育的少数民族培养方案，逐步推行学分制，在开放式的办学过程中，实现民族高等师范教育的跨越式发展，在少数民族师资培养上，达到了"招得来、下得去、留得住、用得上"的预期目标。

在师范生的培养上，学校不断深化改革，开拓创新，构建符合现代教师教育发展趋势、适应基础教育改革与发展需要、提高教师专业化水平的新型教师教育体系，制定并实施了《西北师范大学教师教育改革行动计划》。学校新一轮教师教育改革的主要做法是制定新的教师教育培养方案，实行学科专业教育与教师教育的分离，使培养的教师达到"双高"目标，即专业教育达到高水平，教师培养达到高质量，目前已开出的教师教育类必修和选修课50余门。学校注重改革教育实习模式，加强实习基地建设，对师范专业学生的教育实习根据实习学校的要求，采用"多学科联合组队"模式，加强中学教师对实习学生的指导，给师范专业学生提供更多的教学实践机会。学校还与北京师范大学、英国曼彻斯特大学合作，开发了针对农村教师的教育硕士课程，利用中英项目的资金招收农村中小学高水平教师，开展了针对农村教师的教育硕士培养，为西部农村地区、少数民族地区中小学培养高水平教师，极大地促进了城乡教育均衡发展②。同时，学校和"西北少数民族师资培训中心"紧扣西北少数民族地区对专业师资的特殊需求，针对少数民族学生文化课基础较差的实际情况，单独制定了教学计划。学校通过增加基础课课时，开设汉语课程和民族语言课程，增设文化选修课，提高少数民族学生的专业基础水平和汉语听、说、读、写能力；在强化师范基础教育的同时，全面加强学生从师技能的培养，增强

---

① 冲碑忠. 挺起西部民族教育的脊梁——西北师范大学民族教育发展纪实［EB/OL］.（2012-09-14）［2013-09-17］. http：//edu. ifeng. com/gundong/detail_ 2012_ 09/14/17620698_ 0. shtml.

② 西北师范大学. 坚持师范教育办学方向 服务西部农村教育发展——西北师范大学服务西部基础教育、农村教育、民族教育的实践［EB/OL］.（2012-09-14）［2013-09-17］. http：//www. moe. gov. cn/publicfiles/business/htmlfiles/moe/moe_ 1760/201201/129678. html.

了学生适应社会的能力①。

为保障学生的生活学习，西北师范大学健全了奖助奖励体系。少数民族学生在申请学校各种奖励基金的同时，1992 年学校专门设立了针对"西北少数民族师资培训中心"和"藏族师资培训中心"学生的"少数民族学生奖励基金"。该基金每年一届，每年下半年组织申报、评审和发放。截至 2011 年，已有 1000 人次获得奖励。1998 年，教育部为确保在内地高校上学为品学兼优、家庭经济困难的新疆籍少数民族学生能够顺利完成学业而设立了新疆少数民族困难学生资助金。该专项资助金每年一届，共分三类等级，每年上半年组织申报、评审和发放。截至 2013 年，已有近 1500人次受到资助。2009 年，"西北少数民族师资培训中心"又专门设立了少数民族临时特困资助金，加大对特殊贫困少数民族学生的资助力度。这些专项奖助金的建立，极大地缓解了贫困学生的后顾之忧，进一步调动了学生的积极性，促进了他们学习和成长②。学校还制定特殊政策，积极鼓励师范毕业生到基础教育行业就业，到艰苦地区建功立业，对于那些到国家级贫困县中小学就业的师范专业毕业生，学校除给予表彰以外，还给予5000 元的奖励，对于那些到回到本县及其以下中小学就业的毕业生学校每人给予 2000 元的奖励。近五年来，学校师范专业毕业生中 95% 的均到中小学就业，其中的 75% 以上到农村县及其以下中小学就业。学校培养的少数民族学生 95% 以上回到民族地区教育第一线，成为当地政治稳定、民族团结进步和经济建设的中坚力量③。

2. 高度重视职后培训，提高民族师资水平

针对西部地区农村教师职后培训较为薄弱、教师培训机构能力不强的现状，2000 年，西北师范大学成立了专门的教师培训学院，组织专人开展

---

① 苏丽蓉. 为西部地区培养更多的民族教育人才——记西北少数民族师资培训中心［EB/OL］.（2011-12-20）［2013-09-17］. http：//www. mzb. com. cn/html/report/263540-1. htm.

② 西北少数民族师资培训中心办公室. 西北少数民族师资培训中心简介［EB/OL］.（2011-12-20）［2013-09-17］. http：//www. nwnu. edu. cn/cate. do？cate=0330.

③ 西北师范大学. 坚持师范教育办学方向 服务西部农村教育发展——西北师范大学服务西部基础教育、农村教育、民族教育的实践［EB/OL］.（2012-09-14）［2013-09-17］. http：//www. moe. gov. cn/publicfiles/business/htmlfiles/moe/moe_1760/201201/129678. html.

中小学教师和校长的职后培训，开展中小学教师、校长培训的研究工作并指导基层教师培训机构开展教师培训。教师培训学院成立以来，针对西部农村地区、少数民族地区中小学课堂教学以"端坐静听、注入式讲授"为主，教学模式单一，教学方法陈旧，从而导致学生厌学、辍学率较高、巩固率较低的现状，在师资培养、培训过程中，积极采用参与式教学、合作学习、研究性学习等，使他们掌握先进的教育理念、不同的教学模式和多样化的教学方法，提高他们的课堂教学组织能力。为了提高教师职前教育和职后培训的水平，学校利用中英甘肃基础教育项目和中欧甘肃基础教育项目实施的机遇，先后选派了教师120人（次）到英国、美国以及我国香港、台湾等国内外的著名大学和教师教育机构接受培训或考察学习，掌握教师教育的最新动态、先进理念和方法。学校高质量地完成了教育部委托的"送培进疆"活动，为新疆培训了420名新课程骨干教师，受到了新疆教育行政部门和广大中小学教师的好评；高水平地完成了教育部委托的"送培下乡"任务，为甘肃省贫困地区中小学和地震灾区中小学培训教师1500名。由于西北师范大学的教师培训的理念先进、方法新颖，效果明显，费用较低，所以许多地区主动找上门来，邀请他们帮助开展教师培训。这在教育经费严重不足、教师培训经费几乎没有的西北农村地区、少数民族地区十分罕见。学校先后开办了甘肃民族团结教育培训班、藏区中小学班主任培训班、藏区高中校长培训班、藏区初中骨干教师培训班、藏区高中新课程改革骨干教师培训班、藏区双语教育教学骨干教师培训班、甘肃省宗教教职人员骨干培训班等一系列培训班，并在维汉、藏汉双语师资培养培训中，积累了丰富的经验，形成了系统的办学模式，为少数民族聚居地区培养双语师资做出了重要贡献①。近五年，学校先后通过校本培训、校本研修和集中培训的方式，以国家基础教育课程改革为主要内容，为西部农村地区、少数民族地区中小学培训教师和校长达23209人

---

① 冲碑忠. 挺起西部民族教育的脊梁——西北师范大学民族教育发展纪实［EB/OL］.（2012-09-14）［2013-09-17］. http://edu. ifeng. com/gundong/detail_2012_09/14/17620698_0. shtml.

（次）①。

3. 建立实验研究基地，培养学生实践能力

为了更好地发挥高等师范院校对基础教育的指导、示范和引领作用，培养学生的实践能力，近年来，西北师范大学在西部地区建立了一批基础教育研究实验基地和民族教育改革与发展实验区。学校先后在甘肃甘南藏族自治州建立了民族地区基础教育综合改革实验区，在临夏回族自治州积石山撒拉族东乡族保安族自治县建立了"少数民族女童教育研究基地"和"校本师资培训基地"，在甘南、临夏和天祝等地建立"西北少数民族地区现代远程教育"实验基地，组织相关力量开展各种研究与实验。特别是新一轮基础教育课程改革启动以来，学校依托西北地区等6个国家级基础教育课程改革实验区，开展新课程的实验与推广工作，并在每个实验区确立两所实验学校开展专题研究。2003年学校又在新疆、青海、宁夏、甘肃等地建立了多个课程改革实验区，进一步研究、探索新课程在西部地区农村中小学的实施与推进策略。2004年，学校与甘肃省临夏回族自治州签定协议，共建"民族教育实验区"，将临夏州的七县一市均纳入民族教育实验区的范围，开展以课程改革为核心的基础教育研究与实验工作，探索在少数民族贫困地区实施新课程、全面推进素质教育的有效途径。2008年，学校与新疆维吾尔自治区教育厅签订了共建基础教育、民族教育创新实验区协议和开展实习支教工作协议，在阿克苏地区建立民族教育实验区，每年组织优秀本科生到阿克苏地区开展以双语教学为主的为期半年的实习支教活动。截至2011年，学校共选拔7批9个专业1029名师范类学生到阿克苏地区进行每个批次为期一个学期的实习支教工作。西北师范大学成为首个赴新疆基层地区开展师范生实习支教的师范大学，受到了教育部、自治区教育厅和阿克苏地区的欢迎和好评②。到2011年，学校已经在西北民族

---

① 西北师范大学. 坚持师范教育办学方向　服务西部农村教育发展——西北师范大学服务西部基础教育、农村教育、民族教育的实践［EB/OL］.（2012-09-14）［2013-09-17］. http://www. moe. gov. cn/publicfiles/business/htmlfiles/moe/moe_ 1760/201201/129678. html.

② 西北师范大学. 坚持师范教育办学方向　服务西部农村教育发展——西北师范大学服务西部基础教育、农村教育、民族教育的实践［EB/OL］.（2012-09-14）［2013-09-17］. http://www. moe. gov. cn/publicfiles/business/htmlfiles/moe/moe_ 1760/201201/129678. html.

地区建立了 35 个实验区，广泛开展以西北农村教育发展、民族教育发展为主题的各类研究与实验。这些实验基地的建立，在西北地区基础教育改革发展中起到了示范作用，并辐射周边，推动了西北地区基础教育的可持续发展[1]。

作为全国唯一一所由教育部依托普通高等院校设立的、专门系统培养少数民族师资的办学机构，西北师范大学已经培养各类学生 18 万余人[2]，95%的少数民族毕业生返回生源地，"藏汉"双语班的学生 100%回到生源所在地直接服务于当地教育事业[3]。甘肃省内 86 个县市区的示范中学中 70%以上的骨干教师、90%以上的特级教师都毕业于西北师范大学；在西北五省区和西藏的每个地区，甚至在最高寒、最边远、最贫困的地方，都有西北师范大学的毕业生在辛勤工作，西北师范大学被誉为"人民教师摇篮"[4]。西北师范大学长期坚持为西部地区基础教育、农村教育、少数民族教育服务，为西部农村学校、少数民族学校培养了大批合格师资，不仅促进了西部地区基础教育、农村教育、民族教育的发展，也促进了自身的发展，进一步提高了师资培养培训的水平，为西部农村地区、少数民族地区培养培训了一大批适应当地需要的高水平师资，学校的办学特色进一步突出，综合实力得到提升，进一步促进了全校教师教育的改革与发展，实现了双赢。

① 苏丽蓉.为西部地区培养更多的民族教育人才——记西北少数民族师资培训中心［EB/OL］.（2011-12-20）［2013-09-17］.http：//www.mzb.com.cn/html/report/263540-1.htm.

② 西北师范大学.西北师范大学 110 年办学发展纪实［EB/OL］.（2012-09-16）［2013-09-17］.http：//www.gs.xinhuanet.com/news/2012-09/16/c_113092353.htm.

③ 方倩琳.2.8 万民族教育师资根扎西部　西北师大 20 年坚持服务少数民族基础教育［EB/OL］.（2005-07-17）［2013-09-17］.http：//www.jyb.cn/gb/2005/07/17/zy/jryw/9.htm.

④ 西北师范大学.西北师范大学贯彻落实教育纲要情况［EB/OL］.（2012-03-25）［2013-09-17］.http：//www.gsedu.cn/redzt/ganssjytzggzt/gaoxlsqk/2012/03/25/1332641925485.html.

四、重视民族团结，提高民族人才思想政治素质

（一）西藏民族学院高度重视大学生思想政治工作的优良传统

西藏民族学院是西藏自治区所属的普通高等学校，是西藏和平解放后党中央在祖国内地为西藏创办的第一所高等学校，位于陕西省咸阳市，也是全国唯一的一所异地办学的高校。现有在校生近1万人，其中藏族和其他少数民族学生占50%。从1958年建校至今，学院认真贯彻党的教育方针和民族政策，坚持立足西藏、面向全国的办学宗旨，不断深化教育教学改革，提高教育教学质量，取得了辉煌的办学业绩，先后培养了5万余名各类优秀人才，培养出了30多名省部级领导干部、一大批艺术家、作家、教授、医学家、农学家、工程师，赢得了"西藏干部摇篮"的美誉[①]。

在半个多世纪的办学历程中，学院紧紧围绕西藏的实际，形成了大学生思想政治工作的优良传统，积累了具有个性特色的办学经验。西藏民族学院高度重视大学生思想政治工作不仅是长期以来形成的优良办学传统，更是学院取得辉煌成就的重要保障。近年来，学院紧跟时代步伐，进一步发扬优良传统，不断探索民族高等学校大学生思想政治教育工作的特殊规律，建立完善长效机制，推动思想政治工作上水平、上层次，取得显著成效。学院通过构建"坚持一个中心，抓好三支队伍，打造六个阵地"思想政治教育工作体系，狠抓大学生思想政治教育工作，为实现培养社会主义新西藏的合格建设者和可靠接班人的育人工作目标夯实了基础。

1. 坚持一个中心，凸显思想政治工作在育人工作中的核心地位

西藏民族学院高度重视大学生思想政治教育工作，把大学生思想政治教育工作作为育人工作的重中之重，常抓不懈，纳入学校总体事业发展规

[①]　西藏民族学院. 学院简介［EB/OL］.（2012-03-25）［2013-09-17］. http：//www. xzmy. edu. cn/xyjj_1. jsp.

划。在《"十二五"时期改革和发展规划》中，学院把思想政治教育工作列为"八大工程"之一，提出了明确的工作目标，与人才队伍建设、学科建设、科研水平提升等同部署、同要求，整体推进。"立德树人"的理念在学校人才培养方案中得到充分体现，并不断完善，贯穿始终。思想政治教育工作贯穿于学校工作全过程，形成了"教书育人、管理育人、服务育人、实践育人、文化育人"的全方位育人格局。在年度工作要点和总结中，学院也将大学生思想政治教育工作作为一个重要内容进行部署和总结①。

首先，强化对大学生思想政治教育工作的组织领导。2004 年，学院党委在原来"两课"教学领导小组基础上，成立大学生思想政治教育工作领导小组，统筹大学生思想政治教育工作。领导小组每学年组织一次思想政治教育工作调研，每学期听取一次思想政治教育工作专题汇报，至少研究一次大学生思想政治教育工作。其次，完善大学生思想政治教育工作的制度建设。2004 年，学院贯彻落实《中共中央国务院关于进一步加强和改进大学生思想政治教育的意见》（中发［2004］16 号）文件精神，根据西藏和陕西教工委部署，结合学院实际，及时制定出台了《关于进一步加强和改进大学生思想政治教育工作的意见》等相关配套制度和办法，积极推进制度创新，进一步完善大学生思想政治教育工作的制度建设，主动适应大学生思想政治教育工作新形势、新要求。2009 年 11 月，在深入调研、充分讨论、广泛征求意见的基础上，经过反复修改和不断完善，西藏民族学院加强和改进大学生思想政治教育工作会议审议通过了《西藏民族学院党委关于进一步加强和改进大学生思想政治教育工作的意见》②。会议建立大学生思想政治教育工作责任制，党委明确各单位一把手为大学生思想政治教育工作第一责任人，实行一票否决；明确党委各部门及各基层党组织为

---

① 民宣．永不褪色的旗帜——西藏民族学院大学生思想政治教育工作纪实［EB/OL］．（2013-08-30）［2013-10-16］．http：//epaper.chinatibetnews.com/xzrb/html/2013-08/30/content_473788.htm.

② 西藏民族学院党委办公室．关于印发《西藏民族学院党委关于进一步加强和改进大学生思想政治教育工作的意见》的通知［EB/OL］．（2009-12-10）［2013-09-17］．http：//www.xzmy.edu.cn/getcontent? id=137.

大学生思想政治教育工作的主体责任单位，各负其责，相互配合，为大学生思想政治教育工作提供了良好的运行机制，确保了大学生党建和思想政治教育工作各项任务顺利完成。最后，加大大学生思想政治教育工作的督查力度。2009 年在全区率先成立大学生党建和思想政治教育工作督导组，2010 年出台《西藏民族学院学生党建及思想政治教育督导工作条例》，不断加强对大学生思想政治教育工作的督促检查和指导。学校党政督查组也将大学生思想政治教育工作纳入日常督查督办范畴，定期不定期开展督查工作①。

2. 强化三支队伍，为思想政治教育人才工程提供有力支撑

西藏民族学院大学生思想政治教育工作主要由三支队伍承担，分别是思想政治理论课教师、班主任及政治辅导员、党团干部及共青团干部。在《"十二五"时期改革和发展规划》中，学院把三支队伍建设纳入到"人才强校"战略中，统筹规划。同时在每年的人才引进中，都专门安排有政治辅导员及思想政治理论课教师指标，不断为思想政治教育工作注入新鲜血液。一方面，打造国家级思想政治理论课教学团队。西藏民族学院现有思想政治理论课专任教师 35 人，全日制在校学生 9347 人，师生比为1∶267，高于教育部关于师生比不低于 1∶400 的要求。专业课教师中，有教授 5 人，副教授 18 人，副高级职称占 65.7%，远远高于学校高级专业技术职称总体比例。近五年，思想政治理论课专业教师全部参与过省级以上培训。目前，思想政治教育理论课教学团队已经被国家教育部确定为国家级教学团队，1 名教师被评为全国高校思想政治理论课教学能手。另一方面，打造主动履行思想政治教育工作职责的干部队伍。西藏民族学院各级党政领导干部，从学校党委书记到学生支部书记；从党务部门到后勤教辅部门，在分工、岗位职责、考核中都有明确的大学生思想政治教育工作要求。处级以上领导干部要把履行大学生思想政治教育工作作为每年述职述廉的重要内容之一，并进行考核。学校党委书记带头为学生上党课、团

---

① 孙永涛. 西藏民院构建"一三六"模式扎实做好大学生思政教育工作 [EB/OL]. (2013-09-18) [2013-09-27]. http：//www. snedu. gov. cn/jynews/rdjj/201309/18/37109. html.

课，坚持校领导接待日活动，与学生面对面进行交流，开展深入细致的思想政治教育工作①。

3. 建设六大阵地，形成思想政治教育工作的强大合力

西藏民族学院着力建设思想政治理论课主阵地以及民族团结进步教育、校园文化、社会实践、网络教育、心理健康教育等辅助阵地，各个阵地互相支持、互相配合，形成了思想政治教育工作的合力，建立了全方位、全过程的思想政治教育体系。

第一，建设思想政治理论课主阵地。2011 年更名为马克思主义学院，直属学校领导、与其他教学单位同级，融思想政治理论课教学科研组织为一体，负责学校思想政治理论课教学与研究任务，统一管理思想政治理论课教师的教学科研工作。

第二，建设民族团结进步教育阵地。学院深入推进"民族团结进步进校园"、"民族团结进步进社区"创建活动，2011 年被国家民委命名为"全国民族团结进步教育基地"②，多次荣获西藏自治区、陕西省、咸阳市民族团结进步先进集体等荣誉称号，民族团结进步事业和教育活动得到了各级领导的高度评价，已经成为民族团结进步事业的窗口和典范。

第三，建设校园文化阵地。学院一直秉承和践行着"爱国、兴藏、笃学、敬业"的校训，不断创新校园文化活动，以"春华秋实"校园文化艺术节为特色品牌和主要平台，以大学生科技节（活动周）、外语文化节、计算机节、"阳光体育"、学生社团等极具专业特色的校园文化为亮点，结合传统节庆日、重大事件和开学典礼、毕业典礼等开展主题活动，丰富校园文化，构建大校园文化网络格局，充分发挥校园文化在育人方面的浸润作用。

第四，建设社会实践阵地。学院高度重视实践育人工作，并将实践育人工作作为教育教学工作重要内容纳入学校教学计划，不断完善实践教学

---

① 民宣. 西藏民族学院努力建构大学生思想政治教育工作大格局［EB/OL］.（2013-09-02）［2013-10-16］. http：//epaper. chinatibetnews. com/xzrb/html/2013-09/02/content_474292. htm.

② 陕西省教育厅. 西藏民族学院简介［EB/OL］.（2012-03-25）［2013-09-17］. http：//www. snedu. gov. cn/com/xzmzxy/introduce/.

环节，大力建设实践教育基地。目前，学校已经形成了以"三下乡"社会实践调查、开展大学生实践创新项目和青年志愿者服务为主，以组织和参加学校"笃学杯"、西藏自治区"成才杯"和国家"挑战杯"等社会实践项目和比赛为辅，以深入开展"学雷锋、做好事"、"维护民族团结，争做民族团结进步之星"、师范生技能大赛、社会实践和教学实习经验交流等为品牌的实践育人特色项目的实践育人格局。

第五，建设网络教育阵地。学院高度重视网络思想政治教育，制定了网络思想政治教育总体规划，重视发挥网络的积极正面作用，防范负面不良网络信息影响，深入持久开展网络行为规范教育，倡导"绿色网络行动"，加强网络法规宣传教育，密切关注学生网络行为动态，及时防范和封堵不良网络信息，净化网络空间，确保网络思想政治安全。

第六，建设心理健康教育阵地。学院十分关注大学生心理健康，专门设置大学生心理健康教育和咨询中心，负责指导与帮助大学生解决心理健康问题，消除不良心理和情绪，摆脱心理困扰。每年开展新生心理健康普查活动，了解掌握学生心理状况，建立学生心理健康档案。开设公共选修课、大学生心理健康教育课，开展"心理健康教育月"活动，积极推进心理健康宣传教育活动①。

4. 探索最新平台，发扬思想政治教育工作优良传统

为贯彻落实中央关于加强和改进大学生党建和思想政治教育工作的精神，密切联系学生、自觉践行党的群众路线，西藏民族学院探索建立并大力推进学生公寓党员工作站。学院把学生党员培养、发展、教育和文明公寓创建相结合，建立了学生公寓党员工作站，创新党建工作载体，把党建工作推进到学生公寓，弥补学院党建工作的短板，进一步夯实基层党组织建设基础，实现学生党建工作的全程覆盖和立体渗透的工作目标。工作站由学院党委组织部、财经学院党总支共同建设，党委组织部、学生工作部、党建和大学生思想政治教育督导组等部门组成指导委员会予以业务指

---

① 孙永涛. 西藏民院构建"一三六"模式扎实做好大学生思政教育工作 [EB/OL]. (2013-09-18) [2013-09-27]. http://www.snedu.gov.cn/jynews/rdjj/201309/18/37109.html.

导，财经学院党总支成立领导小组具体组织实施。工作站的工作目标是建设"六个阵地"，即党的路线、方针和政策的宣传阵地，了解学生思想动态的信息阵地，协助宿管人员管理宿舍的助理阵地，与学生沟通感情的联络阵地，热心帮助同学的服务阵地，开展反分裂反渗透教育、民族团结进步宣传教育和维护校园和谐稳定的模范阵地①。

西藏民族学院历届党委高度重视民族团结教育工作，从 2009 年开始将每年 3 月设为"民族团结进步宣传教育月"，结合学校育人中心工作，充分发挥学院作为全国民族团结进步教育基地作用，集中开展民族团结进步宣传教育活动，营造各民族师生和谐相处、共同进步的良好氛围，民族团结进步创建工作取得了显著成效。2013 年，学院组织开展了首届"十大民族团结进步之星"评选活动，广泛宣传民族团结进步创建中的典型人物和事迹②。组织方根据青年学子的身心特点，以广大师生喜闻乐见的形式把民族团结教育融入时代发展的潮流之中，评选活动备受关注，广受赞誉③。师生参与度和认同度高，切实起到了弘扬正能量、促进和谐稳定和校园文化建设、推动各项工作的积极作用，在校内外产生了很大影响。在大学进行民族团结教育，载体不一，形式多样，内容丰富，而进行民族团结进步之星的评选，既有公信力又有影响力，因为典型具有示范作用，榜样的力量是无穷的。鉴于此次活动在校园里和社会上产生的良好效应，西藏民族学院党委决定，"十大民族团结进步之星"的评选活动将作为一项长效工作。今后每两年开展一次，逐渐把它打造成为校园文化建设和民族团结进步宣传教育的"活品牌"，从而更好地为社会主义新西藏输送一批批合格的建设者和接班人④。西藏民族学院在推进民族团结进步创建中以始终坚

---

① 孙永涛. 建立党员工作站：西藏民族学院将学生党建工作推进到公寓 [EB/OL]（2013-10-08）[2013-11-27]. http：//www.snedu.gov.cn/jynews/rdjj/201310/08/37430.html？COLLCC=1938049189.

② 白萌. 西藏民族学院扎实开展民族团结进步教育宣传活动成效显著 [EB/OL].（2013-06-06）[2013-11-27]. http：//www.snedu.gov.cn/jynews/rdjj/201306/06/35012.html.

③ 唐大山. 找准民族团结教育切入口 [EB/OL]（2013-06-20）[2013-11-27]. http://epaper.chinatibetnews.com/xzrb/html/2013-06/20/content_458571.htm.

④ 王军君. 西藏民族学院：为民族团结宣传教育打造"活品牌" [EB/OL].（2013-06-25）[2013-11-27]. http://www.mzb.com.cn/zgmzb/html/2013-06/25/content_92723.htm.

持两条主线：一是加大宣传力度，营造人人参与的浓厚氛围；二是在服务西藏经济社会发展中彰显民族团结进步创建工作的实效价值。实践证明，以此思路推进民族团结进步创建成效显著，学校将在不断强化品牌活动的基础上创新活动方式，深入推进民族团结进步创建活动①。

2012 年 9 月，西藏民族学院学生工作部（处）在民族院校思想政治教育工作先进集体和先进个人表彰会上荣获民族院校思想政治教育工作先进集体，学院马克思主义学院教授高峰荣获民族院校思想政治教育工作先进个人②。在教育水平和质量显著提高、办学层次不断提升、办学规模迅速扩大、各项事业突飞猛进的发展进程中，西藏民族学院党委始终坚持以人为本，德育为先，坚持把思想政治教育摆在各项工作的首位，坚持把为西藏培养合格建设者和可靠接班人作为学院发展的强大动力和根本任务，从培养什么样的人、为谁培养人的战略高度，发扬学生思想政治工作的优良传统，深入思考和调研当代大学生思想、学习和生活动态，不断研究新情况，解决新问题，努力开创了大学生思想政治教育的新局面。

（二）大连民族学院用思想政治教育为学生成长成才保驾护航

作为国家唯一建在东北和沿海开放地区的民族高等学校，也是全国唯一以工科和应用学科为主的民族高等学校，大连民族学院不断创新学生思想政治教育方式，以全员育人的工作机制，拓展思想政治教育载体，把思想政治教育工作做实、做深、做细，实现了"德智合一"的教育功能，取得了良好成效。

1. 思想政治教育为各项工作的首位得到组织保障

为贯彻落实《中共中央国务院关于进一步加强和改进大学生思想政治教育的意见》（中发［2004］16 号）和 2005 年全国加强和改进大学生思想政治教育工作会议精神，大连民族学院于 2006 年 4 月召开了第二次大学

① 白萌. 西藏民族学院扎实开展民族团结进步教育宣传活动成效显著［EB/OL］.（2013-06-06）［2013-11-27］. http：//www. snedu. gov. cn/jynews/rdjj/201306/06/35012. html.
② 赵海龙. 西藏民院荣获民族院校思想政治教育工作先进集体称号［EB/OL］.（2012-09-25）［2013-11-27］. http：//www. snedu. gov. cn/jynews/gdxx/201209/25/30089. html.

生思想政治教育工作会议，把加强和改进大学生思想政治教育工作作为一项重大而紧迫的战略任务来抓，确立了"强化'育人为本、德育为先'观念，构建全员育人有效机制，努力开创大学生思想政治教育工作新局面"的总体工作思路，为培养各民族优秀人才打下坚实的基础。

学院党委高度重视大学生思想政治教育工作，始终秉持"育人为本，德育为先"的理念，坚持把社会主义核心价值体系和民族团结教育贯穿于教育教学的全过程，努力把各民族学生培养成为促进民族团结、维护祖国统一和社会稳定的模范。党委定期召开会议，结合学校工作实际和学生思想政治工作实际，研究部署学生思想政治教育相关工作，把握方向，提出举措，解决问题，始终确保学生思想政治工作具有前瞻性。学院调整充实了大学生思想政治教育工作领导小组，成立了思想政治理论课教学、大学生创新与实践教育、大学生心理健康教育三个指导委员会，出台实施了30多项制度，形成关心支持大学生思想政治教育工作的新合力；建立了大学生创新教育、文化素质教育、就业创业教育和身心健康教育等四大教育基地，逐步构建起大学生思想政治教育新格局。这一切，为思想政治教育工作的科学决策和健康发展提供了有力保障①。

国家民委长期以来关注大连民族学院大学生思想政治教育工作，对学院所取得的成绩和经验表示肯定。2011年3月8日，国家民委在设立首批人文社科重点研究基地时，将"民族院校大学生思想政治教育研究基地"设在大连民族学院，这是学院唯一一个人文社科省部级重点研究基地②。2011年6月23日，研究基地揭牌仪式在学院隆重举行③，学院党委高度重视，为切实有效建设好研究基地，7月召开了"民族院校大学生思想政治

---

① 大连民族学院宣传部. 源头活水来 化润桃李芳：大连民族学院大学生思想政治教育工作五年回顾 [EB/OL]. (2011-10-20) [2013-11-27]. http：//www.dlnu.edu.cn/news/yw/45126.html.

② 大连民族大学研究生处. 大学生思想政治教育研究中心 [EB/OL]. (2013-11-06) [2013-11-27]. http：//210.30.0.166/yjsclnfo.aspx? id=295.

③ 大连民族学院. 国家民委首批人文社会科学基地"民族院校大学生思想政治教育研究基地"在大连民族学院揭牌 [EB/OL]. (2011-06-28) [2013-11-27]. http：//www.seac.gov.cn/art/2011/6/28/art_3928_128601.html.

教育研究基地"建设会议①，并成立了大连民族学院大学生思想政治教育研究中心，主要开展民族院校大学生思想政治教育相关领域的研究②。

2. 全面打造思想政治教育工作的育人格局

大连民族学院从关注学生的成才与发展入手，着力打造一支让学生信赖、家长满意、党委放心的辅导员队伍，并探索出以"班导师"为主要载体的既教书又育人的工作机制，收到明显的效果。经过多年年建设，现有专兼职辅导员 71 人，其中专职辅导员 57 人，形成了一支结构合理、年富力强、专业背景丰富的学习型辅导员队伍。2006 年以来，这支队伍中先后有 244 人次荣获全国普通高校就业工作先进个人、辽宁省骨干辅导员、大连市优秀团干部等荣誉称号③。

从 1997 年起，学院的大学生思想政治教育既有专职辅导员，也为每个自然班（大约 30 人左右）配有班导师，班导师由专业教师担任。对于刚刚走进大学校园的青年学生来说，如何了解所学的专业，如何结合自身的特点选好所学的课程，尤其是如何结合专业设计自己的人生规划这一系列的困惑都由班导师帮他们化解，班导师的职责是"学习指导、成材引导"。几年来，班导师已成为学生思想政治教育中不可替代的队伍，发挥着越来越重要的作用④。班导师以学业指导为主线，把专业教育与人文素质教育相结合，把德育与智育教育结合起来，实现了"德智合一"的教育功能；在班导师指导下，学生的创新能力、科研能力和就业能力得到了锻炼与提高，学院毕业生就业率连续 10 年超过 90%，毕业生离校时协议就业率连续 4 年超过 85%，有近 40% 的毕业生进入世界及中国 500 强企业和高新技术企业。学院涌现出多名省市级优秀班导师，辽宁省教育厅把学院班导师

---

① 周禹辰."民族院校大学生思想政治教育研究基地"建设工作启动 [EB/OL]. (2011-07-12) [2013-11-27]. http://www.mzb.com.cn/zgmzb/html/2011-07-15/content_78570.htm.

② 大连民族大学研究生处. 大学生思想政治教育研究中心 [EB/OL]. (2013-11-06) [2013-11-27]. http://210.30.0.166/yjsclnfo.aspx? id=295.

③ 大连民族学院宣传部. 源头活水来 化润桃李芳：大连民族学院大学生思想政治教育工作五年回顾 [EB/OL]. (2011-10-20) [2013-11-27]. http://www.dlnu.edu.cn/news/yw/45126.html.

④ 宋言荣. 大连民院班导师成为学生良师益友 [EB/OL] (2005-03-20) [2013-11-27]. http://www.gmw.cn/01gmrb/2005-03/20/content_199928.htm.

工作作为省教育系统四大典型之一上报国家教育部。教育部和国家民委分别向全国高校和委属院校推广大连民族学院的班导师工作经验。目前，学院 551 名专任教师中，90%以上曾担任过班导师；现有的 351 名班导师中，具有高级专业技术职务的占一半以上；二级学院领导中有 85% 的同志曾经或正在担任班导师①。

3. 把思想政治教育与实际学习和生活问题相结合

大连民族学院充分发挥课堂教学的主阵地作用，全面加强思想政治理论课课程建设，大力推进教学改革与研究，推动中国特色社会主义理论体系进教材、进课堂、进头脑。思想政治理论课教师担任各二级学院理论指导教师，并积极组织学生开展政治素质拓展主题活动，使思想政治教育更加贴近学生、贴近实际、贴近生活。在教育内容设置上进行创新，即除传统开设国情教育、党的历史、基本理论、知识和方针政策外，还特别增设民族理论政策课，开展民族团结宣传教育活动，使各族学生初步树立马克思主义祖国观、民族观、宗教观。学院通过推动党的理论知识进教材、进课堂、进头脑的"三进"活动，把爱党爱国教育同爱校荣校教育有机地结合起来，加深学生理论学习的认识和理解。在已开展多年的大学生文化素质教育中，着重将核心价值体系内容纳入课程建设范畴，并在丰富多彩的讲座中突出信仰信念、民族精神、荣辱观、创新的时代精神等主题。学院通过开展民族风情风俗展示周等活动，让不同民族的学生在团结合作中增强团结了解、沟通互信。学院组织学生观看《国情备忘录》、参观校史馆、爱国主义教育基地、实训等实践课，结合实际设计交流讨论题目，开展课题研究，组织学生参加"文明修身工程"，使学生对党的发展成就不断有新认识，进一步增强了大学生思想政治教育的鲜活性和针对性。学院通过思想政治教育，不但使"三个离不开"的思想深深扎根于民族学子心中，

---

① 大连民族学院宣传部. 源头活水来 化润桃李芳：大连民族学院大学生思想政治教育工作五年回顾 [EB/OL]. (2011-10-20) [2013-11-27]. http：//www.dlnu.edu.cn/news/yw/45126.html.

也激发了少数民族大学生爱党爱国的政治热情，从内心深处靠近了党组织①。

大连民族学院把帮扶工作与大学生思想政治教育工作相结合，切实把党和国家对少数民族大学生的关怀落到实处，努力提高为大学生办实事解难事的服务效能。在确保不让一名家庭经济困难学生因经济困难辍学的基础上，学院力争通过资助工作，让他们生活得体面、有尊严。坚持做好"三个结合"：一是资助工作与大学生思想政治教育工作相结合；二是资助工作与提升学生的科技创新能力和就业能力相结合；三是资助工作与和谐校园建设相结合。坚持多年设立的新生入学绿色通道，先后接待了5100余名家庭经济困难学生，保证学生无障碍入学；通过银校合作建立稳定的助学贷款渠道，有4188人获得国家助学贷款，贷款总额为7900余万元；通过奖、勤、助、补等多种渠道发放奖、助学金达4980余万元，共为4500人次发放勤工助学岗位酬金700余万元，积极争取社会捐助360多万元。学院因此被教育部授予全国首批38所学生资助工作先进单位。此外，学院将资助工作与科研立项有机结合，投入100万元开展大学生"太阳鸟"科研立项活动，提升大学生实践创新和就业能力。同时，学院高度重视就业工作，把做好就业工作作为帮助学生解决最关心的重大问题常抓不懈。学院形成了领导"一把手"亲自挂帅，全校上下各部门、各单位"全员、全过程、全方面"抓就业的良好局面。学院还通过校企合作，先后建立了400多个长期稳定的合作单位和实习就业"一体化"基地，形成了稳定的"教学、实习、就业"链。学院连续多次获得国家民委、辽宁省就业工作先进单位，辽宁省大学生就业创业示范学校等称号。2010年被教育部评为全国首批50所就业典型经验高校，中国教育电视台、《中国民族报》、《中国青年报》等报道了其成功经验和做法，引起社会良好反响②。

---

① 袁传军.民族院校大学生党建与思想政治工作实践——以大连民族学院为例［J］.大连民族学院学报，2011（5）：308-311.

② 大连民族学院宣传部.源头活水来 化润桃李芳：大连民族学院大学生思想政治教育工作五年回顾［EB/OL］.（2011-10-20）［2013-11-27］.http：//www.dlnu.edu.cn/news/yw/45126.html.

4. 紧扣时代脉搏实施思想政治教育工作质量工程

2011 年 10 月，全国加强和改进大学生思想政治教育工作座谈会召开一年后，大连民族学院为深入、可持续地推进大学生思想政治教育工作的科学发展，在学院实施教育事业"十二五"规划的开局之年，召开了第三次大学生思想政治教育工作会议。会议对学院加强和改进大学生思想政治教育工作进行了全面总结：坚持党的领导和牢牢把握正确的办学方向是做好大学生思想政治教育工作的根本保证；队伍建设是加强和改进大学生思想政治教育工作的关键；坚持"两条腿走路"的工作方法是新时期大学生思想政治教育工作的有效举措；确保安全稳定是做好大学生思想政治教育工作的基本要求。会议明确了今后一个时期大学生思想政治教育工作的整体思路并做整体部署：学院加强和改进大学生思想政治教育工作的总体思路是：坚持"育人为本、德育为先"，大力加强大学生思想政治教育工作队伍建设，大力加强少数民族学生思想政治教育工作，以红色教育（热爱党、热爱祖国、热爱社会主义）、社会责任感教育、民族团结教育、诚信和情商教育、基础文明与安全教育、创新创业教育、心理健康教育等七项教育为重点，实施大学生思想政治教育工作质量工程①。2012 年 7 月，学院出台《大连民族学院党委学生工作部关于加强七项教育的实施意见》，详细阐述了"七项教育"的内涵与工作重点，细致规划了开展"七项教育"的主要措施和组织要求，力图进一步提高大学生思想政治教育工作的科学化水平，办人民满意的民族高等教育，努力把各民族大学生培养成为热爱党、热爱祖国，服务民族、服务人民的高素质人才。

近年来，大连民族学院大学生思想政治教育工作取得了显著的成效，先后被授予全国民族团结进步模范集体、全国首批 50 所就业典型经验高校、全国首批 38 所学生资助工作先进单位、全国暑期"三下乡"先进单位、全国大学生心理健康教育先进单位、全国心理健康服务先进单位、辽宁省大学生心理健康教育先进单位、国家民委就业先进单位、辽宁省就业

---

① 大连民族学院宣传部. 把握方向　坚持创新　提升水平：我校隆重召开第三次大学生思想政治教育工作会议 [EB/OL]. (2011-10-24) [2013-11-27]. http：//www.dlnu.edu.cn/news/yw/45175.html.

工作先进单位、辽宁省大学生就业创业示范学校、辽宁省辅导员家访优秀单位、大连市优秀学生工作部（处）等称号。学校连续六年获省市平安校园称号，多次获省市优秀党委、优秀纪委、优秀思想政治工作先进单位和安全文明校园等称号①。2012年9月，国家民委在大连民族学院举行民族院校大学生思想政治教育先进集体和先进个人表彰会，学院党委学生工作部荣获民族院校思想政治教育工作先进集体称号②。大连民族学院不断探索大学生思想政治教育规律，创新方式方法和途径载体，在改进中加强，巩固全员育人成果，增强了民族院校大学生思想政治教育针对性和实效性，有效地促进了大学生的成长成才，有力地维护了校园安全稳定和促进了学院各项事业发展，为民族团结进步事业做出了积极贡献。

（三）西北民族大学深入开展民族团结进步创建活动

西北民族大学现有56个民族的师生25000余人。学校围绕立德树人的根本任务，坚持以社会主义核心价值体系为引领，牢牢把握各民族共同团结奋斗、共同繁荣发展的主题，深入开展民族团结进步创建活动，为培养德智体美全面发展的社会主义建设者和接班人发挥了积极作用。

1. 加强领导，完善体制机制，确保创建活动各项任务落到实处

开展民族团结进步创建活动，是立足实际办好人民满意的民族大学的一项重要任务，对于贯彻落实党的教育方针和民族政策，培养中国特色社会主义合格建设者和可靠接班人具有十分重要的意义。

认真贯彻中央宣传部、中央统战部、国家民委《关于进一步开展民族团结进步创建活动的意见》，把民族团结进步创建活动纳入学校事业发展规划，列入学校工作计划，制定了《中共西北民族大学委员会关于进一步开展民族团结进步创建活动的实施意见》，建立健全了党委统一领导，党

---

① 大连民族学院宣传部. 源头活水来　化润桃李芳：大连民族学院大学生思想政治教育工作五年回顾［EB/OL］.（2011-10-20）［2013-11-27］. http：//www. dlnu. edu. cn/news/yw/45126. html.

② 闫轩. 民族院校大学生思想政治教育先进集体和个人表彰会在我校召开［EB/OL］.（2012-09-21）［2013-11-27］. http：//www. dlnu. edu. cn/new/xwl/51858. html.

政齐抓共管，相关职能部门各负其责，全校大力支持的领导体制和工作机制。学校成立了党委书记、校长任双组长的民族团结进步创建活动领导小组，领导小组下设办公室，负责协调党委宣传部、党委统战部、学生工作部、研究生工作部、工会、团委、教务处、社科处、科技处等相关部门，通过调查研究、创新形式、落实责任、总结经验、培养宣传典型等措施，推进民族团结进步创建活动深入开展，各党总支、直属党支部按照学校部署，积极开展活动，把各项任务落到实处。

学校设立了民族团结进步创建活动专项经费，专项经费由学校创建活动领导小组办公室管理，在有效保证学校开展创建活动的同时，为各党总支、直属党支部、各单位提供经费支持，鼓励各单位创造性地开展创建活动。

每年 10 月，学校坚持开展民族团结进步教育月活动，这是学校民族团结进步创建活动的重要载体，到 2013 年 10 月，学校已经开展了 18 个"民族团结进步教育月"活动。

学校坚持定期开展民族团结进步创建活动典型评选表彰活动。进一步健全和规范典型评选要求和程序，充分发挥校报、校园网、校园广播等的宣传作用，加强典型培养和宣传，营造学习典型、推广典型的良好氛围。

2. 全面贯彻党的教育方针和民族政策，为少数民族和民族地区经济社会发展培养合格人才

坚持社会主义办学方向，全面贯彻落实党的教育方针和民族政策，为少数民族和民族地区经济社会发展培养合格人才，是民族院校的根本任务，也是民族团结进步事业的本质要求。学校把培养少数民族合格人才与服务民族地区经济社会发展相结合，在办学宗旨、办学理念、发展目标等各个方面认真贯彻落实党的教育方针和民族政策。学校现有 67 个本科专业、40 个硕士点、4 个专业学位硕士点、1 个博士学位授权点和 1 个博士后科研流动站，涵盖了哲学、经济学、法学、教育学、文学、历史学、理学、工学、农学、医学、管理学、艺术学等 12 个学科门类。学校拥有学士、硕士、博士三级学位授予权、推荐优秀应届本科毕业生免试攻读硕士学位研究生权和招收"少数民族高层次骨干人才计划"硕士、博士研究生

权。在为国家培养的各级各类人才中，少数民族人才达 60% 以上，坚持为国家民族工作和少数民族地区服务的人才达 85% 以上。

近年来，学校适应国家战略和民族地区经济社会发展需要，着力深化教育教学改革，办学规模持续扩大，办学水平不断提升，人才培养质量不断提高。特别是双语教学改革和民族地区教学实践基地建设成效显著。学校对中国少数民族（藏、蒙、维）语言文学专业进行试点改革，实行少数民族语言零起点招生，即招收无藏、蒙、维语基础的非藏、蒙、维族学生学习藏、蒙、维语言，为少数民族和民族地区培养民汉语言兼通人才。学校开办了兰州军区藏语培训班，培养军地"双语"、"两用"人才，为推进军地共建工作发挥了重要作用。针对藏区法院双语法官缺乏的情况，学校配合甘肃省高级人民法院开展少数民族法官教育培训工作。2013 年共同建设"国家法官学院舟曲民族法官培训基地、甘肃省法官培训学院甘南分院、甘肃藏族自治州法官培训学院、西北民族大学教学实践基地"，学校相关专业多名教师承担授课任务，其中"藏族习惯法与国家法及各级司法机关的关系"课程，结合藏民族文化习俗、藏传佛教哲学思想，运用藏汉双语讲授国家法律法规与藏族习惯法的关系，提高司法为民能力，对藏区法制建设具有重要意义。青海玉树发生地震灾害后，学校迅速组织 200 余名师生在兰州各大医院开展救治伤员的翻译、心理辅导工作。组织 40 名师生随抗震救灾部队赴灾区，协助部队官兵开展抗震救灾工作。藏语言文化学院辅导员吉太才让带领学生不畏艰险，光荣完成任务，被中共中央、国务院、中央军委授予"全国抗震救灾模范"荣誉称号。

3. 提升科学研究创新能力，服务民族地区经济社会发展

学校坚持"立足西北、服务民族"的办学宗旨，充分发挥学科专业和人才优势，开展民族团结进步创建活动，服务民族地区经济社会发展。

立足少数民族地区资源，着力推进为少数民族地区经济发展服务的生物工程与技术研究。学校建设有生物工程与技术国家民委重点实验室、甘肃省动物细胞工程技术研究中心。学校与世界 500 强企业美国 Thermo-Fisher 公司合资成立的兰州民海生物工程有限公司，开发生产的动物血清系列产品占有国内 40% 的市场份额。利用生物反应器全悬浮培养 BHK-21

细胞技术国内领先，国内第一家研究成功无血清全悬浮生产工艺技术应用于口蹄疫疫苗生产。2010 年，生命科学与工程学院被授予国家西部大开发突出贡献集体荣誉称号。2013 年，动物医学生物工程创新团队入选"教育部创新团队发展计划"，团队带头人马忠仁教授入选"感动甘肃 2013 陇人骄子"。

立足少数民族对信息技术的迫切需求，着力推进民族语言信息技术的研究。学校建设有中国民族语言文字信息技术国家民委—教育部重点实验室、藏文信息技术重点实验室。《藏汉双语信息处理系统》和《藏文视窗平台、文字处理软件和藏文网站》荣获国家科技进步二等奖，进一步加强了对民族语言文字信息技术的系列研究和开发，《统一平台上少数民族文字（蒙藏维哈柯朝）文档识别系统》和《基于依存关系的藏文语义角色标注研究》等多项国家自然基金项目，对促进民族地区信息化发展具有重要意义。2013 年，学校承办了第十四届中国少数民族语言文字信息处理学术研讨会和第六届全国高等学校计算机实践教学论坛，对国家信息安全、对民族地区经济社会发展、对民族团结进步事业具有重要的促进作用。

立足少数民族文化传承创新，着力推进少数民族语言文学、民族史、民族学、宗教学、海外民族文献学等研究。学校建设有西北少数民族文学研究中心、西北少数民族宗教研究中心和西北民族文献研究基地。2013 年，学校"西北民族问题研究中心"获批甘肃省高校人文社会科学重点研究基地。学校编辑出版的《法藏敦煌文文献》和《英藏敦煌文文献》出版计划，实现了国家珍贵历史文献的回归与面世。"藏传佛教大辞典（藏汉双解）"获国家社科基金（重大招标项目）立项；"西北民族研究"获国家社科基金期刊资助项目；"藏文《大藏经》十种版本电子资料库建设及其研究"获教育部哲学社会科学研究重大课题攻关项目。学校伊斯兰文化研究所马明良学术团队受托起草了我国首份《清真食品安全研究报告》，对清真食品的现状、特点、规模、市场及发展方向进行了详细阐述。2013 年，这份报告在首届中国国际清真产业高峰论坛上发布，引起了社会广泛关注，这是人文社会科学研究成果转化、服务社会的重要体现。

学校认真落实国务院批准实施的《武陵山片区区域发展与扶贫攻坚规

划（2011—2020 年）》，按照国家民委工作部署，选派优秀干部和高级专业技术人员到武陵山片区担任联络员，要求联络员加强调查研究，从学校实际和优势出发提供智力支持和科学研究服务。在务川县举办了中学英语教师培训班；在道正县开展了畜牧农技培训和仡佬族传统文化挖掘保护工作；针对凤冈县旅游业发展情况，开展了旅游服务、文化服务等方面的培训；根据湘西吉首大学开办新疆预科班等情况，学校就预科教育、管理、后勤服务等与吉首大学形成了合作协议并开展了实质性的工作支持。2012年，学校与湖南省吉首大学共建"民族团结进步示范基地"；音乐、舞蹈专业师生多次赴武陵山区送去高雅艺术，在湘西、遵义举办"百姓剧场"交响音乐会。

4. 发挥学科专业优势，加强民族理论、民族问题调查研究

当前国际形势复杂多变，国内改革开放深入推进，民族工作遇到许多新情况、新问题。抓住事关民族工作发展的重大问题，围绕总结民族工作发展成就和基本经验、转变民族地区经济发展方式、构建社会主义民族关系等问题，深入开展调查研究。

加强对民族地区社会管理和民族地区转变经济发展方式等问题的调查研究。《近十年来国际非政府组织在我国民族地区活动态势及管理》获国家民委社科成果三等奖。《西北民族地区社会管理体制机制创新及若干政策建议研究》等 3 项成果，提出了构建民族地区社会管理体制机制的政策建议和方案，对促进民族地区经济社会发展具有重要意义。《阿克塞哈萨克自治县"城乡一体化"工作情况调研报告》，对民族地区城乡一体化存在的问题进行了客观分析，提出了推进民族地区城乡一体化进程的对策建议，得到了民族地区的高度重视，拟在民族地区推广运用。《少数民族人口城镇化进程中的就业结构研究》，对民族地区城镇化进程中的就业趋势进行了客观预测，为民族地区提前做好各方面的应对措施提供了借鉴。

加强对民族宗教、民族关系、民族地区经济文化交流发展的调查研究。《当前大学生宗教信仰的现状、原因及对策分析》和《西北民族地区群体性事件中的宗教因素研究》等 11 项成果，分析了当前民族宗教信仰的现状及其产生问题的原因，提出了比较可行的对策措施。《各民族和睦

相处、和衷共济与和谐发展论略》和《民族院校中的文化安全问题研究》等13项成果，对加强民族地区经济文化交流、发展和道德建设，对改善民族关系和加强民族团结进步提出了可行性建议。《以社会主义核心价值体系引领民族地区文化大发展大繁荣》等4项成果，针对民族地区文化大发展大繁荣过程中存在的理念障碍，根据党和国家关于推动社会主义文化大发展大繁荣的要求，提出以社会主义核心价值体系引领民族地区文化大发展大繁荣的对策，对民族地区构建社会主义核心价值话语体系起到了促进作用。

加强对马克思主义民族观教育和民族大学生思想教育的调查研究。《当前马克思主义民族观教育面临的挑战与对策》，在调查的基础上分析了马克思主义民族观教育方面面临的严峻挑战，有针对性地提出了对策措施。《民族院校思想政治理论课的特殊性及其发展对策研究》等9项成果，对民族大学生的理想信念教育、民族团结教育、红色资源教育及民族大学生思想教育特殊性等进行了调查研究，提出了可行性建议和对策。

5. 以社会主义核心价值体系为引领，突出思想政治教育实践特色，推进民族团结进步教育不断创新

开展经常性的马克思主义民族观、宗教观和党的民族宗教政策的宣传教育，是推进民族团结进步事业的一项基础性工作。学校制定了《关于进一步加强和改进大学生思想政治教育的实施意见》和《关于深入开展民族团结宣传教育活动的实施意见》，要求把深入开展民族团结进步教育作为思想政治教育的一项经常的、长期的、重要的任务常抓不懈。

有效发挥思想政治理论课主渠道作用。学校思想政治理论课对大学生进行系统的马克思主义理论教育，不仅要帮助大学生树立正确的世界观、人生观、价值观，还要帮助大学生树立正确的民族观、宗教观、文化观，帮助大学生运用马克思主义立场、观点、方法，正确观察、分析民族和民族问题、宗教和民族文化问题。学校以马克思主义学院5个硕士培养点为依托，重点加强国家民委重点学科《马克思主义民族理论与政策》等课程建设。《形势与政策》课程紧密结合民族地区经济社会发展状况解读党和国家的民族理论、民族政策，被评为甘肃省精品课；《毛泽东思想和中国

特色社会主义理论体系概论》和《思想道德修养与法律基础》，把党和国家的民族理论、民族政策、民族法律法规有效贯穿其中，被评为甘肃省高校思想政治理论课"精彩一课"。

着力深化民族团结进步教育月活动。每年10月，学校坚持开展民族团结进步教育月活动。近年来，学校结合国际国内形势发展、结合少数民族和民族地区经济社会发展，不断丰富内容，创新形式，深化主题。2013年，学校开展第18个民族团结进步教育月活动。活动以"加强民族团结，促进和谐发展，凝聚实现中国梦的正能量"为主题，以社会主义核心价值体系为引领，同"中国梦"主题教育，同党的群众路线教育实践活动，同社会主义法制宣传教育，同和谐校园建设，同学风建设，同新生入学教育相结合，深入开展"中国梦"宣传教育，深入开展了弘扬社会主义法制精神、树立社会主义法治理念、增强学法遵法守法用法意识的宣传教育，深入开展了热爱伟大祖国和维护国家统一的宣传教育。学校举办了"民族理论、民族政策与民族高等教育为民族地区经济社会发展服务"党的群众路线教育实践活动专题学习报告会，开展了"青春唱响中国梦"歌咏比赛，"中国梦青年梦"形势与政策宣讲、征文和演讲比赛，"我的大学我的梦"欢送毕业生晚会、迎新晚会，民俗文化节、大学生法律文化节，"团结杯篮球赛"等10多项民族团结进步教育活动。各单位、各学院组织开展了学术报告、讲座，演讲、征文比赛，体育竞赛，主题班会等70多项活动。马克思主义民族理论、党和国家的民族政策、社会主义法制的宣传教育，在丰富多彩的教育、展示和交流活动中取得了实效，巩固和发展了平等、团结、互助、和谐的民族关系。

着力深化校园文化内涵建设，提升民族团结进步教育影响力和吸引力。学校把民族团结进步教育同深化校园文化内涵建设相结合，同深入开展科技学术、文化艺术和社会实践活动相结合。科技创新、学术报告、艺术展示、演讲、征文、歌咏、体育竞赛等系列活动，培育了民俗文化节、诗歌文化节、"金话筒"校园主持人大赛、DV影像嘉年华、模拟联合国大会、大学生法律文化节、"魅力民大"新生才艺选拔等"一院一节一特色"校园文化品牌，提升了民族团结进步教育的影响力和吸引力。

学校着力加强文化艺术类学科专业建设，积极培育和推动文化艺术类专业实践成果在校园和到民族地区的展示活动。在学校两校区，本部每周有音乐会，榆中校区每两周有音乐会。美术学院每学期举办学生作品展。美术学院教师绘制的大型历史题材卷轴 30 米长唐卡"凉州会盟"在兰州展出，音乐学院大型教学歌剧《文成公主》在校园、甘肃大剧院、内蒙古大剧院公演，引起社会各界对民族文化艺术的极大关注。《文成公主》获第三届中国少数民族戏剧会演"特别金奖"。2012 年，学校被确定为"甘肃省首批民族团结进步教育基地"，2013 年，学校被评为"甘肃省民族团结进步宣传月活动先进集体"。

着力抓好校园安全稳定工作。随着国际国内形势继续发生深刻变化，敌对势力对高校的分裂渗透日趋复杂。同时，民族地区正处于经济社会发展的转型时期，各种矛盾较多，一些发展不平衡、不协调、不可持续问题，反映到意识形态领域，影响着民族院校大学生的思想观念。学校党委高度警惕和坚决防范敌对势力的分裂、渗透，定期专题研究、部署维护和谐稳定工作，要求全员增强政治意识、大局意识和责任意识。进一步完善和加强维稳工作领导体制、工作机制和保障措施，成立了书记、校长任双组长的学校维护稳定工作领导小组，党总支书记和学院院长任组长的各学院防范各类影响学校稳定工作小组。完善了《维护校园安全稳定工作方案》和《处置各类突发事件实施预案》。成立了处级建制的总值班室，实行 24 小时值班制度，执行零报告制度。

学校制定了《西北民族大学和谐校园建设"十二五"规划》、《中共西北民族大学委员会关于加强和改进新形势下哲学社会科学课堂教学、报告会、研讨会、讲座、论坛、网络和接受境外资金资助等管理的实施意见》、《西北民族大学校园网络宣传信息监控管理规定（暂行）》、《西北民族大学治安综合治理工作实施办法》、《西北民族大学综合治理工作奖惩规定》、《西北民族大学校园交通安全管理暂行办法》等相关规定，明确工作责任，维护校园安全稳定。

学校在坚持不懈地开展民族团结进步创建活动的过程中，探索总结了一些可行有效的经验。民族团结进步创建活动是一项长期持续的战略任务和系统工程，需要在实践中逐步建立健全一整套科学规范、切实可行的机制，才能确保创建工作有序运行和稳步推进。开展经常性的马克思主义民族观、宗教观和党的民族宗教政策的宣传教育，是推进民族团结进步事业的一项基础性工作，要作为思想政治教育工作的一项经常的、长期的、重要的任务常抓不懈。开展民族团结进步创建活动，必须有鲜明的价值追求，要以社会主义核心价值体系教育为引领，特别突出以法治、平等为基本规范的行为实践。民族高等院校开展民族团结进步创建活动的特色，就是要充分发挥学科专业和人才优势，在民族理论、民族政策和民族问题研究方面有所建树。国际形势日趋复杂，信息技术不断发展，境内外敌势力加剧了利用民族、宗教、人权等问题对我国进行分裂渗透，所以要不断提高反渗透工作水平，着力提升应对新问题、新挑战的工作能力和水平。

（四）中央民族大学以民族团结教育工作夯实"平安校园"基础

中央民族大学是少数民族学生占在校学生总数 60% 以上的，首都唯一拥有 56 个民族成分的重点大学。多年来，学校始终坚持以民族团结促进学校发展和校园稳定，建立"平等、团结、互助、进步"的新型民族关系。各民族的团结，是构筑学校凝聚力的基础，是学校办学的基本宗旨，也是衡量校园稳定和安全的最重要的指标。

在我国社会主义初级阶段，由于各种因素的影响，民族问题还将长期存在。同时，民族问题和宗教问题往往交织在一起，成为影响我国民族团结和社会稳定的一个重要因素。西方敌对势力不愿看到我国的强大，总是利用民族宗教问题企图对我国实行"西化"和"分化"战略，并策动极少数分裂主义分子从事分裂活动，危害社会安定和祖国的统一。作为多民族大学生聚居之处，学校深受社会大环境的影响，一旦在民族宗教领域出现不稳定因素，必定会通过不同的渠道来波及学校稳定。因此，大力加强马克思主义民族观、党的民族政策和爱国主义教育，积极开展民族团结教育，以增强各民族的团结，是保证学校校园稳定的重要基础，在这一环节做不好，校园安全稳定就无从谈起。

学校党委始终把对学生的民族团结教育和校园稳定工作摆在工作中的

首要位置，不是花拳绣腿、蜻蜓点水、浅尝辄止，而是动真格、求实效、出成绩，不断探索民族团结教育新模式、新方法，旗帜鲜明地深化民族团结教育，取得了明显的成效，为校园安全稳定提供了有力的保障。学校的具体做法如下。

1. 加强民族团结教育，推进民族团结教育进课堂、进教材、进头脑、进网络、进公寓

将民族团结教育有机融入课堂教学中，重视发挥主渠道作用。学校坚持以马克思主义民族理论和党的民族政策为指导，在对学生加强正确的世界观、人生观和价值观教育的同时，将马克思主义祖国观、民族观和宗教观内容分别融入《中国近现代史纲要》和《马克思主义基本原理概论》等思想政治理论课当中，以此来引导学生树立正确的民族观、宗教观和祖国观。另外，在全校范围内开设《民族理论与民族政策》必修课，要求全校学生必须修这门课，并为了保证教学质量加强了教材和师资队伍建设。学校的国家级教学名师、国家民委咨询专家金炳镐教授组织带队编写了《民族理论与民族政策》教材，并亲自给本科生讲授这门课。同时，重视加强有关民族历史、民族关系、宗教学概论等选修课程建设，学校一大批各民族资深专家、老党员亲自上台给学生讲授有关知识，帮助学生正确认识民族与国家、民族与民族、民族与宗教的关系。如我国宗教学领域资深学者、曾为中央政治局集体学习做过专题讲解的牟钟鉴教授，多次为各族学生开设"党员与宗教"主题党课，引导学生坚定共产主义信仰，自觉维护民族团结；又如，同样为中央政治局集体学习做过专题讲解的杨生敏教授给学生开设"中国民族志"课程，让学生清晰地了解多元一体的中华民族形成过程及"你中有我，我中有你"的密不可分的相互关系。

不断拓展思想政治教育阵地，推进民族团结教育进网络。面对新时期手机、网络等新媒体对学生学习生活和日常联络交流方式带来的巨大影响，学校努力提高运用新媒体开展学生思想引领工作的能力。2010 年 12 月，学校创办了《民大青年手机报》，以彩信形式每周一期面向全校学生发行，学校每年拨付 20 万元支持工作开展。《民大手机报》通过《民族广角镜》栏目，广泛宣传党的民族理论和政策、各民族历史文化知识、党的民族工作取得的伟大成就以及国家民族团结进步事业中涌现出来的先进典型和事迹等。《民大青年手机报》以其传输无限、灵活、快捷的优势，进一步拓宽了民族团结教育工作阵地，并以鲜活、生动的形式进一步加强了学校对各族学生的"六观"教育，增进了学生维护祖国统一、民族团结和校园稳定的自觉性和坚定性。2011年，《民大青年手机报》荣获第二届首都大学生思想政治教育工作实效奖一等奖。另外，通过加强"校园新闻网"、"青年民大网"等专题网站建设，努力发挥网络在民族团结教育中的特殊宣传教育功能。

探索全方位民族团结教育机制，在学生公寓开展多种形式的民族团结教育活动。公寓是学生生活的重要场所，也是教育学生的重要阵地。学校把学生公寓当成民族团结教育的重要平台，依托公寓辅导员队伍开展了丰富多彩的民族团结教育活动。学校自2009年开始，每年举办一次以宿舍为表演单位的"魅力民族"才艺大赛，深得学生喜爱和好评，学生参赛数量一年比一年多，民族成分多的学生宿舍参赛尤其踊跃。学校每年还举办宿舍文化节活动，评选"民族团结宿舍"，每年评选出近20个"民族团结宿舍"。这些比赛和评选活动进一步促进了多民族学生宿舍的和谐氛围，弘扬了各民族同学团结友爱的良好风气。

2. 创新民族团结教育模式，通过学生喜闻乐见的活动形式加强宣传教育力度，使民族团结理念深入到学生心中

编创推广《爱我中华》民族韵律操，丰富民族团结教育的形式和载体。学校利用多元文化的特殊优势，针对各族学生的身心特点，组织编创了《爱我中华》民族韵律操。韵律操将各民族的舞蹈艺术精华与健身体操有机融合起来，体现了中华民族多元一体、共生交融的理念。这样，将弘扬传承优秀民族文化与学生民族团结教育有机结合起来，在主题鲜明的《爱我中华》音乐旋律中营造浓烈的"美美与共"的和谐民族关系氛围，使其成为民族团结教育的生动课堂。自2012年在各族学生中推广以来，越来越多的学生参与此项活动，各院系通过举办比赛等各种形式组织推广，一些学生文艺爱好者已经把《爱我中华》民族韵律操推广到学校周边的社区。

　　大力加强大学生艺术团建设，通过创造具有高度感染力的艺术作品来引领民族团结教育。学校每年划拨100万元专项经费用于支持艺术团建设，经过多年发展，艺术团已发展成为拥有舞蹈、合唱、话剧、器乐4个分团和近200名团员、在校内外具有一定影响力与知名度的特色鲜明的学生艺术团体。艺术团在校内主要面向各族学生传播高雅艺术和中国少数民族传统文化艺术，同时近年来承担和参与了33次国家级重大演出任务，8次赴国外和港澳台地区进行文化交流，获得2项国家级和18项北京市级奖项。艺术团的建设和发展已成为学校各族学生开展自我教育引导的有效平台以及学校开展学生民族团结教育的新型载体。特别是通过不同民族、不同专业学生团员之间的相互协作和经常性交流，进一步提升了各族学生的沟通交往能力，强化了他们之间的了解和团结互助关系。

　　每年编排推出《家园》和《再见民大》主题晚会，通过生动的文艺形式教育学生成为一个感恩于父母、感恩于母校、感恩于祖国的栋梁之材。为进一步丰富创新新生入学教育和毕业生离校教育的形式与内容，切实增强教育的感染力、影响力和实效性，学生艺术团每年精心策划打造了新生入学教育主题晚会《家园》和毕业生主题晚会《再见民大》。晚会以校史校情和亲情、爱情、友情等内容为主题，以多种艺术形式生动展现了几代民大人团结奋进的精神风貌，在学生中引起了强烈反响，出现了每天提前4小时排数百米长队等待进场观看演出、先后演出21场仍一票难求的盛况。学生普遍认为晚会集思想性和艺术性于一体，对增强学校各族师生爱校荣校意识与情感具有很强的艺术感染力和重要教育意义，并纷纷表示将从自身做起更好地为民族团结进步事业添砖加瓦。晚会的成功演出，也得到教育部等上级部门受邀出席观看晚会领导的充分肯定与普遍好评，《中国民族报》等媒体对晚会进行了专题报道。

　　积极组织学生参与党和国家重大活动，将其作为加强民族团结教育的重要载体和有效途径。近年来，学校先后组织学生参加庆祝中国共产党成立90周年大会、首都各界向人民英雄纪念碑敬献花篮仪式、国务院第五次全国民族团结进步先进事迹报告会等党和国家重大纪念日和大型主题活动50余次。特别是在新中国成立60周年庆典活动中，学校组织2200多名各族师生参与承担了爱我中华民族团结舞文艺表演方阵、团结奋进群众游行方阵等多项重要任务。学生在这些活动中受到了生动的民族团结和爱国主义教育。近年来学校被评为"第五届全国各族青年团结进步先进集体"和"第六届首都民族团结进步先进集体"。

此外，学校积极组织举办深受少数民族学生喜爱的系列主题校园文化活动，如开展少数民族文字书法大赛、双语歌曲大赛、民族之星大赛、民族知识竞赛、民族节日庆祝活动、院系文化节、社团文化节、美食文化节等一批校园文化品牌活动，定期开展民族团结进步先进集体和先进个人评选。

3. 推进各民族学生之间的相互交流，促进团结、友爱、互助的民族关系，扩大各民族文化的交流交融

中央民族大学实施的民族团结结对共建促进计划，进一步促进不同民族学生之间的团结友爱。中央民族大学除了汉语授课的各类专业外，还有用少数民族语言授课的少数民族语言文学类专业。这些少数民族语言类专业的同学因为本民族同学相对集中在一起学习生活，平常又多用本民族语言交流，相对来讲，与其他院系同学沟通交流较少。为进一步促进不同院系不同民族学生之间的深入了解，弘扬和传承民族优秀传统文化，增强思想政治教育工作的广度和深度，切实加强民族团结教育，维护校园和谐与稳定，学校学生工作相关部门，根据学校学生构成实际和学生工作实际情况，提出了"民族团结结对共建"活动方案。具体做法是将学校 26 个院系分成 5 个组，每组 5—6 个院系，在组内开展多种形式的活动；根据学科、专业特点和学生构成特点，将 5 个少数民族语言类院系分在不同的 5 个小组内；组内各院系轮流担任组长单位，组长单位的总支书记担任具体负责人，任期为一学期，在任期内负责本组活动的统筹组织；结对小组每 2.5 年调整一次。这就使得结对共建单位相对固定，组织协调更加有力，统筹工作形成机制，活动开展有一定持续性，进一步提高了结对共建活动的质量。

为促进民族团结结对共建活动有效开展，2010 年，学校投入 1 万元经费重点支持各院系结对开展民族文化交流活动。2011 年，学校投入 5 万元

经费重点支持 5 个小组开展学习型、实践型、公益型结对共建活动。2012年，学校将投入 25 万元用于民族团结结对共建活动开展，拟重点支持学生参与度高的大型活动。学校通过投入经费重点支持开展特色活动，努力打造"民族团结结对共建"品牌活动，切实提高结对共建工作水平。

积极探索人才培养模式改革，在民族语言专业大力推进民、汉学生同班培养。针对一些少数民族语言专业的学生大多来自本民族的状况，2010年，学校启动了此类专业的人才培养模式改革，面向汉族和所有少数民族生源招生，从零起步学习民族语言和民族文化。两年来共招收中国少数民族语言专业藏语、维吾尔语和哈萨克语 3 个民族语零起点班 66 人，包括 7 个不同民族成分，汉族学生占 75.76%。学校对零起点班采取了免收学费、50% 优秀学生可获得免试推荐硕士研究生资格等倾斜政策，并投入 70 万元专门用于支持零起点班的教材建设、教学研究、学生社会实践等。同时，学校创新学生管理制度，将零起点班学生与本民族学生混合编班授课，共同开展集体活动，组织本民族优秀学生与零起点班学生开展"一对一"拉手活动，并混合安排住宿。这些措施，促进了不同民族学生之间互相学习、充分沟通交流，使他们语言相通、情感互融，增进了他们的文化认同和民族团结。

4. 充分发挥各民族干部教师和精英人物在民族团结教育中的骨干和表率作用，努力做到全员育人

学校高度重视各民族干部的培养和使用，各族干部爱岗敬业，敢于担当，勇挑重担，创造性地开展了许多卓有成效的工作。目前，学校各院系学生工作负责人的 60% 左右、辅导员总数的 42% 是少数民族教师，他们在加强民族团结教育方面充分发挥了自身优势和特殊作用。

倡导"少数民族精英人物进校园"活动，弘扬努力拼搏、为国争光的爱国主义精神。榜样的力量是无穷的。为了让少数民族学生在各民族精英人物身上领悟到爱党爱国、为国奋斗的优秀品德，学校从 2013 年起倡导"少数民族精英人物进校园"活动。在各行各业取得重大成就的少数民族精英人物进校园，跟学生面对面的讲授奋斗的经历、爱国爱党的重要性、崇尚科学的必要性等问题，在学生当中引起了强烈的反响。例如，2013 年

12月初，学校就邀请新疆本土培养第一个院士、维吾尔族唯一的院士（中国工程院）吾守尔·斯拉木教授给维族学生为主的400多名少数民族学生做"奋斗改变命运"的主题讲座。斯拉木教授结合自己的亲身经历给学生讲授了艰苦奋斗、热爱学习、崇尚科学、爱党爱国的重要性，听讲的学生反映强烈，纷纷表示向他学习，努力成为国家的栋梁之材，为实现中华民族伟大复兴梦做出贡献。

总之，学校通过上述的多层次、多渠道、多形式、全方位的民族团结教育，使学生掌握了科学的民族宗教理论，树立了正确的民族观和宗教观，深刻领会了民族大团结和维护祖国统一的重要性，进一步增强了爱国主义意识。同时，学生也认识到西方国家及其追随他们的一些别有用心的势力，拿着民族宗教问题挑起事端的用心所在，深刻地领悟到旗帜鲜明反对其破坏的重要性，让学生在大是大非面前能保持清醒的头脑。只要做好了这项工作，学校能有效地抵御不良影响的渗透，只要有效地抵御了这些邪气，学校的平安校园建设就有了坚实的基础。从这一点上说，学校的民族团结教育确实为校园稳定工作提供了有力的保证，也为"平安校园"创建做出了贡献。

五、加强章程建设，提升学校办学水平和人才培养质量

（一）中南民族大学以学校章程建设为契机助推办学实力与管理水平不断提升

中南民族大学从长远发展的战略高度，以学校章程建设为契机，助推办学实力与管理水平不断提升。

1. 中南民族大学章程建设情况概要

中南民族大学办学60多年来，着力加强制度建设，规范办学行为，尤其是进入21世纪后，随着高等教育国际化进程的加快，现代大学制度建设

的要求越发紧迫。2002 年，学校借成功举办 50 周年庆典和获得教育部本科教学工作随机性水平评估优秀的东风，为了进一步推动学校依法治校、科学管理和长远发展，研究制定了首部《中南民族学院章程》。但由于该章程出台时受各种条件的局限，现今已跟不上我国高等教育发展形势的要求。2010 年，学校在谋划"十二五"发展规划时，将章程建设纳入其中，并开展了前期调研。2011 年，教育部出台《高等教育学校章程制定暂行办法》（以下简称《暂行办法》）后，学校深入学习有关法律法规，研究借鉴国内外知名院校章程制定的成功典型，全面总结建校以来的办学经验，广泛深入抓好校内宣传动员，为章程制定工作的正式启动奠定基础。

（1）精心组织，科学谋划

2013 年 3 月，学校党委依据《暂行办法》的规定，按照教育部、国家民委要求，认真研究和部署了学校章程制定工作，并及时出台了《中南民族大学章程制定工作实施方案》（以下简称《实施方案》），根据章程制定工作需要，领导小组下设专家咨询组、起草组两个工作小组。领导小组办公室根据有关政策法规要求，认真研究章程法定内容，结合学校发展实际，科学编制了章程基本框架，制定《中南民族大学章程制定工作分工安排》（以下简称《分工安排》），把章程内容分工到各成员单位草拟。在各成员单位提供的草案基础上，由起草组负责汇总、修订形成《中南民族大学章程（草案）》。

（2）广泛动员，达成共识

学校党委高度重视现代大学制度建设中章程的先导性、核心性、决定性和基础性作用，把学校章程制定作为学校年度工作的重要内容。为了推进章程制定工作，提高广大师生对章程促进大学发展的认识，2013 年 4 上旬和 5 月上旬，学校先后两次召开了章程制定工作动员会议，校党委书记陈达云教授亲自作动员报告，校长李金林教授主持会议并部署工作。同时，还邀请中国人民大学、华中科技大学章程研究专家来学校作专题讲座。通过宣传动员和专题讲座，全校师生深刻认识到章程在大学对办学中的"宪法"地位，对实现学校办学自主权的决定作用，学术回归的促进作用，对学校事业发展的推动作用，同时，还在学校内部掀起了研究章程、关注章程、讨论章程，深入参与学校章程制定，促进学校完善现代大学制度建设的热潮，为章程的制定营造了良好的宣传、舆论氛围，达成了广泛的共识。

（3）发扬民主，汇集民意

中南民族大学在章程制定过程中，充分发扬民主，从章程内容的确定、条目的起草、文本的形成，充分征求广大师生和专家学者的意见。在起草之初，根据分工安排，由牵头单位分别成立了写作小组，组织研讨、广泛调研，充分借鉴国内大学的成功范本，结合学校发展实际，起草相关章节、条目初稿，然后提交学校起草组整理形成《章程草案》。草案完成后，及时召开了多次专家组研讨会、师生代表讨论会、领导小组会议，对《章程草案》的文本结构、章节安排、文字表述、条目界定等各方面逐条逐句进行了讨论修改，形成《章程（征求意见稿）》。在党的群众路线教育实践活动过程中，先后两次将《章程（征求意见稿）》向学校全体中层干部、教师代表、离退休代表、民主党派代表和学生代表广泛征求意见，对章程进一步修改和完善。学校将章程的制定过程，作为一个充分发扬民主、广泛征求民意、汇聚师生力量、统一各方思想的过程。

（4）加强领导，强化保障

学校成立了由党委书记、校长任组长，其他校领导任副组长，相关职能部门负责人为成员的章程制定工作领导小组，领导小组办公室设在学校办公室、发展规划办公室。《分工安排》中，对每一章内容所涉及的起草单位，指定一个牵头单位，具体负责组织、讨论和起草工作。《实施方案》对章程制定工作进行了系统全面的安排。整个过程分为宣传动员、学习调研、起草提炼、征求意见、修改完善、审核报批、总结实施等阶段。

2. 中南民族大学章程建设基本特点

（1）突出民族特色：强化宗旨意识

章程中，明确秉持"面向少数民族和民族地区，为少数民族和民族地区经济社会发展服务，为党和国家的民族工作服务"的办学宗旨，坚持社会主义办学方向，坚持党的教育方针和民族政策，把握"各民族共同团结奋斗，共同繁荣发展"的民族工作主题，坚持党的民族工作规律与高等教育规律相结合，民族高等教育的特殊性与普通高等教育的普遍性相结合，以培养各民族高级专门人才为己任，建设特色鲜明、人民更加满意的高水平民族大学，探索中国特色民族高等教育的科学发展之路，为少数民族和民族地区的经济社会发展，为构建社会主义和谐社会，实现中华民族伟大复兴贡献应有的力量，进一步突出民族特色，强化宗旨意识，彰显责任担当。

（2）突出学者作用：回归大学本质

章程中用一节共四条的笔墨着力突出了学术组织的地位、作用。明确学校学术委员会是学校最高学术组织，领导和管理全校各种学术事务，并组建学校学术委员会、学部学术委员会和学院学术委员会三级组成。以学术委员会为核心，搭建起学术委员会、学位评定委员会、教学工作委员会（人才培养工作委员会）、教师与专业技术职务评审与聘任委员会的多级学术组织构架。鼓励和支持学院根据实际探索教授治学的具体途径和形式，尊重和保障学院学术管理创新，促进学院学术发展。学院设立教授委员会，并按照相应的章程行使对学院重大事项的咨询评议权和重要学术事务的决策权。逐步构建学术委员会、学位评定委员会、教学工作委员会（人才培养工作委员会）、教师与专业技术职务评审与聘任委员会"四位一体"的教授委员会运行模式。

（3）突出学院地位：强调办学主体

为强调学院在办学中的主体地位，章程专设一节、六条重点论述学院的职责和功能。明确指出：学院作为履行学校基本职能的具体实施单位，在学校授权范围内实行自主管理。学校根据人才培养和学科建设的需要设置若干学院，并根据发展需要适时予以调整。学校在人财物方面规范有序地赋予学院相应管理权，指导和监督学院相对独立地自主运行。除有特别规定外，学校通过预算方案划拨学院日常经费和其他资源，定期评估学院的绩效。加强学院党的建设，设立学院党的委员会（总支），在党政联席会议的领导下，支持院长独立行使职权。

（4）突出各族学生：践行育人为本

章程中专设一章、十三条近 1500 字定义学生（学员、校友），论述学生的权利、义务，学校在教育管理上的职责等。在学校功能定位中，明确指出学校依法招收各民族学生，以少数民族学生为主。学校根据国家发展、社会需要和自身条件，合理确定办学规模、教育形式、修业年限。全面推行学分制。学校根据人才培养的目标和要求，组织实施教育教学活动。学校依法颁发学业证书和学位证书。专章中充分体现了以学生为本的办学理念。

（5）突出制度设计：规范办学行为

章程作为学校的"基本法"，在学校规章制度体系中处于"龙头"地位，是政府、社会监督管理学校的重要依据。第一，明确规定了学校实行党委领导下的校长负责制，这充分体现出学校既坚持党委统一领导，又支持和保障校长依法行使职权。第二，章程规定了学校坚持依法治校、教授治学、民主管理，这是学校作为高水平民族大学所应遵循的基本原则。第三，章程规定了学校实行校院两级管理为主的体制，充分发挥学院办学的主体作用，体现出学校管理重心逐渐下移的特点。章程力求明晰"党委领导与校长负责"、"学校统一管理与学院自主办学"、"行政权力与学术权力"和"行政治理与民主管理"等几大权力之间的关系，从制度的顶层设计层面，全方位规范学校的运行及办学行为。

3. 中南民族大学发挥章程建设的助推作用

（1）总结办学经验，凝练办学理念

中南民族大学建校 62 年来，从初创时的筚路蓝缕到恢复重建后的发展壮大，几代民大人，薪火相传，艰苦奋斗，学校事业树立了一个又一个光辉的里程碑。可以说中南民族大学的历史就是一部不断摸索总结办学经验、凝练办学理念的历史，好的经验与理念需要在办学实践中不断证伪、凝练与升华，需要经历较长时间的摸索、设想、实施、提炼到最后的成型固定。章程的制定就是要把成功的办学经验进行固定与传承，对好的办学理念进行凝练与提升，全面总结学校办学的成功经验，进一步探索民族高等教育的办学规律，探索中国特色民族高等教育的科学发展之路，不断秉承"面向少数民族和民族地区，为少数民族和民族地区经济社会发展服务，为党和国家的民族工作服务"的办学宗旨，以培养各民族高级专门人才为己任，坚持"质量立校、学科兴校、人才强校、特色荣校"的发展战略，弘扬以"笃信好学、自然宽和"为核心的大学精神，建设特色鲜明、人民更加满意的高水平民族大学，为少数民族和民族地区的经济社会发展，为圆好团结梦、实现发展梦、共铸中国梦贡献应有的力量。

（2）梳理内部结构，规范制度机制

章程必须科学构建内部治理结构，明确、厘清各类组织、机构之间的关系，减少内部运行的摩擦与障碍，消除各类规章制度之间的重复、冲突与矛盾，为学校内部治理结构的查漏补缺以及制度的废、改、立提供指导思想与法理依据。为此学校章程进一步明确了党委与行政的关系，学校与学院的关系，行政权力与学术权力的关系，学校管理与教师、学生的权利、义务等关系，确立了依法治校和建立现代大学制度的基本原则，为学校的长效发展、规范办学构建了制度及机制保障。

（3）突出办学主体，激发办学活力

中南民族大学作为国家民委直属的公办大学，办学主体具有特定性与特殊性，章程必须予以宣誓与固定。特定性决定了学校的办学活动接受国家民委的领导、指导和监督，特殊性决定了学校的办学活动必须坚持办学宗旨，坚守特殊使命。办学主体的特定性与特殊性，更为学校办学提供了广阔的舞台与不竭的资源。首先，学校办学可以依托少数民族与民族地区，把人才培养、科学研究、服务社会向少数民族与民族地区倾斜，为民族地区培养各类人才，提供智力支持、决策咨询；其次，学校办学可以充分研究与利用国家对少数民族与民族地区的政策支持与优惠措施，将优惠政策转化为提高学校办学水平的硬实力，提高学校的综合竞争力，促进学校各项事业的全面可持续发展。

（4）夯实发展基础，助推实力提升

章程的制定是推动现代大学自主办学、自我发展的重大举措，而"人才培养、科学研究、服务社会、文化传承创新"作为现代大学的四大功能，也是现代大学的发展方向，学校必须始终保持清醒的认识，不断夯实发展的基础。社会对人才的需求是学校的培养目标，社会对科学的要求是学校的研究对象，社会对文化的渴求是学校传承与创新的动力，因此，可以说现代大学四大功能的落脚点是服务社会。而民族院校的设立具有特殊的历史背景，是党和国家为了解决国内民族问题的需要而建立的，要始终牢牢把握"各民族共同团结进步，共同繁荣发展"的民族工作主题，弘扬民族院校的光荣传统，夯实未来发展基础，通过章程的制定更进一步规范有序地开门办学，科学有效地实施"质量立校、学科兴校、人才强校和特色荣校"战略，夯实发展基础，合力助推办学实力和核心竞争力提升，打造作为我国"培养少数民族高素质人才的重要基地、研究我国民族理论和民族政策的重要基地、传承和弘扬各民族优秀文化的重要基地和展示我国民族政策和对外交往的重要窗口"，办人民满意的高水平民族大学，为我国民族团结进步事业的创新发展做出应有的贡献。

（二）贵州民族大学以章程建设为契机提升学校办学水平与人才培养质量

贵州民族大学创建于 1951 年 5 月 17 日，是新中国创建最早的民族院校之一，是贵州省人民政府与国家民委共建高校，是贵州省重点建设高校，是教育部本科教学水平评估优秀高校。学校占地面积 2835 亩，分两个校区办学，现有教职工 1283 人，其中有教授 150 人、副教授近 500 人、博士生 156 人、博士生导师 18 人、硕士生导师 318 人，在校生 21700 余人，有二级学院 21 个、本科专业及方向 77 个。经过 63 年的建设发展，学校已发展成为以本科教育为主，兼具硕士研究生教育、博士研究生教育、民族预科教育、继续教育和职业技术教育，以人文社会学科为主，民族类学科为特色，包含文、史、法、理、工、管、经、教育、艺术等 9 个学科相互支撑的综合大学。

长期以来贵州民族大学坚持依法办学，依法治校，按照中央和省的要求，有计划逐步推进大学章程建设，并以此为契机推动学校改革发展。

1.《贵州民族大学章程（征求意见稿）》制定工作基本情况

贵州民族大学历来重视校内规章制度建设，2007 年 10 月，根据《中华人民共和国高等教育法》，学校研究制定了《贵州民族学院章程（草案）》，努力推动依法治校和现代大学制度建设进程。

2012 年 4 月 5 日，教育部下发了《关于同意贵州民族学院更名为贵州民族大学的通知》，贵州民族学院正式更名为贵州民族大学，学校对《贵州民族学院章程（草案）》进行了修订，更改为《贵州民族大学章程（草案）》。

根据《贵州省教育厅关于认真学习宣传贯彻〈高等学校章程制定暂行办法〉的通知》精神，学校认真学习宣传贯彻《高等学校章程制定暂行办法》（以下简称《暂行办法》），严格按照《暂行办法》规定的内容，在原《贵州民族大学章程（草案）》的基础上，认真总结建校以来的办学经验，加以调整充实，修订形成了《贵州民族大学章程（征求意见稿）》，并下发到各学院、各部门、校属各单位广泛征求意见。

学校根据反馈意见继续修改完善，在成熟后提交全校教职工代表大会讨论，最后上报省教育厅核准。

2. 围绕章程建设，建立符合民族高等教育发展需要的现代大学制度

贵州民族大学建校以来，一直重视制度建设和科学管理，重视章程对建设现代大学制度的架构性和基础性作用，以章程建设为统领，深化学校改革发展，不断推动制度化建设，促进了各项工作的科学化、制度化和规范化，积极探索建立符合民族高等教育发展需要的现代大学制度。

截至 2013 年，已经建立健全有关规章制度和管理文件 301 个。其中党建、思想政治工作、精神文明建设共 59 个文件；本科教育、研究生教育、预科教育、成人教育、科研工作、学生工作共 133 个文件；学校规划、人事工作、行政管理工作、审计财务资产管理工作、后勤管理工作、外事工作、安全保卫工作共 109 个文件。全面提升了学校各项工作的科学化、规范化和制度化管理水平。

3. 贵州民族大学章程建设的特点

《贵州民族大学章程（征求意见稿）》明确提出："学校的总体目标定位是立足贵州、面向全国，秉承传统、彰显特色，建成贵州及西南民族地区教育质量和办学水平高，特色鲜明的少数民族各类人才培养基地、少数民族优秀文化传承基地、民族地区科技服务和科技创新基地，建成特色鲜明、优势突出、校园和谐、民族团结、社会信赖、人民满意的教学研究

型民族大学。"这是对学校发展目标和方向的总体概括和描述。

紧扣《贵州民族大学章程（征求意见稿）》明确的学校定位和发展目标，分析学校在改革发展过程中取得的成绩和存在的问题，提出了贵州民族大学"五步走"发展战略目标，即第一步成为硕士授权单位，第二步成为省属重点大学，第三步成为国家民委与贵州省人民政府共建的大学，第四步更名为贵州民族大学，第五步成为国内一流的民族大学。

经过努力，学校已先后成为硕士授权单位、贵州省属重点大学、国家民委与贵州省人民政府共建大学、教育部本科教学水平评估优秀的高校，更名为贵州民族大学，成为西南民族地区社会管理人才博士培养项目招生单位，并于 2013 年开始招收 3 名博士生，2014 年招收 6 名博士生。"五步走"发展战略目标已经实现了前四步，取得了突出的发展成就。

第五章

民族高层次人才培养展望

一、民族高层次人才培养存在的问题与挑战

（一）民族院校发展仍需全面科学规划

新中国成立后，尤其是改革开放以来，我国民族院校的人才培养工作取得了很大的成绩，但是由于民族院校起步晚，起点低，时间短，发展不均衡，多数探索还处于起步阶段，因而不可避免地存在许多问题，在许多方面不能完全适应经济社会发展对人才的需求，在把握教育教学规律和人才培养理念方面与国内名牌高校还有比较大的差距。在教育大众化的背景下，民族院校既要考虑"建设一个什么样的民族大学"和"如何建设民族大学"的战略性问题，也要考虑"培养什么样的人才"和"如何培养人才"的问题。总体来说，民族学院发展还存在以下问题。

一是学校定位脱离实际。高等学校定位是办好学校的行动指南，是学校办学的基础和前提。1952 年，院系调整以后，开始在全国实行统一的培养目标，由国家统一制定专业目录、专业教学计划，直至审定专业教材，由国家统一招生和分配，教学模式单一。培养的人才往往是"千校一面"、

"千人一面"，强调人才培养的"整齐划一"，限制了学生和教师主观能动性的发挥，妨碍创造性人才的培养。进入 21 世纪后，个别民族院校存在盲目规划，不切实际、不顾条件地确定高目标，脱离了服务于民族地区的实际，超规模发展，办学定位错位，导致了其人才培养目标与普通院校人才培养目标的趋同性和教学计划的同质化，自身的"民族特色"在不断淡化甚至消解。

二是人才培养目标单一。为适应计划经济的需要，我国高等教育长期实行高度集中的办学体制，强调用统一的计划、统一的大纲、统一的教材、统一的考试方法和统一的标准来培养同样规格的学生。这一方面造成民族院校培养的人才在整体结构上与普通院校的差别不是很大，导致了同一种类型和同一种层次的人才过剩，人才失去了既有的特色，人才的比例和结构严重失调。当前，民族院校人才培养目标虽有不同，但从本质上看仍较为单一，不能满足民族地区和国家的战略需要。

三是人才培养制度和培养过程不健全、不科学。学科专业建设面临挑战，专业严重老化或是严重趋同，不能满足或适应当代社会发展的要求。专业设置不够灵活，虽然设置了电子信息、计算机、软件、合成材料、生物技术、农畜产品加工、旅游开发、生态环境保护、金融、财政等学科，与其他综合性高校相比，无论在数量和质量上都存在较大的差距，而且学生的选择自由度不高。重点学科少，虽然院校学科门类较全，但没有国家级重点学科，省部级重点学科数量偏少，与国内同类较强学科相比，学科水平还有一定差距。传统优势学科面临市场的挑战，民族院校在办学过程中长期形成的人才培养的社会适应性与学科专业的结构性矛盾直接导致了人才的供给与市场需求之间的矛盾，导致了就业率的低下。

四是专任教师队伍结构不合理。大学扩招后，民族院校办学规模不断扩大。2004 年，民族院校 1 万人以上的仅有 5 所，但到了 2009 年民族院校在校人数都已超过 1 万人（不含新增两所院校）。在招生规模扩张的同时，专任教师缺口问题突出。2000—2005 年，6 所西部地方民族院校的在校生规模增长了 150%，但教职工数仅增长了 6.7%，专任教师仅增长了 52%，副高以上职称教师虽增长较快，但也仅有 86.36%，而同期本科专业却增长了116%，硕士点增长了107%。从师资总量上来看，民族院校师资队伍总量稳步增加，梯队逐步形成，学缘结构、学历结构不断优化，但缺乏国际知名学者，国内知名学者和顶尖的学科、学术带头人数量较少，师资队伍的整体水平与学校规模和学校的社会地位尚有一定差距。

1949年至今，60年来，我国民族院校的预科教育有了长足的进步，有关部门根据预科教学的基本要求，统一组织编写预科教材，并引入竞争机制，强化对民族预科学生的管理，形成了一定的特色，但是从目前来看，仍然存在一定的不足，主要表现在大多数民族院校对预科教育认识不够，设置的课程不能完全适应时代发展的需求，甚至将预科教育视为中学课程的补习和大学课程的预习。在实际的教学过程中，预科教育仍然机械地重复中学的教学模式，或者干脆让学生直接学习大学的课程，而有的课程却是与本科阶段的课程重复，造成教育资源的浪费。必须认识到，预科有补课的成分但不是预科的全部，补课只是补习基础知识部分，使之能够具备学习本科专业层次知识的基本条件。预科是高等教育的基础阶段、准备阶段，是对学生身心发展的全方位的基础塑造，认识这一点非常重要①。

（二）民族地区高校人才培养面临需求与资源矛盾

1. 民族地区高校人才培养存在的主要问题

民族地区高校人才培养存在的主要问题表现为以下两对矛盾。

一是人民群众对高质量的高等教育的需求同较低水平的高等教育资源之间的矛盾。具体表现民族地区高等教育经费投入不高、办学经费不足，区域发展不平衡，特别是在财政性经费方面，明显低于国内其他重点高校水平，教育的投入增长跟不上人才培养规模的增长速度。民族地区高等教育投入的地区、城乡差距明显。同时，民族地区高校基础设施相对落后，教学手段单一，教材内容陈旧，人才培养与经济社会发展对人才的需求相脱节，高等教育质量偏低等，培养的人才不能实现就业，不能很好地服务

---

① 党洁，宋海延.我国少数民族预科教育的课程现状及其对策探析［J］.中国教师，2009（1）.

经济社会发展。

二是民族地区高校对高质量的师资水平的需求同较低水平的教师队伍之间的矛盾。突出地表现为高端人才引进困难，现有人才队伍流失。民族地区受经济发展水平、工作和生活环境等因素制约，高水平的教师引进困难，师资力量薄弱、"招不来、留不住"等问题严重，直接导致民族地区高校教学与管理水平滞后。待遇低、条件差、发展机会小等原因造成了民族地区高校教师的不断流失，人才流失加剧了民族地区人才培养质量的不断恶化。民族地区高层次教学与管理人才十分短缺，难以满足高等教育实际需求。

民族地区高校教育在创新型人才培养方面存在着办学定位不准、缺乏有效的管理协调机制等问题，在培养应用型人才方面还存在着人才培养目标比较模糊、课程结构不够合理、理论教学与实践环节相脱离等诸多问题，需要从明确人才培养定位、合理设置课程结构、加强师资队伍建设等方面着手，以切实提高民族地区高校人才培养质量。

2. 民族地区人才培养面临的主要挑战

经济发展方式由粗放式向集约化发展，主要依靠科技进步、劳动者素质的提高、管理创新等，这对人才培养提出了更高的要求。民族地区人才培养面临的主要挑战是高等教育人才培养模式不能适应当今经济社会快速发展变化对人才的需求。当今科学技术及经济社会发展迅速，民族地区高等教育人才培养模式必须加快改革步伐。

科学技术与经济社会快速发展对人才需求类型变化，如现代工农业、现代电子商务、现代服务业等对人才的需求已不同于往日。民族地区高校仍然采用旧的人才培养方式、旧的专业设置、落后的技术手段、滞后的教材内容等，远远不能满足现代科技发展对新型人才的需求。

（三）民族预科教育发展动力不足

民族预科教育在培养少数民族各级各类人才方面发挥了重要作用。目前，我国 55 个少数民族都有自己的大学生，主要是通过高校举办民族预科班实现的。民族预科教育已成为造就少数民族高层次人才的金色桥梁。但随着形势的发展预科教育也面临一些困难和问题，主要表现在以下几个方面。

1. 民族高等教育规模偏小、发展速度不快

截至 2013 年，全国普通高等学校少数民族在校生 170 万人，占全国普通高等学校在校生总数的 6.07%，比少数民族人口占全国总人口的比重低 2.42 个百分点。全国 510 多所普通高等学校面向西部和民族地区招收民族预科班学生，年招收民族预科 4.87 万人，占普通高等学校年招生数的 0.7%，其中部委所属 95 所高等学校年招收民族预科生 0.71 万人。因此，如何更好地满足民族地区群众对优质高等教育资源日益增长的需求，应成为今后预科教育发展重点思考的问题。

2. 内地高校招收民族预科生的积极性有待提高

主要原因是高校少数民族学生文化基础与内地学生相比有一定差距，给学校教育教学工作带来了难度；预科生管理有一定的特殊性要求，同时正确处理好各民族学生之间的关系也对内地普通高校管理工作提出了新的更高要求；预科阶段学生贫困面广，但却无法与普通高校学生一样享受国家奖助学金、助学贷款、购买优惠火车票等政策；预科办学经费保障机制不健全，国家对承担部委所属高校预科办学任务的学校仅给予生均培养经费，但不解决基本建设经费，而对于承担省属高校预科办学任务的学校既无生均培养经费，也无基本建设经费，承担预科办学任务的学校存在畏难情绪。

（四）"少数民族高层次骨干人才计划"人才培养机制亟待健全

1. 对"少数民族高层次骨干人才计划"的宣传不够充分

"少数民族高层次骨干人才计划"年度实施方案制定下发后，个别地方教育行政部门未在其公开信息平台上宣布该计划信息，承担培养任务的高校也缺乏对政策的宣讲，考生未能及时获取计划培养对象、生源范围、报考条件等信息，导致有些高校未能完成招生计划，出现名额被浪费等情况。

2. "少数民族高层次骨干人才计划"指标投放政策倾斜不够

"少数民族高层次骨干人才计划"对经济相对落后和民族分布较广地区倾斜不够，指标投放不足。例如，西藏是藏族人民集居的民族地区大省，自然条件十分恶劣，民族问题比较复杂；云南则是我国少数民族分布最广的省份，全省共有 25 个少数民族。2013 年，全国"少数民族高层次骨干人才计划"共招收硕士 4000 人，西藏与云南两省的计划名额为 239 人和 261 人，分别约占全国总数的 6% 和 7%，倾斜力度不明显。

3. "少数民族高层次骨干人才计划"培养骨干人才的专业分布与人才需求相脱节

目前，我国的硕士研究生大致可以分为两类：学术型硕士和专业型硕士，分别以理论型人才和实践型人才作为培养目标。"少数民族高层次骨干人才计划"的硕士研究生为学术型硕士。近年来，随着民族地区经济发展迅速，民族地区加大了对高技能、实用型人才的需求，专业技术人才渐渐成为国民经济建设和社会发展事业的主力军，单一的人才培养模式已不能满足民族地区对人才的需求。

4. "少数民族高层次骨干人才计划"专业分布不合理，大量缺少理工科人才

科技产业发展滞后所导致的生产力落后是少数民族地区面临的严峻问题之一，科技产业的发展离不开研发型、高新技术型人才。现有少数民族研究生招生计划在数量上未能充分满足民族地区（特别是新疆西藏）对高层次人才培养的需求，特别是理工科人才。高层次骨干人才中，选择文科专业的人数远超理工科专业人数，而理工科人数本身也较少且所学专业相对单一。面向民族地区少数民族人才的招生及培养，在专业结构上未能充分结合民族地区地方经济发展需要和对专业人才的需求。因此，"少数民族高层次骨干人才计划"人才培养急需加强人才招生及培养的针对性。

5. "少数民族高层次骨干人才计划"就业指导制度不完善

《培养少数民族高层次骨干人才计划的实施方案》中规定"民族骨干人才计划"学生毕业后需回定向地区和单位就业，其中非在职学生毕业后，教育行政部门需负责指导学生就业。但由于部分高校或教育行政部门

对人才的就业缺乏有效指导，部分学生在毕业后回到定向地区没有找到合适的工作岗位。

6. "少数民族高层次骨干人才计划"教育行政部门和高校对毕业学生违约缺乏约束力

毕业生中出现部分学生违约现象，一些学生在学业完成后因种种因素未回到定向地区和单位就业而是到内地经济较为发达的地区就业。例如，一部分学生通过支付违约金来解除合约。本是来自民族地区享受少数民族入学特殊政策的少数民族考生，却并未回到民族地区履行其为民族地区服务的责任义务。这使得"民族骨干人才计划"在实施过程中作用未得到充分发挥。

二、完善民族高层次人才培养的政策建议

（一）调整民族院校人才培养体系

对于教育对我们国家的重要意义，党和国家的领导人有着深刻的认识。邓小平同志反复强调，实现社会主义现代化，科技是关键，教育是基础。胡锦涛同志也指出，中国的未来发展，中华民族的伟大复兴，归根结底靠人才，人才培养的基础在教育。习近平同志更是强调，教育是人类传承文明和知识、培养年轻一代、创造美好生活的根本途径。2003 年，中共中央国务院出台了关于进一步加强人才工作的决定，该决定对教育体制改革方向和人才培养模式提出了新规划：着眼国家发展和战略需要，深化高等教育体制改革，加强高等教育与经济社会的紧密结合，调整学科和专业结构，创新人才培养模式，建立教育培养与人才需求结构相适应的有效机制。可以说，创新人才培养模式，培养创新型人才，是新时期党和国家提出的重大任务，也是高等院校人才培养的重要目标。民族院校要以此为契机，深化体制改革，调整学科布局，创新人才培养模式，实现跨越式发展，为国家特别是为民族地区培养大批优秀人才。

1. 秉承独特办学理念，培养复合型应用人才

教育理念，是大学的核心价值所在，是大学的灵魂。对于民族院校而言，必须首先解决"什么是民族大学、如何办民族大学"这一问题。民族院校必须始终坚持"为少数民族服务，为民族地区服务"的基本办学宗旨。为少数民族服务，是指民族院校以少数民族人才为主要培养对象；为民族地区服务，是指民族院校以民族地区为主要服务区域，为民族地区的经济社会发展提供人才支撑、科学研究和社会服务成果。民族院校在制定教育发展规划、改革招生制度、创新人才培养模式时，要以服务少数民族和民族地区为客观标准，并以此来检验人才培养的实际效果。

2. 明确民族院校定位，调整民族院校结构

要推动民族院校实现全面、协调、可持续的发展，就必须逐步引导调整民族院校结构，提升民族院校办学质量。要在深入调研、尊重民族实际的基础上，在全国范围内统筹协调民族院校布局和结构设置，针对不同民族、不同专业的具体情况，组织教育和民族行政部门、民族院校、教育专家及其他方面的代表共同起草编制"民族高校设置与发展"规划。在全国高等教育体制改革的基础上，进一步深化民族高等院校系统内的改革。对于一些实力较弱、独立发展面临困难的省属民族院校，可考虑与区域内实力较强的部委属民族高校合并，改变国家与地方政府重复建设、重复投入的现状，由双方共同投资建设。对于那些办学实力较强、条件较好、有生源保障，且社会需要、能够单独办学的民族院校，则应根据本校发展实际和所在区域的社会发展需要，遵循高等教育的办学规律，紧紧围绕提高教学质量和科研、学术水平这一中心，以本科教育为主，在教学型学院这一层面上，以实力参与高校间的竞争，以特色为区域经济的发展服务。

3. 调整民族院校学科专业结构

民族院校要主动适应少数民族和民族地区社会经济发展与人才市场的需求，以优势学科和重点学科为基础，以发展应用型学科专业为重点，促进专业的调整和改造，优化专业结构。部分民族院校的特色和优势专业（如民族学、民族语言等专业），招生存在困难，就业环境不好，应给予必要的保护，不能简单地停招或盲目改造，要通过创新人才培养方案，探索

隔年招生、大学科培养等办法提高就业率，以保留和扶持民族院校的传统优势专业，满足国家和民族地区的战略需求。

4. 加强教师队伍建设

研究制定民族院校教师培养引进体系时要树立正确的引进观和培养观，要将急需的教师引进来，要充分注意到内外的平衡，既要针对需要和缺陷，广泛地从外部引进教师，也要注意充分培养、发挥和使用现有教师的才能。建设多层次、立体型的教师培养引进体系，可以尝试采取包括"高层次教师培养引进计划"、"优秀教师人才培育计划"、"保障与管理人才培养计划"和"海外智力引进与人才国际交流培养计划"等多项措施。另外，采取的措施还有：提高民族院校教师学历；改善学缘结构，优先录取非本校毕业生和产学研合作中培养的优秀毕业生；实施学历提升计划，鼓励教师在职读书；完善进修培训制度，提高教师的能力和素质，等等。

（二）加快民族地区高校人才培养步伐

要解决民族地区人才培养面临的问题和挑战，必须切实深化教育领域综合改革，主要体现在民族地区高校教育投入机制的改革、民族地区高校教育结构的调整、教育内容的改革和教学方式的转变等方面。

1. 加快高等教育投资体制改革，加大民族地区高校投入

长期以来，国家财政对高等教育的投资主要集中在发达地区的名牌高校和重点高校。民族地区由于经济发展水平滞后，本身对教育的投入资金十分有限。国家对民族地区高校的投资严重不足，导致民族地区高校基础设施落后，教学环境及实验室建设不足，教师福利待遇偏低等，直接制约着民族地区高校的发展。一方面建议国家加大对民族地区高校的教育投入，另一方面鼓励社会资金进入支持民族地区高校的发展。

2. 加大民族地区高校教师队伍建设力度，提高教育质量

加强教师队伍建设是提高民族地区高校人才培养质量的关键，提高民族地区教师福利待遇，为民族地区高校教学与管理人才队伍建设提供良好的教学、科研与生活条件。加强民族地区高校教师队伍培训，提供必要的科研经费，坚持教、学、研相结合，提高教师的教学、科研能力和水平。

3. 加快高校教育结构调整，不断深化人才培养模式改革

把握人才市场需求，加强人才培养系统设计，明确培养目标和规格。按照精英型、学术型、复合型、外向型、应用技术型、高技能型等多种人才培养方式设计，探索构建多样化的人才培养体系。加强专业建设和改革，科学规范专业设置，调整专业结构，构建科学的学科专业体系。优化课程体系和教学内容，通识教育与专业教育并重，理论教学与实践教学相结合。注重拓宽民族学生的学科专业基础与加强职业能力训练。改革教学方法和教学手段，注重能力培养与素质养成，培养学生的独立思考能力、批判能力、分析问题与解决问题能力。重点以就业为导向，加快专业设置和学科结构调整。加快高校人才培养与人才市场需求对接，以满足企业人才需求为导向，引入企业项目案例及管理流程等教学内容，推进教学与实际相近。加强民族地区高校学生的动手实践能力，加强与企业合作，通过吸引企业深度参与学生培养过程、把企业化工作环境植入到学校培养体系中，提高学生的首岗胜任能力与职业发展潜力。

（三）提高民族预科教育质量

1. 结合新形势新任务，稳步调整预科招生规模

从优化少数民族和民族地区人才结构、依托内地优质教育资源培养素质较好的民族人才的实际需要出发，"十二五"期间全国高校本专科民族预科年招生达到和稳定在 5 万人规模，其中中央部委所属高校 1.5 万人，地方所属高校 3.5 万人，主要培养双语教师和其他各类急需少数民族人才。随着民族地区基础教育和生源质量的提高，应逐步减少对国家通用语言文字基础较好地区的预科招生规模，同时扩大学生直接升入高等院校的规模，更好地满足民族地区群众对优质高等教育资源需求和民族地区经济社会发展对人才的需要。

2. 完善相关保障措施，提高预科办学积极性

为充分调动地方和高校预科办学积极性，提高预科办学质量和效益，建议东中部地区按国家计划招收的民族预科生，预科阶段的生均经费列入中央财政核拨，转入本专科后按学校隶属关系由主管部门列入经费预算核

拨；把内地高校招收民族预科生和开办预科教育，培养少数民族人才工作列入内地高校教学工作水平评估指标，单列分值；对承担预科办学任务的公办高校在基建、清真食堂建设、各民族教师和管理人员配备等方面给予支持。明确预科生的大学生身份问题，确保预科生与普通大学生同等享有国家相关资助和优惠政策。

（四）健全"少数民族高层次骨干人才计划"人才培养机制

1. 进一步加大"少数民族高层次骨干人才计划"政策宣传力度

高校和教育行政部门可建立政策宣讲团，加大对"少数民族高层次骨干人才计划"政策的宣传。各省、自治区、直辖市教育和民族主管部门和各有关高校需及时在公共信息平台上发布招考信息。同时，民族地区也可在区内对"少数民族高层次骨干人才计划"进行宣传。有些民族地区由于地理位置偏远，获取信息能力较弱，需加强在偏远的民族地区进行宣传。

2. 适当扩大"少数民族高层次骨干人才计划"招生规模计划，指标投放应更加合理化

一是随着"少数民族高层次骨干人才计划"的深入推进和持续实施，完成学业之后的民族骨干人才回到民族地区为人民做出了贡献。在继续深入实施计划的同时可考虑逐步扩大招生规模，加大对应用型硕士研究生、博士研究生人才的培养，促进民族地区人才结构多样化。二是重视新疆、西藏高层次人才培养提升计划。在少数民族高层次骨干人才培养计划原有招生规模基础上，大力提升两地硕士研究生招生数量，为新疆和西藏提供高层次的干部人才储备。继续实施东中部地区高校面向集中连片特困地区定向招生制度。鼓励支持各省、自治区相对发达城市办学质量较高的学校面向本地民族地区培养少数民族高层次骨干人才。

3. 转变"少数民族高层次骨干人才计划"培养模式，进一步完善专业分布

一是当前及今后的很长一段时期，合理调整经济结构是民族地区发展的重要任务之一，在不断细化的专业分工过程中，对专业技术的要求也越来越高。在对研究生培养模式上，应同民族地区的经济发展相匹配，这就

需要大力培养符合民族地区经济产业发展的应用型人才，其中理工科人才的培养更是重中之重。二是加大对服务民族地区经济社会发展的特色学科和优势专业的支持，特别是理工、管理、现代农牧业等专业学科，改革课程设置和教学内容，提高少数民族高层次骨干人才培养的针对性和质量。三是调整少数民族骨干人才的招生专业结构，增加理工科招生人数，减少文科招生人数，加大对民族地区产业结构调整升级和特色产业建设急需专业的招生力度。

4. 建立健全就业指导制度，树立正确就业观念

第一，加强对毕业生的就业指导。引导毕业生树立正确的就业观，增强扎根基层、服务社会的责任感。第二，健全就业指导制度。只有建立健全民族地区骨干人才的就业指导制度，进行正确的就业观引导，才能使高层次人才为民族地区的发展提供强有力的智力支撑。第三，鼓励高层次人才进行自主创业。

5. 加强对毕业人才的管理，加强诚信教育，提高违约成本

学校应开展思想教育、诚信教育等活动，增强毕业生对民族地区的归属感和认同感，使学生明确培养目的，加深服务本地区的责任感和使命感。通过采取提高骨干人才的违约成本，对毕业人才进行登记管理等措施，建立后期监督机制，加强培养后的监督管理。

6. 建立各民族地区之间"少数民族高层次骨干人才计划"的人才交流制度

随着"少数民族高层次骨干人才计划"的实施，民族地区经济社会发展取得新进展，各地区之间的联系也日渐紧密。为了更好地促进民族地区的经济快速发展、维护民族地区稳定，民族地区高层次人才的交流合作就显得尤为重要。第一，社会应鼓励和加强民族地区之间高新技术人才的交流，实现地区科技成果转化，实现资源共享和优势互补，不断提升劳动生产率。第二，加强民族地区之间文化人才的交流，传播先进的思想和优秀的文化，丰富文化产业，促进民族文化繁荣发展。第三，加强民族地区之间的教育人才的交流，展开基础教育领域和高等教育领域的合作，推动各地区教育资源的均衡发展，提高教育水平。

（五）启动实施少数民族高端人才培养计划

少数民族高端人才培养计划是全面贯彻落实党的十八大、十八届二中三中全会精神，深入实施《国家中长期教育改革和发展规划纲要（2010—2020 年）》，并根据民族地区经济社会跨越式发展和长治久安对高端人才迫切需要的现状，为着力培养一批政治素质高、业务能力强、具有国际视野的少数民族优秀人才所制定的一项培养计划。

1. 重要战略意义

当前，世界多极化、经济全球化深入发展，信息技术、新媒体广泛应用，文化冲突、民族矛盾日益凸显，人才竞争日趋激烈。我国正处于全面建成小康社会、加快推进社会主义现代化的关键阶段，发展机遇和风险挑战前所未有，特别是国际敌对势力和达赖集团、"三股势力"等利用民族、宗教问题，对我国进行渗透颠覆，妄图实现其"西化"、"分化"我国的政治图谋，反分裂、反渗透斗争日益尖锐。

大力培养造就一批社会主义现代化建设事业各领域的少数民族高层次特殊人才，是全面贯彻党的十八大、十八届二中三中全会精神，党的教育方针和民族政策的重要体现；是增强民族团结、切实维护祖国统一的现实需要；是深入贯彻落实科教兴国、人才强国战略和西部大开发战略的重大举措。少数民族高端人才培养计划对掌握对敌斗争主动权和话语权，营造有利于我国的和平发展与安全稳定的国际国内舆论环境，提升我国国家形象和软实力，推动少数民族和民族地区的经济社会发展，促进各民族共同团结奋斗、共同繁荣发展，维护国家统一和长治久安，实现全面建成小康社会的宏伟目标具有重要的战略意义。

2. 指导思想、培养目标及主要内容

指导思想。高举中国特色社会主义伟大旗帜，以邓小平理论、"三个代表"重要思想和科学发展观为指导，全面贯彻党的十八大、十八届二中三中全会精神以及习近平"四个全面"的战略布署、党的教育方针和民族政策，深入落实《教育规划纲要》，高度重视并充分发挥少数民族优秀专业人才在服务国家发展战略和民族团结进步事业中的重要战略作用，按照

全面建成小康社会的新要求，坚持为社会主义现代化建设服务，为各族人民文明团结进步服务，以不断提升人才专业素质和创新能力为核心，创新培养机制，改革培养模式，改进教学方法，全面提高人才培养质量，为实现全面建设小康社会的宏伟目标提供强有力的人才和智力支撑。

培养目标。组织实施少数民族高端人才培养计划，利用十年左右的时间，采取计划单列、推荐选拔、定向培养、强化实践和学研结合等特殊措施，培养造就一批坚决拥护中国共产党领导，坚定维护国家统一和民族团结，具有高度的社会责任感、历史使命感和务实创新精神，精通外语、汉语和民族语言，熟悉中华民族历史文化、党和国家的民族政策、民族理论，通晓国际政治、经济、法律、文化知识和国际惯例，在专业领域具有较高学术造诣、国际影响力和话语权的少数民族高端人才。

主要内容。少数民族高端人才培养计划实行国内培养与国外研修、学术访问相结合，教学研究与实践相结合的培养方式，注重研究性学习，注重政治思想素质、实践能力与全球视野的培养，从而达到熟练掌握民族语言、国家通用语言和外语等，深入了解中华民族历史文化、党和国家的民族政策和民族理论，通晓国际政治规则，谙悉国际政治、经济、文化发展规律的预期目标。

后 记

　　《中国民族教育发展报告2013》是中国教育科学研究院2013年度基本科研业务费专项基金资助"国情系列"项目，同时也是中国教育科学研究院与教育部民族教育发展中心开展协同研究的合作项目，并得到西北师范大学西北少数民族教育发展研究中心的大力支持。课题研究工作由中国教育科学研究院教育政策研究中心、教育部民族教育发展中心、西北师范大学西北少数民族教育发展研究中心的研究人员承担。课题负责人为中国教育科学研究院教育政策研究中心主任吴霓研究员。

　　课题立项以来，研究和撰写工作得到了中国教育科学研究院领导、教育部民族教育发展中心领导的直接指导和关心，中国教育科学研究院曾天山副院长、原教育部民族教育发展中心郭岩副主任（现任教育部民教司副司长）多次对课题研究的开展提出建设性的意见，并参与了课题的开题及专家论证会议。

　　尤为值得一提的是，国家民委教科司及边境副司长不仅对课题的开题提出了一系列重要意见，同时还为课题组提供了有关重要背景材料。教育部民族教育发展中心综合研究室主任陈立鹏教授不辞辛劳直接组织了协作研究，为报告的最终完成做出了突出贡献。西北师范大学西北少数民族教育发展研究中心王鉴主任多次就课题研究任务进行沟通，并保质保量完成了所承担的任务。

　　此外，中国教育科学研究院信息中心及高等教育研究中心对研究的开展给予了大力的支持和帮助。中国教育科学研究院其他领导和专家对研究的进行和报告提出了重要的建议和意见，中国教育科学研究院博士后王学男协助进行了文稿的校改，在此一并表示衷心的感谢。

　　课题研究和报告撰写由吴霓研究员主持并修改、统稿。承担各章节撰写的人员为：前言（中国教科院教育政策研究中心吴霓）；第一章（西北师范大学安富海、中国教科院教育政策研究中心吴霓）；第二章的第一部分（教育部民族教育发展中心马佳、张承洪、王颖颖、沈沫）、第二部分（中国教科院教育政策研究中心高慧斌）；第三章（中国教科院教育政策研究中心刘永福）；第四章的第一至第四部分（中国教科院教育政策研究中心黄颖）、第五部分（教育部民族教育发展中心米玛嘉措）；第五章（教育部民族教育发展中心马佳、张承洪、王颖颖、沈沫、熊嘉扬）；后记（中国教科院教育政策研究中心吴霓）。

　　中国民族教育的研究是中国教育科学研究院及教育政策研究中心的重要领域和方向，我们将在此次研究的基础上，继续关注和开展相关深入研究，并协调相关民族教育研究部门共同攻关，不断为我国民族教育的发展和国家决策提供可资借鉴的重要参考。

出 版 人　所广一
责任编辑　罗永华
版式设计　孙欢欢
责任校对　贾静芳
责任印制　叶小峰

图书在版编目（CIP）数据

中国民族教育发展报告 2013 ／ 吴霓等著. —北京：
教育科学出版社，2015. 11
　（国情教育研究书系）
　ISBN 978-7-5041-9962-1

　Ⅰ.①中…　Ⅱ.①吴…　Ⅲ.①少数民族教育—发展—
研究报告—中国　Ⅳ.①G759. 2

　　中国版本图书馆 CIP 数据核字（2015）第 249580 号

中国民族教育发展报告 **2013**
ZHONGGUO MINZU JIAOYU FAZHAN BAOGAO 2013

出版发行	教育科学出版社		
社　　址	北京·朝阳区安慧北里安园甲 9 号	市场部电话	010-64989009
邮　　编	100101	编辑部电话	010-64981252
传　　真	010-64891796	网　　址	http://www.esph.com.cn
经　　销	各地新华书店		
制　　作	北京金奥都图文制作中心		
印　　刷	保定市中画美凯印刷有限公司		
开　　本	169 毫米×239 毫米　16 开	版　　次	2015 年 11 月第 1 版
印　　张	15. 75	印　　次	2015 年 11 月第 1 次印刷
字　　数	211 千	定　　价	48. 00 元

如有印装质量问题，请到所购图书销售部门联系调换。